古典文獻研究輯刊

二四編

潘美月・杜潔祥 主編

第 **8** 冊

先唐雜傳地記輯校
——雜傳輯校甲編
（第三冊）

王琳主編　魏代富、王琳輯校

國家圖書館出版品預行編目資料

先唐雜傳地記輯校——雜傳輯校甲編（第三冊）／王琳主編
魏代富、王琳輯校 -- 初版 -- 新北市：花木蘭文化出版社，
2017〔民 106〕
目 2+234 面；19×26 公分
（古典文獻研究輯刊 二四編；第 8 冊）
ISBN 978-986-404-994-3（精裝）
1. 藝文志 2. 唐代
011.08   106001863

ISBN-978-986-404-994-3

古典文獻研究輯刊
二四編　第八冊　　　　　　　ISBN：978-986-404-994-3

先唐雜傳地記輯校——雜傳輯校甲編（第三冊）

編 校 者　王琳主編　　魏代富、王琳輯校
主　　編　潘美月　杜潔祥
總 編 輯　杜潔祥
副總編輯　楊嘉樂
編　　輯　許郁翎、王筑　美術編輯　陳逸婷
企劃出版　北京大學文化資源研究中心
出　　版　花木蘭文化出版社
社　　長　高小娟
聯絡地址　235 新北市中和區中安街七二號十三樓
　　　　　電話：02-2923-1455／傳眞：02-2923-1452
網　　址　http://www.huamulan.tw 信箱 hml810518@gmail.com
印　　刷　普羅文化出版廣告事業
初　　版　2017 年 3 月
全書字數　514870 字
定　　價　二四編 32 冊（精裝）新台幣 62,000 元

先唐雜傳地記輯校

——雜傳輯校甲編

（第三冊）

王琳主編　魏代富、王琳輯校

目

次

《陸氏祠堂像贊》

《陸氏祠堂像贊》，諸家書目均未見著錄，今僅存《三國志》注引一條，恐亡於齊梁之間。此云「像贊」，當依像而立傳，並附有贊語。

海昌

海昌，今鹽官縣也。（《三國志・吳書・陸遜傳》注。按：此語頗似注文。又據《陸遜傳》，陸遜嘗出爲海昌屯田都尉，此即注「海昌」二字。）

《嵇氏世家》

《嵇氏世家》，諸家書目均未著錄，今僅見《北堂書鈔》等徵引一條。《太平御覽經史圖書綱目》列之，則此書北宋之時尚見存。

嵇含〔一〕，字思道〔二〕，爲中書侍郎〔三〕，書檄雲集，含初不立草〔四〕。（《北堂書鈔》卷五十七。又見《初學記》卷十一、《太平御覽》卷二百二十、卷五百九十七、《職官分紀》卷七。）

〔校記〕

〔一〕嵇，《太平御覽》卷五百九十七無。

〔二〕思，《太平御覽》卷五百九十七、《職官分紀》並作「君」。按：《晉書・嵇含傳》作「君」，「思」蓋「君」之形訛。此三字，《初學記》、《太平御覽》卷二百二十無。

〔三〕侍，《初學記》、《太平御覽》卷五百九十七、《職官分紀》無。按：據《晉書・嵇含傳》，嵇含惠帝時爲中書侍郎，則此有「侍」字是。

〔四〕含，《初學記》無。初，《太平御覽》卷二百二十作「莫」，卷五百九十七無。

《燉煌張氏家傳》

《燉煌張氏家傳》，唐張太素撰。《唐六典》卷八「弘文館學士」條注：「貞觀初，褚亮檢校館務學士，號爲館主，因爲故事。其後有張太素、劉禕之、范履冰並特勅相次爲館主焉。」褚亮唐太宗時爲弘文館學士，劉禕之唐高宗時任之，則張太素蓋太宗、高宗時人也。劉知幾《史通‧言語》篇云：「近有燉煌張太素、中山郎餘令並稱述者，自負史才，郎著《孝傳》，張著《隋後略》。」其人既領弘文館學士，又有史才，著述頗豐，《燉煌張世家傳》、《隋後略》十卷。之外，又有《後魏書》一百卷、《北齊書》三十卷、《隋書》三十卷、《策府》五百八十二卷、《說林》二十卷、上並見《通志‧藝文略》。《越州長史李基碑》。見《寶刻叢編》引《金石錄》，原云「上元十年九月」撰，上元無十年，「十」當爲「元」之誤。其書今皆不存。

是書雖唐人所撰，然《北堂書鈔》已有《燉煌張氏傳》，則張氏之前，已有是書，而張氏據以續補。下張達事疑即續補者。故以作說明，仍存錄之。張太素《燉煌張氏家傳》，兩《唐書》並著錄爲二十卷，《太平御覽》雖有徵引，然《經史圖書綱目》則未錄，《崇文總目》、《郡齋讀書志》、《宋史‧藝文志》等亦未見著錄，則北宋之前已見亡也。

張讓

扶風孟他以蒲萄酒一升遺張讓〔一〕，即擢涼州刺史〔二〕。（《藝文類聚》卷八十七。又見《北堂書鈔》卷一百四十八、《白氏六帖》卷三十、《事類備要》別集卷四十一。《北堂書鈔》、《白氏六帖》、《事類備要》云出《燉煌張氏傳》。事又見《三國志‧魏書‧明帝紀》注引摯虞《三輔決錄注》、《太平御覽》卷九百七十二引《續漢書》。）

〔校記〕

〔一〕他，《白氏六帖》、《事類備要》作「佗」，二字通。萄，《白氏六帖》脫。升，《北堂書鈔》、《白氏六帖》作「斗」，《事類備要》作「斛」。按：《三輔決錄注》、《續漢書》並作「斛」。

〔二〕即，《白氏六帖》、《事類備要》無。擢，《北堂書鈔》、《白氏六帖》、《事類備要》作「拜」。又《白氏六帖》「拜」下有「佗」字。

張禧

禧字彥祥，除効轂令。嘗有鸛負矢集禧庭，以甘草湯洗之，傅藥留養十餘日，瘡愈飛去。月餘，銜赤玉珠二枚，置禧廳事。(《太平御覽》卷四百七十九。原云出《張氏家傳》。)

張達

張達有罪繫獄，分當受死。乃專念「觀世音」，鑕械自脫，因遂獲免，終身齋戒。(《太平廣記》卷一百一十一。此云出《張氏傳》，又唐釋法琳《辯正論》卷七亦載此事，惟少「世」字，云出《張氏別傳》。此條未知即《張氏家傳》否？張達其人，史多有復名者，其與佛教有關者，隋釋灌頂《隋天台智者大師別傳》有吳州侍官張達，生平約在開皇時期。《燉煌張世家傳》已見《北堂書鈔》所引，虞世南編是書，此張達未必亡也。故若即此人，故非出《燉煌張世家傳》也。然是書本經續補，亦未必非張太素續補之文。今姑置此。)

《列士傳》　漢劉向撰

《列士傳》，或作《烈士傳》。漢劉向撰。劉向，原名更生，字子政，楚國彭城人（今江蘇徐州）。楚元王劉交四世孫，未冠，任輦郎，既冠，以行修飭擢爲諫大夫，歷郎中給事黃門、散騎諫大夫給事中。元帝即位，以明經有行，擢爲散騎、宗正給事中。成帝即位，以故九卿召拜爲中郎，領護三輔都水，遷光祿大夫。陽朔二年，任中壘校尉，卒任。《漢書》有傳。

是書，《漢書·藝文志》不見著錄，《隋書·經籍志》始著錄爲兩卷，《新唐書·藝文志》同。《隋書·經籍志》又云：「劉向典校經籍，始作《列仙》、《列士》、《列女》之傳。」劉向典校經籍，始於河平三年（前 28 年），則是書之撰，當在其後也。是書，《宋史·藝文志》已不見著錄，則或宋元間已亡也。後世輯是書者，有今人二文。其一爲熊明《劉向〈列士傳〉佚文輯校》，《文獻》2003 年第 2 期。凡輯十一人十三條，其下有詳注。其中據《文選·獄中上書自明》注輯徐衍「是以申徒狄蹈雍入河」條，乃誤輯。末又附王仁俊《玉函山房輯佚書補編》輯《列士傳》條，或本非其中文。見下

說。其二爲饒道慶《劉向〈列士傳〉佚文輯校增補》，《文獻》2007 年第 1 期。該文先對熊氏輯錄所引書未備者補之，其次補正文十一條，其次將龍泉、壞父、老萊子、眉間尺四條列爲存疑，末考證孔融‧條。

今所輯錄之中，首列正文，次列存疑，存疑中爲確非《列士傳》之文者。然正文所輯，亦有殊可懷疑者，所謂列士者，一爲守節臨難不懼死者，一爲勇猛叱吒若遊俠者。若壞父、老萊子之類，行與列士不類。而其文皆見於皇甫謐《高士傳》，未知果其爲是書之文乎？然卒不能定，今仍置正文中。

壞父

八九十老人，擊壤歌於康衢。（《路史後紀》十一。此原云「《世紀》及《列士傳》云」，又宋羅璧《識遺》卷九云：「堯時老人擊壤事，見皇甫謐《帝王世紀》及《列士傳》。」皆先云《帝王世紀》，後云《列士傳》，劉向在皇甫謐前，似不當如此倒置；且觀羅璧語氣，似即皇甫謐《列士傳》也。皇甫謐無《列士傳》，有《高士傳》，《高士傳》中即有壞父，則或即《高士傳》之誤也。）

伯夷叔齊

夷齊之諫，周公曰：「義士。」王欲以爲左相，去之。王摩子往難之，遂不食。（《路史後紀》四。）

異母弟伯僚。（《路史後紀》四。原云出《烈士傳》。）

申徒狄

（申徒狄），周之末世人。（《史記‧魯仲連鄒陽列傳》集解。按：原僅引「周之末世人」五字。）

徐衍

徐衍，周之末人也。（《文選‧鄒陽〈獄中上書自明〉》注。）

專諸

專諸持一剶刀置魚腸中〔一〕，以刺王僚。（《北堂書鈔》卷一百二十三。又見《初學記》卷二十二、《太平御覽》卷三百四十五。）

〔校記〕

〔一〕剶，《初學記》、《太平御覽》作「剮」，「剶」爲「剮」之異體字。

慶忌

吳王闔閭畏王僚之子慶忌，作石室銅戶以備之。（《編珠》卷二。又見《白氏六帖》卷三、《太平御覽》卷一百八十四、《事類備要》別集卷十五。）

延陵季子

延陵季子解寶劍，掛徐君墓柏樹〔一〕。（《藝文類聚》卷八十八。又見《太平御覽》卷九百五十四、《事類賦》卷十七。）

〔校記〕

〔一〕掛，《太平御覽》作「帶」。

老萊子

老萊子年七十，著五色斑斕之衣，戲舞於當庭，爲小兒啼以悅親。（《施注蘇詩》卷五《朱壽昌郎中少不知母所在刺血寫經求之五十年去歲得之蜀中以詩賀之》注。）

鮑焦

鮑焦怨世不用己，采疏于道〔一〕。子貢難曰：「非其世而采其疏，此焦之有哉？」棄其疏，乃立枯于洛水之上〔二〕。（《文選・鄒陽〈獄中上書自明〉》注。又見《史記・魯仲連鄒陽列傳》索隱。）

〔校記〕

〔一〕采疏，《史記》索隱作「採蔬」，「採」爲「采」之異體字；疏，古「蔬」字。下「采」、「疏」字同，不俱校。

〔二〕于，《史記》索隱無。

赤鼻

干將莫耶爲晉君作劍，三年而成〔一〕，劍有雄雌，天下名器也〔二〕。乃以雌劍獻君〔三〕，留其雄者，〔四〕謂其妻曰〔五〕：「吾藏劍在南山之陰，北山之陽，松生石上，劍在其中矣〔六〕。君若覺殺我〔七〕，爾生男以告之〔八〕。」及至君覺，殺干將。〔九〕妻後生男〔一〇〕，名赤鼻〔一一〕，具以告之〔一二〕。赤鼻斫南山之松，不得劍，思於屋柱中得之〔一三〕。晉君夢一人，眉廣三寸〔一四〕，辭欲報讎，購求甚急，乃逃朱興山中。遇客，欲爲之報〔一五〕，乃刎首，將以奉晉君。客令鑊煮之，〔一六〕頭三日三日跳不爛〔一七〕，君往觀之〔一八〕，客以雄劍倚擬君〔一九〕，君頭墮鑊中，〔二〇〕客又自刎。三頭悉爛，不可分別，分葬之，名曰三王冢。（《太平御覽》卷三百四十三。又見《北堂書鈔》卷一百二十二〔兩引〕。）

〔校記〕

〔一〕此句，《北堂書鈔》次引無。

〔二〕此句，《北堂書鈔》兩引無。

〔三〕劍，《北堂書鈔》首引無。

〔四〕以上兩句，《北堂書鈔》次引節作「乃進雌留雄者」。

〔五〕此句上，《北堂書鈔》首引有「自服君覺殺之，妻孕」八字，「服」疑乃「慮」之訛。此句，《北堂書鈔》次引作「屬妻曰」。

〔六〕矣，《北堂書鈔》次引無。

〔七〕覺，《北堂書鈔》次引無。此句，《北堂書鈔》首引無，此因其上已有「自服君覺殺之」，故不復出也。

〔八〕「以」上，《北堂書鈔》首引有「當」字。以告之，《北堂書鈔》次引脫。

〔九〕以上兩句，《北堂書鈔》兩引無。

〔一○〕此句，《北堂書鈔》次引無。按：此乃脫之也，因文中有兩「生男」，故中間文字脫漏。

〔一一〕「名」下，《北堂書鈔》首引有「曰」字。

〔一二〕具，《北堂書鈔》次引作「其」。

〔一三〕思，《北堂書鈔》次引作「忽」。按：此作「忽」字是，作「思」者，形訛也。自「具以告之」至此，《北堂書鈔》首引無。又《北堂書鈔》次引至此止。

〔一四〕三，《北堂書鈔》首引作「二」。

〔一五〕此句，《北堂書鈔》首引作「欲為報讎」。

〔一六〕以上三句，《北堂書鈔》首引作「赤鼻乃特刎首，奉之。客持頭詣晉君」。此文「以奉晉君」者，客也。疑此「客」本在「將」字上，「將」則「持」之形訛，原文作「客持以奉晉君，客令鑊煮之」，如此則方文順也。

〔一七〕次「日」字，《北堂書鈔》首引作「夜」，是也。跳，《北堂書鈔》首引無。按：《搜神記》卷十一載此事作「三日三夕不爛，頭踔出湯中」，跳即踔也。

〔一八〕此句，《北堂書鈔》首引作「客曰：君往觀之即爛」。

〔一九〕倚，《北堂書鈔》首引無。

〔二○〕《北堂書鈔》首引至此止。

　　干將子赤鼻，眉廣三寸一尺〔一〕。（《白氏六帖》卷九。又見《太平御覽》卷三百六十五、卷三百六十七。按：此與下文「眉間尺者，謂眉間闊一尺也」相類，然文字不同，今別為一條。）

　　〔校記〕

　　〔一〕此句，《太平御覽》卷三百六十五作「眉廣三寸」，卷三百六十七無。

　　眉間尺者，謂眉間潤一尺也〔一〕，楚人干將鏌鋣之子〔二〕。楚王夫人常於夏納涼而抱鐵柱〔三〕，心有所感，遂懷孕〔四〕。後產一鐵〔五〕，楚王命鏌鋣鑄

此精爲雙劍〔六〕，三年乃成〔七〕。劍一雌一雄〔八〕，鎮鋣乃留雄而以雌進〔九〕。劍在匣中，常有悲鳴〔一○〕，王問羣臣〔一一〕，羣臣對曰〔一二〕：「劍有雌雄，鳴者，雌憶其雄也〔一三〕。」王大怒，即收鎮鋣殺之〔一四〕。眉間尺乃爲父殺楚王〔一五〕。(《九家集注杜詩・前出塞九首》注。又見《錦繡萬花谷》卷三十三、《九家集注杜詩・秋日夔州詠懷寄鄭監審李賓客之芳》注、《有感五首》注。《九家集注杜詩》並作《烈士傳》。)

〔校記〕

〔一〕此句，《有感五首》注無。又以上兩句，《錦繡萬花谷》無。

〔二〕此句，《錦繡萬花谷》作「楚王干將，乃鎮邪之子也」，《有感五首》作「楚人鎮鋣之子」。按：《錦繡萬花谷》無上「眉間尺」者兩句，據此文，蓋脫之也。「乃」當在「楚」字上，「王」當作「人」。又以上三句，《秋日夔州詠懷寄鄭監審李賓客之芳》注無。

〔三〕常，《有感五首》注作「嘗」，二字通。於，《秋日夔州詠懷寄鄭監審李賓客之芳》注無。而，《錦繡萬花谷》無。

〔四〕懷，《錦繡萬花谷》無。

〔五〕後，《錦繡萬花谷》作「生」。

〔六〕王，《有感五首》注誤作「人」。鋣，《錦繡萬花谷》作「邪」，《秋日夔州詠懷寄鄭監審李賓客之芳》注、《有感五首》注作「鋣」，三字通。下同，不俱校。此精，《有感五首》注無。精，《錦繡萬花谷》作「鐵」。

〔七〕此句，《有感五首》注無。

〔八〕劍，《錦繡萬花谷》、《有感五首》注無。《秋日夔州詠懷寄鄭監審李賓客之芳》注引至此止。

〔九〕「以」下，《錦繡萬花谷》有「其」字。「進」下，《錦繡萬花谷》有「楚王」二字，《有感五首》注有「王」字。

〔一○〕有悲，《錦繡萬花谷》無。

〔一一〕此句，《錦繡萬花谷》無。

〔一二〕羣臣，《錦繡萬花谷》、《有感五首》注無。

〔一三〕其，《錦繡萬花谷》無。

〔一四〕即，《錦繡萬花谷》無。

〔一五〕眉間尺，《錦繡萬花谷》無。

羊角哀

羊角哀、左伯桃二人相與爲死友〔一〕，欲仕於楚〔二〕，道遥山阻，遇雨雪不得行，飢寒無計，〔三〕自度不俱生也〔四〕。伯桃謂角哀曰：「天不我與，深山窮困，併在一人，可得生官。〔五〕俱死之後，骸骨莫收，內手捫心，知不如子。生恐無益，而棄子之器能〔六〕，我樂在樹中。」角哀聽〔七〕，伯桃入樹中而死，〔八〕得衣糧前至楚。楚平王愛角哀之賢，嘉其義，以上卿禮葬之。〔九〕

竟〔一〇〕，角哀夢見伯桃曰〔一一〕：「蒙子之恩而獲厚葬〔一二〕，然正苦荊將軍〔一三〕，家相〔一四〕，此欲役使吾，吾不能聽也，與連戰不勝，〔一五〕今月十五日〔一六〕，當大戰以決勝負〔一七〕。得子則勝，否則負矣〔一八〕。」角哀至期日〔一九〕，陳兵馬詣其冢上〔二〇〕，作三桐人〔二一〕，自殺，下而從之〔二二〕。君子曰：「執義可爲世規。」〔二三〕（《太平御覽》卷四百二十二。又見《後漢書・申屠剛傳》注、《文選・劉孝標〈廣絕交論〉》注、《太平御覽》卷十二、卷四百〇九、卷五百五十八、《錦繡萬花谷》卷十九、《輿地紀勝》卷十七、《事文類聚》前集卷二十三、《事類備要》前集卷三十三、《（景定）建康志》卷四十三。《後漢書》注、《文選》注、《輿地紀勝》、《錦繡萬花谷》、《建康志》作《烈士傳》。《廣韻》、《姓解》諸書，僅引「羊角哀」三字，茲不以之校。）

〔校記〕

〔一〕此句，《後漢書》注、《錦繡萬花谷》、《事類備要》作「羊角哀、左伯桃二人爲死友」，《文選》注作「陽角哀、左伯桃爲死友」，《太平御覽》卷十二作「羊角哀、左伯桃相與爲死友」，卷四百〇九作「六國時，羊角哀與左伯桃爲友」，《輿地紀勝》作「左伯桃、羊角哀，燕人也，二人爲友」，《事文類聚》作「羊角哀、左伯桃爲死友」，《建康志》作「左伯桃、羊角哀，燕人也，二人爲友」。

〔二〕此句，《文選》注、《事文類聚》作「聞楚王賢，往尋之」，《太平御覽》卷十二作「聞楚王，欲往仕之」，「王」下蓋脫「賢」字；卷四百〇九作「聞楚王賢，俱往仕」，《輿地紀勝》作「同入楚」，《建康志》作「聞楚王待士，乃同入楚」。

〔三〕以上三句，《後漢書》注作「道阻，遇雨雪不得行，飢寒」，《錦繡萬花谷》、《事類備要》作「道遇雪，饑寒不得行」。

〔四〕也，《後漢書》注、《錦繡萬花谷》、《事類備要》無。

〔五〕以上四句，《後漢書》注、《錦繡萬花谷》、《事類備要》無。

〔六〕器，《後漢書》注無。又以上四句，《錦繡萬花谷》作「我不如子」，《事類備要》作「我不如死」。

〔七〕「聽」下，《後漢書》注、《錦繡萬花谷》、《事類備要》有「之」字，是也，此蓋脫之。

〔八〕自「道阻山遙」以下至此，《文選》注、《事文類聚》作「道遇雨雪，計不俱全，乃並衣糧與角哀，入樹中死」，《太平御覽》卷十二作「道遇雨雪。計不俱全，乃併衣糧與角哀，入樹而死」，卷四百〇九作「至梁山，逢雪糧盡，度不兩全，遂併糧與角哀」，《輿地紀勝》作「粆少。伯桃乃併粆与角哀」，「粆」爲「糧」之異體字；《建康志》作「至梁山。值雨雪糧少。伯桃乃併糧與哀。令往事楚。自餓死於空樹中」。《文選》注、《太平御覽》卷十二、《輿地紀勝》、《事文類聚》引至此止。

〔九〕以上四句，《後漢書》注、《錦繡萬花谷》作「楚平王愛角哀之賢，以上卿禮葬伯桃」，《事類備要》同上，而「愛」誤作「哀」；《太平御覽》卷四百〇九作「哀至楚，楚用爲上卿，後來收葬伯桃」，《建康志》作「哀至楚，爲上大夫，乃告楚王備禮，葬於此」。

〔一〇〕竟，他書引並無。

〔一一〕《太平御覽》卷五百五十八自此引起，以「羊角哀葬友人在柏桃，與荊將軍冢比」起句，「在」乃「左」之形訛。此句，《後漢書》注作「角哀夢伯桃曰」，《太平御覽》卷五百五十八作「他日角哀夢柏桃語己曰」，《錦繡萬花谷》、《事類備要》作「後角哀夢伯桃曰」，《建康志》作「一夕，哀夢伯桃告之曰」，「一夕」疑即「角」之誤分而訛者。

〔一二〕「厚」上，《太平御覽》卷五百五十八有「原」字，當即「厚」之訛爲誤增者。

〔一三〕然，《後漢書》注無。

〔一四〕此句，《後漢書》注作「冢相近」，是也。「冢」誤作「家」，又脫「近」字。

〔一五〕以上三句，《後漢書》注無。自「蒙子之恩」下至此，《錦繡萬花谷》、《事類備要》作「正苦荊將軍冢相近」，《建康志》作「幸感子葬我。奈何與荊將軍墓相鄰，每與吾戰。爲之困迫」。自「然正苦荊將軍」下至此，《太平御覽》卷五百五十八作「荊將軍自以豪欲役伏吾，吾不聽，與連戰不勝」。

〔一六〕此句，《太平御覽》卷五百五十八作「期十五日」，《建康志》作「今年九月十五日」。

〔一七〕當，《建康志》作「將」，《太平御覽》卷五百五十八無。「戰」上，《太平御覽》卷五百五十八有「合」字。以決勝負，《錦繡萬花谷》、《事類備要》無。

〔一八〕否，《太平御覽》卷五百五十八作「不得」。又以上兩句，《後漢書》注、《錦繡萬花谷》、《事類備要》無，《建康志》作「幸假我兵馬，叫噪冢上以相助」。

〔一九〕日，《錦繡萬花谷》、《事類備要》無。

〔二〇〕馬，《太平御覽》卷五百五十八無。詣，《事類備要》誤作「指」。上，《後漢書》注、《錦繡萬花谷》、《事類備要》無。又《太平御覽》卷五百五十八引至此止。

〔二一〕桐，《事類備要》作「銅」。

〔二二〕而，《錦繡萬花谷》、《事類備要》無。自「角哀夢見伯桃」下至此，《太平御覽》卷四百〇九作「伯桃墓逼近荊將軍陵，而伯桃告云：『我日夜被荊將軍伐之。』哀乃加兵，未知勝否，云：『我向地下看之。』遂自刎死」。自「角哀至期日」下至此，《建康志》作「哀覺而悲之，如期而往。歎曰：『今在冢上，安知我友之勝負。』乃開棺自刎而死，就葬伯桃墓中」。又《太平御覽》卷四百〇九、《錦繡萬花谷》、《事類備要》、《建康志》引至此止。

〔二三〕以上兩句，《後漢書》注作「此歿身不負，然諾之信也」。

於陵子仲

　　楚於陵子仲，楚王欲以爲相，而不許，爲人灌園。（《史記·魯仲連鄒陽列傳》集解。）

　　字子終。（《史記·魯仲連鄒陽列傳》索隱。按：原有「字子終者是也」六字，末三字當非原書中文字，今刪之。）

馮煖

孟嘗君食客三千人〔一〕，厨有三列〔二〕，上客食肉，中客食魚，〔三〕下客食菜。〔四〕齊市中有乞食人馮煖〔五〕，經冬無袴，面有飢色，願得上厨〔六〕。（《太平御覽》卷四百○五。按：此原云出《列女傳》，當即《列士傳》之誤，此文最詳，因以之爲底本。又見《北堂書鈔》卷一百二十九、《太平御覽》卷二十六、卷六百九十五。）

〔校記〕

〔一〕嘗，《太平御覽》卷六百九十五作「常」，二字通。

〔二〕此句，《太平御覽》卷二十六、卷六百九十五無。

〔三〕以上兩句，《北堂書鈔》作「上客食魚」，蓋脫四字。

〔四〕以上三句，《太平御覽》卷二十六無。

〔五〕「中」、「人」，《北堂書鈔》、《太平御覽》卷二十六無。《太平御覽》卷六百九十五僅「馮援」二字，「援」乃「煖」之誤以爲。

〔六〕此句，《北堂書鈔》、《太平御覽》卷二十六、卷六百九十五無。

魏無忌

魏公子無忌方食〔一〕，有鳩飛入案下〔二〕，公子使人顧望，見一鷂在屋上飛去。〔三〕公子乃縱鳩令出〔四〕，鷂逐而殺之，公子暮爲不食，曰：「鳩避患歸無忌，竟爲鷂所得〔五〕，吾負之。爲吾捕得此鷂者，無忌無所愛。」於是左右宣公子慈聲旁國，左右捕得鷂三百餘頭以奉公子〔六〕，公子欲盡殺〔七〕，恐無辜〔八〕，乃自案劍，至其籠上曰：「誰獲罪無忌者耶？」一鷂獨低頭不敢仰視，乃取殺之，盡放其餘。名聲布流〔九〕，天下歸焉。（《太平御覽》卷九百二十六。又見《藝文類聚》卷六十九、卷九十一、《白氏六帖》卷四、《事文類聚》後集卷四十三、《事類備要》別集卷六十五、《事類備要》外集卷五十。《藝文類聚》卷六十九、《事類備要》作《烈士傳》。）

〔校記〕

〔一〕無忌，《藝文類聚》卷六十九無。

〔二〕飛，《白氏六帖》、《事類備要》外集無。「案」上，《藝文類聚》卷六十九、《白氏六帖》有「其」字。

〔三〕以上兩句，《藝文類聚》卷六十九、《白氏六帖》、《事類備要》外集大不同，《藝文類聚》卷六十九作「公子怪之，此有何急來歸無忌耶，使人於殿下視之，左右顧望一鷂，在屋上而飛」，《白氏六帖》「望」下有「見」字，「而飛」作「飛去」；《事類備要》外集「急」誤作「忌」，「耶」作「邪」，「望」下有「見」字，「而飛」作「飛去」。《藝文類聚》卷六十九、《白氏六帖》、《事類備要》外集引至此止。

〔四〕令出，《藝文類聚》卷九十一無。

〔五〕竟，《藝文類聚》卷九十一作「競」。

〔六〕三，《藝文類聚》卷九十一作「二」。

〔七〕公子，《事文類聚》、《事類備要》別集無。「殺」下，《藝文類聚》卷九十一有「之」字。

〔八〕無，《藝文類聚》卷九十一作「有」。按：此作「無」是，然亦或《類聚》脫「無」字。

〔九〕布流，《藝文類聚》卷九十一、《事類備要》別集乙。

朱亥

　　秦召魏公子無忌〔一〕，無忌不行〔二〕，使朱亥奉璧一雙〔三〕，秦王大怒〔四〕，將朱亥著猛獸圈中〔五〕。亥瞋目視之〔六〕，皆裂血出濺猛獸〔七〕，猛獸終不敢動〔八〕。（《藝文類聚》卷八十四。又見《三輔黃圖》卷六、《水經注・渭水注》、《文選・盧諶〈覽古〉》注、《太平御覽》卷一百九十七、卷四百三十六、卷四百八十三、卷八百九十一、《太平寰宇記》卷二十五、《事類賦》卷二十、《長安志》卷三、《事文類聚》後集卷三十六、《事類備要》續集卷三十一。《三輔黃圖》、《太平寰宇記》、《事類賦》、《長安志》、《事文類聚》、《事類備要》云出《烈士傳》，《太平御覽》卷四百三十六云出劉向《列士傳》。）

〔校記〕

〔一〕此句，《三輔黃圖》、《太平寰宇記》、《長安志》作「秦王召魏公子」，《水經注》作「秦昭王會魏王」，《太平御覽》卷一百九十七、卷四百三十六、卷八百九十一作「秦召公子無忌」，《事類賦》、《事文類聚》、《事類備要》作「秦召公子」。按：無忌非魏王也，《水經注》誤。

〔二〕無忌，《水經注》作「魏王」，《事類備要》作「母忌」，「母」乃「無」之音訛。

〔三〕使，《長安志》作「於是」。一雙，《太平御覽》卷一百九十七無。「雙」下，《三輔黃圖》、《太平寰宇記》有「詣秦」二字，《太平御覽》卷四百三十六作「謝秦」，《長安志》作「詣秦王」。

〔四〕秦，《長安志》無。大，《三輔黃圖》、《太平寰宇記》、《長安志》無。

〔五〕此句，《三輔黃圖》、《太平寰宇記》作「使置亥於獸圈中」，《水經注》作「置朱亥虎圈中」，《太平御覽》卷一百九十七、卷四百八十三、卷八百九十一、《事類賦》、《事文類聚》、《事類備要》作「將朱亥著虎圈中」，《太平御覽》卷四百三十六作「執朱亥著虎圈中」，《長安志》作「使置亥獸圈中」。

〔六〕《文選》注自此句引起。「亥」上，《文選》注有「朱」字。亥，《太平御覽》卷四百三十六無。瞋，《太平寰宇記》誤作「瞑」，《事類賦》誤作「嗔」，皆形訛也。目，《事類賦》誤作「日」，《長安志》無。之，《三輔黃圖》、《太平寰宇記》、《長安志》作「獸」，《水經注》、《文選》注、《太平御覽》卷一百九十七、卷四百三十六、卷四百八十三、卷八百九十一、《事類賦》、《事文類聚》、《事類備要》作「虎」。

〔七〕此句，《三輔黃圖》、《長安志》作「皆血濺於獸面」，《水經注》、《文選》注、《太平御覽》卷四百八十三、卷八百九十一、《事文類聚》、《事類備要》作「皆裂血出濺虎」，《太平寰宇記》作「皆血濺獸面」，《事類賦》作「皆裂血濺虎」，《太平御覽》卷一百九十七、卷四百三十六無。又《文選》注引至此止。

〔八〕此句，《三輔黃圖》、《長安志》作「獸不敢動」，《水經注》、《太平御覽》卷一百九十七、卷四百八十三作「虎不敢動」，《太平御覽》卷四百三十六、卷八百九十一、《事類賦》、《事文類聚》、《事類備要》作「終不敢動」，《太平寰宇記》作「不敢動」。

隱陵君

隱陵君，施酒文臺也。（《史記・魏世家》索隱。）

荊軻

燕丹使田光往候荊軻〔一〕，值其醉〔二〕，唾其耳中〔三〕。軻覺曰：「此出口入耳之言，必大事也。」則往見光〔四〕。（《藝文類聚》卷十七。又見《太平御覽》卷三百六十六、《事文類聚》後集卷十九。）

〔校記〕

〔一〕使，《事文類聚》作「師」，音訛也。

〔二〕其，《太平御覽》作「軻」。值其，《事文類聚》無。按：此二字不當無，若無，則是田光醉也。

〔三〕中，《事文類聚》無。

〔四〕則，《太平御覽》、《事文類聚》作「即」。

荊軻發後〔一〕，太子自相氣〔二〕，見虹貫日〔三〕。不徹曰：「吾事不成矣！」〔四〕後聞軻死，事不立〔五〕，曰〔六〕：「吾知其然也〔七〕。」（《史記・魯仲連鄒陽列傳》集解。又見《文選・鄒陽〈獄中上書自明〉》注、《藝文類聚》卷二、《初學記》卷二、《開元占經》卷九十八、《太平御覽》卷十四、卷八百七十八、《錦繡萬花谷》卷二、《事類備要》前集卷四。《太平御覽》作《烈士傳》。）

〔校記〕

〔一〕此句，《開元占經》、《太平御覽》卷八百七十八無。

〔二〕自，《文選》注無。此句，《初學記》、《開元占經》、《太平御覽》卷十四僅有「太子」二字，《太平御覽》卷八百七十八作「太子丹」，屬下讀。又以上兩句，《藝文類聚》、《錦繡萬花谷》作「荊軻爲燕太子謀刺秦王」，《事類備要》作「荊軻爲燕太子謀刺秦王，精誠感天」。

〔三〕「見」下，《文選》注有「白」字。《藝文類聚》、《錦繡萬花谷》、《事類備要》則徑作「白虹貫日」。又《藝文類聚》、《錦繡萬花谷》、《事類備要》引至此止。

〔四〕《初學記》、《開元占經》、《太平御覽》卷八百七十八引至此止。

〔五〕事，《太平御覽》卷十四脫。此句，《文選》注無。

〔六〕「曰」上，《文選》注有「太子」二字。

〔七〕此句，《太平御覽》卷十四作「吾知之矣」。

九牢

設九牢也。（《史記‧廉頗藺相如列傳》索隱。）

龍泉水

西平縣有龍泉水，可以淬刀劍。（《太平寰宇記》卷十一。原云出《烈士傳》。）

存疑

夏桀

置末喜膝上。（《北堂書鈔》卷二十一。）

周幽王

與褒姒同乘。（《北堂書鈔》卷二十一。按：以上兩條，見劉向《列女傳》，此二人固與「列士」無關也。）

伯夷、叔齊

孤竹君薨，伯夷長子，當立，乃讓與弟，叔齊不受，乃讓與異母弟伯寮。夷、齊皆如周，值文王薨，武王伐紂，夷、齊不從，遂去隱於首陽山，不食周粟，採薇而食。時王摩子入山，難之曰：「君不食周粟而隱周山，食周薇奈何？」二人遂不食薇，經七日，天遣白鹿乳之，得數日，夷、齊私念此鹿肉，食之必美。鹿知其意，不復來。二子遂餓而死。（馬驌《繹史》卷二十。按：據上《路史》所引，其中自有伯夷、叔齊事，然其時是書已佚，不得晚出文字反為多也。《路史後紀》四引《列士傳》之後，又引《類林》「以爲棄薇不食，有白鹿乳之」之文，若《列士傳》本有此文，不得復贅《類林》也。此足證《列士傳》原無此事。王仁俊《玉函山房輯佚書補編》據《琱玉集》錄此事，亦不可信也。）

孔融

孔融被誅，初女七歲，男九歲，以其幼弱得寄他舍，主人有遺肉汁，男渴而飲之。女曰：「今日之渴，豈得久活，何賴知肉味乎？」兄號泣而止。或言於曹操，遂盡殺之。及收至，女謂兄曰：「若死者有知，得見父，豈非至願。」

延頸就刑，顏色不變。（章宗源《隋經籍志考證‧列士傳》。按：章宗源此條云出《太平御覽》，今審此文原作《列子傳》，非《列士傳》也。且孔融後於劉向，固不得見之。章氏未思，殊爲失之。）

施陽

舒令施陽，字季儒，宜春人也。爲人沉重謐靜，清白絕俗，常以禮讓，先人後己爲行，稱爲賢者。（《初學記》卷十七。按：此見《豫章列士傳》，當爲此之文。）

《孝子傳》　漢劉向撰

《孝子傳》，漢劉向撰。劉向事跡見上《列士傳》。是書，諸家書目皆未著錄。《隋書‧經籍志》云：「劉向典校經籍，始作《列仙》、《列士》、《列女》之傳。」不云其作《孝子傳》也。又觀其文字，庸俗鄙陋，不似劉向手筆；其內容則荒謬不倫，尤其舜事，與經相悖，頗疑此書乃後人僞託也。唐許南容對策有「劉向修孝子之圖」《文苑英華》卷五百〇二。句，《日本國見在書目錄》有《孝子傳圖》一卷，姚振宗以爲此書即劉向《孝子傳》，則是書唐時已出，或以爲敦煌出土句道興抄寫《搜神記》有「昔劉向《孝子圖》有云：有董永者，千乘人也」云云，乃定此書至晚出現在西晉，（王玉樓《漢魏六朝孝子傳研究》，暨南大學 2011 年碩士論文。）恐非是。今《法苑珠林》引劉向《孝子傳》董永條，其下注引「鄭緝之《孝子感通傳》曰：永是千乘人」之句，則劉向《孝子傳》固無「千乘人」之文。敦煌抄本本多錯謬，不可信以爲憑。又《太平御覽》徵引，作《孝子圖》，則是書亦當如《列仙》諸傳，圖文相合。今觀《御覽》所徵引，文字較《法苑珠林》爲詳，此書或北宋時猶存，其亡佚時間則難知。

後世輯錄此書者，首爲茆泮林，見《十種古逸書》。《龍溪精舍叢書》、《叢書集成初編》錄之。凡輯三條，兩條據《太平御覽》，一條據《繹史》。次爲黃奭，見《漢學堂叢書》，黃奭所輯，與茆泮林同。黃奭所謂輯者，多非自輯，乃據他人所輯而錄之，其己所發現，則復有補輯。次爲王仁俊，見《玉函山房輯佚書續編》。王氏皆據《法苑珠林》錄之，下有說明，云茆氏之失。

舜

舜父有目失，始時微微，至後妻之言：「舜有井穴乏〔一〕。」舜父在家貧厄，邑市而居。舜父夜臥，夢見一鳳凰，自名爲雞，口銜米以哺己。言雞爲子孫，視之是鳳凰。黃帝夢書言之：「此子孫當有貴者。」舜占猶也。比年糶稻，穀中有錢。舜也乃三日三夜，仰天自告過因。至是聽，常與市者聲。故二人舜前舐之，目霍然開見舜，感傷市人。大聖至孝，道所神明矣。（《法苑珠林》卷六十二。）

〔校記〕

〔一〕乏，高麗藏本《法苑珠林》作「之」，疑是。此即舜穿井事。

郭巨

郭巨，河內溫人。甚富，父沒，分財二千萬爲兩，分與兩弟〔一〕，己獨取母供養。寄住〔二〕，鄰有凶宅〔三〕，無人居者，共推與之，居無禍患。妻產男〔四〕，慮養之則妨供養，乃令妻抱兒，欲掘地埋之，於土中得金一釜〔五〕，上有鐵券〔六〕，云〔七〕：「賜孝子郭巨。」〔八〕巨還宅主，宅主不敢受，遂以聞官。官依券題還巨，遂得兼養兒。（《太平御覽》卷四百一十一。又見《法苑珠林》卷六十二。《御覽》云出劉向《孝子圖》。事又見《搜神記》卷十一、《初學記》卷二十七引宋躬《孝子傳》。）

〔校記〕

〔一〕「分與兩」三字，《法苑珠林》脫。

〔二〕寄，《法苑珠林》脫。

〔三〕「鄰」上，《法苑珠林》有「自比」二字。

〔四〕產，《法苑珠林》作「生」。

〔五〕此句，《法苑珠林》作「於土中得一釜黃金」。

〔六〕「上」上，《法苑珠林》有「金」字。

〔七〕云，《法苑珠林》作「曰」。

〔八〕《法苑珠林》引至此止。

丁蘭

丁蘭，河內野王人也。年十五喪母，刻木作母，事之，供養如生。蘭妻夜火灼母面，母面發瘡，經二日妻頭髮自落，如刀鋸截然，後謝過，蘭移母大道，使妻從服三年拜伏。一夜忽如風雨，而母自還。鄰人所假借，母顏和即與，不和則不與。（《法苑珠林》卷六十二。事又見《初學記》卷十七引孫盛《逸人傳》。）

董永

前漢董永〔一〕，千乘人〔二〕，少失母〔三〕，獨養父〔四〕。父亡〔五〕，無以葬，乃從人貸錢一萬，永謂錢主曰：「後若無錢還君，當以身作奴。」主甚憫之。永得錢葬父畢，將往爲奴，〔六〕於路忽逢一婦人，求爲永妻。永曰：「今貧，若是身復爲奴，何敢屈夫人之爲妻。」婦人曰：「願爲君婦，不恥貧賤。」永遂將婦人至，錢主曰：「本言一人，今何有二？」永曰：「言一得二，理何乖乎？」主問永妻曰：「何能？」妻曰：「能織耳。」〔七〕主曰〔八〕：「爲我織千疋絹〔九〕，即放爾〔一○〕。」夫妻於是索絲，十日之內，千疋絹足。主驚，遂放夫婦二人而去。〔一一〕行至本相逢處〔一二〕，乃謂永曰〔一三〕：「我是天之織女，感君至孝，天使我償之。今君事了，不得久停。」〔一四〕語訖，雲霧四垂，忽飛而去。（《太平御覽》卷四百一十一。又見《法苑珠林》卷六十二。《御覽》云出劉向《孝子圖》。事又見《搜神記》卷一。）

〔校記〕

〔一〕前漢，《法苑珠林》無。

〔二〕此句，《法苑珠林》無。

〔三〕失母，《法苑珠林》作「偏孤」。

〔四〕此句，《法苑珠林》作「與父居」，下又有「乃肆力田，乘鹿車，載父自隨」三句。

〔五〕亡，《法苑珠林》作「終」。

〔六〕「無以葬」以下至此，《法苑珠林》作「自賣於富公，以供喪事」。

〔七〕自「於路忽逢」以下至此，《法苑珠林》作：「道逢一女，呼與語云：『願爲君妻。』遂俱至富公，富公曰：『女爲誰？』答曰：『永妻，欲助償債。』」

〔八〕主，《法苑珠林》作「公」。

〔九〕此句，《法苑珠林》作「汝織三百疋」。

〔一○〕此句，《法苑珠林》作「遣汝」。

〔一一〕自「夫妻於是」以下至此，《法苑珠林》節作「一旬乃畢」。

〔一二〕此句，《法苑珠林》作「女出門」。

〔一三〕乃，《法苑珠林》無。

〔一四〕天女之語，《法苑珠林》節作「我天女也，天令我助子償人債耳」。

〔一五〕以上兩句，《法苑珠林》作「語畢，忽然不知所在」。

《獻帝傳》

《獻帝傳》，諸家書目未見著錄。今雜見《三國志》注、《後漢書》注

中：《藝文類聚》、《太平御覽》又有《漢獻帝傳》，或即一書。諸書徵引《漢獻帝傳》，有出《後漢書・獻帝紀》者，又有不見於書者，如《藝文類聚》卷六十九引王允奏説《孝經》事，今見《東觀漢記》卷二十一，是知所云《漢獻帝傳》者，非《後漢書・獻帝紀》也。《太平御覽》尚有徵引，然《經史圖書綱目》卻無著錄，以此論之，似又非《獻帝傳》；今並迻錄之。《隋志》著錄有《漢靈獻二帝紀》，漢劉艾撰，章宗源注此書云：「諸書引《獻帝傳》，《初學記・鳥部》引一事，稱劉艾《漢帝傳》，《御覽・車部》引《獻帝傳》董卓以地動問蔡邕云云，與《魏志》注引《獻帝紀》同。」似以《獻帝傳》即《獻帝紀》也。姚振宗駁之云：「章氏所舉《初學記》、《御覽》引《漢帝傳》、《獻帝傳》自是以獻爲漢，以紀爲傳，皆稱引偶誤者。考《獻帝傳》載禪代衆事，又言山陽公薨，自是魏晉人作，別爲一書。」章、姚之語，並見姚氏《後漢藝文志》卷二。姚氏所説近是。觀是書所引，直稱董卓、袁紹、劉備之名，而稱曹操曰太祖，見《三國志・袁紹傳》注。《太平御覽》卷三百八十七直稱曹操，當後人改易。稱曹丕曰魏王，尊漢魏之帝而貶逆賊蜀主，則是書或當爲三國魏人所撰也。

冊封魏王

　　詔曰：「自古帝王，雖號稱相變，爵等不同。至乎襃崇元勳，建立功德，光啓氏姓，延於子孫，庶姓之與親，豈有殊焉。昔我聖祖受命，創業肇基，造我區夏，鑒古今之制，通爵等之差，盡封山川以立藩屛，使異姓親戚，並列土地，據國而王，所以保乂天命，安固萬嗣。歷世承平，臣主無事。世祖中興而時有難易，是以曠年數百，無異姓諸侯王之位。朕以不德，繼序弘業，遭率土分崩，群兇縱毒，自西徂東，辛苦卑約。當此之際，唯恐溺入於難，以羞先帝之聖德。賴皇天之靈，俾君秉義奮身，震迅神武，捍朕於艱難，獲保宗廟，華夏遺民，含氣之倫，莫不蒙焉。君勤過稷、禹，忠侔伊、周，而掩之以謙讓，守之以彌恭。是以往者初開魏國，錫君土宇，懼君之違命，慮君之固辭，故且懷志屈意，封君爲上公。欲以欽順高義，須俟勳績。韓遂、宋建，南結巴蜀，羣逆合從，圖危社稷。君復命將，龍驤虎奮，梟其元首，屠其窟栖。暨至西征陽平之役，親擐甲冑，深入險阻，艾夷蠻賊，殄其兇醜，蕩定西陲，懸旌萬里，聲教遠振，寧我區夏。蓋唐虞之盛，三后樹功；文武

之興，且、奭作輔，二祖成業，英豪佐命，夫以聖哲之君，事爲己任，猶錫土班瑞以報功臣，豈有如朕寡德，仗君以濟而賞典不豐，將何以答神祇、慰萬方哉？今進君爵爲魏王，使使持節行御史大夫、宗正劉艾奉策、璽玄土之社，苴以白茅，金虎符第一至第五，竹使符第一至十。君其正王位，以丞相領冀州牧。如故其上魏公璽綬符冊。敬服朕命，簡恤爾眾，克綏庶績，以揚我祖宗之休命。」魏王上書三辭，詔三報不許。又手詔曰：「大聖以功德爲高美，以忠和爲典訓，故創業垂名，使百世可希；行道制義，使力行可效。是以勳烈無窮，休光茂著。稷、契載元首之聰明，周、邵因文武之智用，雖經營庶官，仰歎俯思，其對豈有若君者哉？朕惟古人之功，美之如彼；思君忠勤之績，茂之如此。是以每將鏤符析瑞，陳禮命冊，寤寐慨然，自忘守文之不德焉。今君重違朕命，固辭懇切，非所以稱朕心而訓後世也。其抑志撙節，勿復固辭。」（《三國志・魏書・武帝紀》注。篇首稱「《獻帝傳》載詔曰」云云。）

禪代眾事

左中郎將李伏表魏王曰：「昔先王初建魏國，在境外者聞之未審，皆以爲拜王。武都李庶、姜合羈旅漢中，謂臣曰：『必爲魏公，未便王也。定天下者，魏公子桓，神之所命，當合符讖，以應天人之位。』臣以舍辭語鎮南將軍張魯，魯亦問合知書所出？合曰：『孔子玉版也。天子曆數，雖百世可知。』是後月餘，有亡人來，寫得冊文，卒如合辭。合長於內學，關右知名。魯雖有懷國之心，沈溺異道變化，不果寤合之言。後密與臣議策質，國人不協，或欲西通，魯即怒曰：『寧爲魏公奴，不爲劉備上客也。』言發惻痛，誠有由然。合先迎王師，往歲病亡於鄴。自臣在朝，每爲所親宣說此意，時未有宜，弗敢顯言。殿下即位初年，禎祥眾瑞，日月而至，有命自天，昭然著見。然聖德洞達，符表豫明，實乾坤挺慶，萬國作孚。臣每慶賀，欲言合驗；事君盡禮，人以爲諂。況臣名行穢賤，入朝日淺，言爲罪尤，自抑而已。今洪澤被四表，靈恩格天地，海內翕習，殊方歸服，兆應並集，以揚休命，始終允臧。臣不勝喜舞，謹具表通。」王令曰：「以示外。薄德之人，何能致此，未敢當也。斯誠先王至德通於神明，固非人力也。」

魏王侍中劉廙、辛毗、劉曄、尚書令桓階、尚書陳矯、陳羣、給事黃門侍郎王毖、董遇等言：「臣伏讀左中郎將李伏上事，考圖緯之言，以效神明之應，稽之古代，未有不然者也。故堯稱曆數在躬，璇璣以明天道；周武未戰

而赤鳥銜書；漢祖未兆而神母告符；孝宣仄微，字成木葉；光武布衣，名已勒讖。是天之所命以著聖哲，非有言語之聲，芬芳之臭，可得而知也。徒縣象以示人，微物以效意耳。自漢德之衰，漸染數世，桓、靈之末，皇極不建，暨於大亂，二十餘年。天之不泯，誕生明聖，以濟其難，是以符讖先著，以彰至德。殿下踐阼未期，而靈象變於上，羣瑞應於下，四方不羈之民，歸心向義，唯懼在後，雖典籍所傳，未若今之盛也。臣妾遠近，莫不喜藻。」王令曰：「犂牛之駮似虎，莠之幼似禾，事有似是而非者，今日是已。覩斯言事，良重吾不德。」於是尚書僕射宣告官寮，咸使聞知。

　　辛亥，太史丞許芝條魏代漢見讖緯於魏王曰：「《易傳》曰：『聖人受命而王，黃龍以戊己日見。』七月四日戊寅，黃龍見，此帝王受命之符瑞最著明者也。又曰：『初六，履霜，陰始凝也。』又有積蟲大穴天子之宮，厥咎然，今蝗蟲見，應之也。又曰：『聖人以德親比天下，仁恩洽普，厥應麒麟以戊己日至，厥應聖人受命。』又曰：『聖人清淨行中正，賢人福至民從命，厥應麒麟來。』《春秋漢含孳》曰：『漢以魏，魏以徵。』《春秋玉版讖》曰：『代赤者魏公子。』《春秋佐助期》曰：『漢以許昌失天下。』故白馬令李雲上事曰：『許昌氣見於當塗高，當塗高者當昌於許。』當塗高者，魏也；象魏者，兩觀闕是也；當道而高大者魏。魏當代漢。今魏基昌於許，漢徵絕於許，乃今效見，如李雲之言，許昌相應也。《佐助期》又曰：『漢以蒙孫亡。』說者以蒙孫漢二十四帝，童蒙愚昏，以弱亡。或以雜文爲蒙其孫當失天下，以爲漢帝非正嗣，少時爲董侯，名不正，蒙亂之荒惑，其子孫以弱亡。《孝經中黃讖》曰：『日載東，絕火光。不橫一，聖聰明。四百之外，易姓而王。天下歸功，致太平，居八甲，共禮樂，正萬民，嘉樂家和雜。』此魏王之姓諱，著見圖讖。《易運期讖》曰：『言居東，西有午，兩日並光日居下。其爲主，反爲輔。五八四十，黃氣受，眞人出。』言、午，『許』字；兩『日』，『昌』字。漢當以許亡，魏當以許昌。今際會之期在許，是其大效也。《易運期》又曰：『鬼在山，禾女連，王天下。』臣聞帝王者，五行之精；易姓之符，代興之會，以七百二十年爲一軌。有德者過之，至於八百，無德者不及，至四百載。是以周家八百六十七年，夏家四百數十年，漢行夏正，迄今四百二十六歲。又高祖受命，數雖起乙未，然其兆徵始於獲麟。獲麟以來七百餘年，天之曆數將以盡終。帝王之興，不常一姓。太微中，黃帝坐常明，而赤帝坐常不見，以爲黃家興而赤家衰，凶亡之漸。自是以來四十餘年，又熒惑失色不明十有

餘年。建安十年，彗星先除紫微；二十三年，復掃太微。新天子氣見東南以來，二十三年，白虹貫日，月蝕熒惑，比年己亥、壬子、丙午日蝕，皆水滅火之象也。殿下即位，初踐阼，德配天地，行合神明，恩澤盈溢，廣被四表，格於上下。是以黃龍數見，鳳皇仍翔，麒麟皆臻，白虎效仁，前後獻見於郊甸；甘露醴泉，奇獸神物，眾瑞並出，斯皆帝王受命易姓之符也。昔黃帝受命風后，受《河圖》；舜、禹有天下，鳳皇翔，洛出書；湯之王，白鳥為符；文王為西伯，赤鳥銜丹書；武王伐殷，白魚升舟；高祖始起，白蛇為徵。巨跡瑞應，皆為聖人興。觀漢前後之大災，今茲之符瑞，察圖讖之期運，揆河洛之所甄，未若今大魏之最美也。夫得歲星者，道始興，昔武王伐殷，歲在鶉火，有周之分野也；高祖入秦，五星聚東井，有漢之分野也。今茲歲星在大梁，有魏之分野也。而天之瑞應，並集來臻，四方歸附，襁負而至，兆民欣戴，咸樂嘉慶。《春秋大傳》曰：『周公何以不之魯？蓋以為雖有繼體守文之君，不害聖人受命而王。』周公反政，尸子以為孔子非之，以為周公不聖，不為兆民也。京房作《易傳》曰：『凡為王者，惡者去之，弱者奪之。易姓改代，天命應常，人謀鬼謀，百姓與能。』伏惟殿下體堯舜之盛明，膺七百之禪代，當湯武之期運，值天命之移受，河洛所表，圖讖所載，昭然明白，天下學士所共見也。臣職在史官，考符察徵，圖讖效見，際會之期，謹以上聞。」
王令曰：「昔周文三分天下有其二，以服事殷，仲尼歎其至德；公旦履天子之籍，聽天下之斷，終然復子明辟，書美其人。吾雖德不及二聖，敢忘高山景行之義哉？若夫唐堯、舜、禹之蹟，皆以聖質茂德處之，故能上和靈祇，下寧萬姓，流稱今日。今吾，德至薄也，人至鄙也，遭遇際會，幸承先王餘業，恩未被四海，澤未及天下，雖傾倉竭府以振魏國百姓，猶寒者未盡煖，飢者未盡飽，夙夜憂懼，弗敢遑寧。庶欲保全髮齒，長守今日，以沒於地，以全魏國，下見先王，以塞負荷之責，望狹志局，守此而已。雖屢蒙祥瑞，當之戰惶，五色無主。若芝之言，豈所聞乎？心慄手悼，書不成字，辭不宣心。吾間作詩曰：『喪亂悠悠過紀，白骨縱橫萬里。哀哀下民靡恃，吾將佐時整理，復子明辟致仕。』庶欲守此辭以自終，卒不虛言也。宜宣示遠近，使昭赤心。」
於是侍中辛毗、劉曄、散騎常侍傅巽、衛臻、尚書令桓階、尚書陳矯、陳羣、給事中博士騎都尉蘇林、董巴等奏曰：「伏見太史丞許芝上魏國受命之符，令書懇切，允執謙讓，雖舜、禹、湯、文，義無以過。然古先哲王所以受天命而不辭者，誠意遵皇天之意，副兆民之望，弗得已也。且《易》曰：『觀乎天

文，以察時變；觀乎人文，以化成天下。』又曰：『天垂象，見吉凶，聖人則之；河出圖，洛出書，聖人效之。』以爲天文因人而變，至於河、洛之書，著於《洪範》，則殷、周效而用之矣。斯言，誠帝王之明符、天道之大要也。是以由德應錄者代興於前，失道數盡者迭廢於後，傳譏萇弘欲支天之所壞，而說蔡墨『雷乘乾』之說，明神器之存亡，非人力所能建也。今漢室衰替，帝綱墮墜，天子之詔，歇滅無聞，皇天將捨舊而命新，百姓既去漢而爲魏，昭然著明，是可知也。先王撥亂平世，將建洪基；至於殿下，以至德當曆數之運，即位以來，天應人事，粲然大備，神靈圖籍，兼仍往古，休徵嘉兆，跨越前代。是芝所取中黃、運期姓緯之讖，斯文乃著於前世，與漢並見。由是言之，天命久矣，非殿下所得而拒之也。神明之意，候望禋享，兆民顒顒，咸汁嘉願，惟殿下覽圖籍之明文，急天下之公義，輒宣令外內，布告州郡，使知符命著明，而殿下謙虛之意。」令曰：「下四方以明孤款心，是也。至於覽餘辭，豈余所謂哉？寧所堪哉？諸卿指論，未若孤自料之審也。夫虛談謬稱，鄙薄所弗當也。且聞比來東征，經郡縣，歷屯田，百姓面有飢色，衣或短褐不完，罪皆在孤。是以上慚衆瑞，下愧士民，由斯言之，德尚未堪偏王，何言帝者也！宜止息此議，無重吾不德，使逝之後，不愧後之君子。」

癸丑，宣告羣寮。督軍御史中丞司馬懿、侍御史鄭渾、羊祕、鮑勛、武周等言：「令如左。伏讀太史丞許芝上符命事，臣等聞有唐世衰，天命在虞，虞氏世衰，天命在夏。然則天地之靈，曆數之運，去就之符，惟德所在。故孔子曰：『鳳鳥不至，河不出圖，吾已矣夫！』今漢室衰，自安、和、沖、質以來，國統屢絕，桓、靈荒淫，祿去公室，此乃天命去就，非一朝一夕，其所由來久矣。殿下踐阼，至德廣被，格於上下，天人感應，符瑞並臻，考之舊史，未有若今日之盛。夫大人者，先天而天弗違，後天而奉天時，天時已至而猶謙讓者，舜、禹所不爲也。故生民蒙救濟之惠，羣類受育長之施。今八方顒顒，大小注望，皇天乃眷，神人同謀，十分而九以委質，義過周文，所謂過恭也。臣妾上下，伏所不安。」令曰：「世之所不足者，道義也；所有餘者，苟妄也。常人之性，賤所不足，貴所有餘，故曰『不患無位，患所以立』。孤雖寡德，庶自免於常人之貴。夫『石可破而不可奪堅，丹可磨而不可奪赤』，丹、石微物，尚保斯質，況吾託士人之末列，曾受教於君子哉？且於陵仲子以仁爲富，柏成子高以義爲貴，鮑焦感子貢之言，棄其蔬而槁死；薪者譏季札失辭，皆委重而弗視。吾獨何人？昔周武，大聖也，使叔旦盟膠鬲

於四內，使召公約微子於共頭，故伯夷、叔齊相與笑之曰：『昔神農氏之有天下，不以人之壞自成，不以人之卑自高。』以爲周之伐殷，以暴也。吾德非周武，而義慚夷、齊，庶欲遠苟妄之失道，立丹、石之不奪。邁於陵之所富。蹈柏成之所貴，執鮑焦之貞至，遵薪者之清節。故曰：『三軍可奪帥，匹夫不可奪志。』吾之斯志，豈可奪哉？」

乙卯，冊詔魏王禪代天下曰：「惟延康元年十月乙卯，皇帝曰：咨爾魏王，夫命運否泰，依德升降，三代卜年，著於春秋，是以天命不於常，帝王不一姓，由來尚矣。漢道陵遲，爲日已久，安、順已降，世失其序，冲、質短祚，三世無嗣，皇綱肇虧，帝典頹沮。暨於朕躬，天降之災，遭无妄厄運之會，值炎精幽昧之期。變興輦轂，禍由閹宦。董卓乘釁，惡甚澆、豷，劫遷省御，火撲宮廟，遂使九州幅裂，彊敵虎爭，華夏鼎沸，蝮蛇塞路。當斯之時，尺土非復漢有，一夫豈復朕民？幸賴武王德膺符運，奮揚神武，芟夷兇暴，清定區夏，保乂皇家。今王續承前緒，至德光昭，御衡不迷，布德優遠，聲教被四海，仁風扇鬼區，是以四方效珍，人神響應，天之曆數，實在爾躬。昔虞舜有大功二十，而放勳禪以天下；大禹有疏導之績，而重華禪以帝位。漢承堯運，有傳聖之義，加順靈祇，紹天明命，釐降二女，以嬪於魏。使使持節行御史大夫事太常音，奉皇帝璽綬，王其永君萬國，敬御天威，允執其中，天祿永終，敬之哉！」於是尚書令桓階等奏曰：「漢氏以天子位禪之陛下，陛下以聖明之德，曆數之序，承漢之禪，允當天心。夫天命弗可得辭，兆民之望弗可得違，臣請會列侯諸將、羣臣陪隸，發璽書，順天命，具禮儀列奏。」令曰：「當議孤終不當承之意而已。猶獵，還方有令。」尚書令等又奏曰：「昔堯、舜禪於文祖，至漢氏，以師征受命，畏天之威，不敢怠違，便即位行在所之地。今當受禪代之命，宜會百寮羣司，六軍之士，皆在行位，使咸覩天命。營中促狹，可於平敝之處設壇場，奉答休命。臣輒與侍中常侍會議禮，儀太史官擇吉日訖，復奏。」令曰：「吾殊不敢當之，外亦何豫事也。」

侍中劉廙、常侍衛臻等奏議曰：「漢氏遵唐堯公天下之議，陛下以聖德膺曆數之運，天人同歡，靡不得所，宜順靈符，速踐皇阼。問太史丞許芝，今月十七日己未直成，可受禪命，輒治壇場之處，所當施行別奏。」令曰：「屬出見外，便設壇場，斯何謂乎？今當辭讓，不受詔也。但於帳前發璽書，威儀如常，且天寒，罷作壇士使歸。」既發璽書，王令曰：「當奉還璽綬爲讓章。

吾豈奉此詔承此貤邪？昔堯讓天下於許由、子州支甫，舜亦讓於善卷、石戶之農、北人無擇，或退而耕潁之陽，或辭以幽憂之疾，或遠入山林，莫知其處；或攜子入海，終身不反；或以爲辱，自投深淵。且顏闔懼太樸之不完，守知足之明分，王子搜樂丹穴之潛處，被熏而不出；柳下惠不以三公之貴易其介，曾參不以晉楚之富易其仁：斯九士者，咸高節而尚義、輕富而賤貴，故書名千載，於今稱焉。求仁得仁，仁豈在遠？孤獨何爲不如哉？義有蹈東海而逝，不奉漢朝之詔也。亟爲上章還璽綬，宣之天下，使咸聞焉。」己未，宣告羣僚，下魏，又下天下。

　　輔國將軍清苑侯劉若等百二十人上書曰：「伏讀令書，深執克讓，聖意懇惻，至誠外昭，臣等有所不安。何者？石戶、北人，匹夫狂狷，行不合義，事不經見者，是以史遷謂之不然，誠非聖明所當希慕。且有虞不逆放勛之禪，夏禹亦無辭位之語，故《傳》曰：『舜陟帝位，若固有之。』斯誠聖人知天命不可逆，曆數弗可辭也。伏惟陛下應乾符運，至德發聞，升昭於天，是三靈降瑞，人神以和，休徵雜沓，萬國響應，雖欲勿用，將焉避之？而固執謙虛，違天逆眾，慕匹夫之微分，背上聖之所蹈，違經識之明文，信百氏之穿鑿，非所以奉答天命，光慰眾望也。臣等昧死以請，輒整頓壇場，至吉日受命，如前奏，分別寫令宣下。」王令曰：「昔柏成子高辭夏禹而匿野，顏闔辭魯幣而遠跡，夫以王者之重，諸侯之貴，而二子忽之，何則？其節高也。故烈士徇榮名，義夫高貞介，雖蔬食瓢飲，樂在其中。是以仲尼師王駘，而子產嘉申徒。今諸卿皆孤股肱腹心，足以明孤，而今咸若斯，則諸卿遊於形骸之內，而孤求爲形骸之外，其不相知，未足多怪。亟爲上章還璽綬，勿復紛紛也。」

　　輔國將軍等一百二十人又奏曰：「臣聞符命不虛見，眾心不可違，故孔子曰：『周公其爲不聖乎？以天下讓，是天地日月輕去萬物也。』是以舜嚮天下，不拜而受命。今火德氣盡，炎上數終，帝遷明德，祚隆大魏。符瑞昭晢，受命既固，光天之下，神人同應，雖有虞儀鳳，成周躍魚，方今之事，未足以喻。而陛下違天命以飾小行，逆人心以守私志，上忤皇穹眷命之旨，中忘聖人達節之數，下孤人臣翹首之望，非所以揚聖道之高衢，乘無窮之懿勳也。臣等聞事君有獻可替否之道，奉上有逆鱗固爭之義，臣等敢以死請。」令曰：「夫古聖王之治也，至德合乾坤，惠澤均造化，禮教優乎昆蟲，仁恩洽乎草木，日月所照，戴天履地，含氣有生之類，靡不被服清風，沐浴玄德。是以金革不起，苛慝不作，風雨應節，禎祥觸類而見。今百姓寒者未煖，飢者未

飽，鰥者未室，寡者未嫁；權、備尚存，未可舞以干戚，方將整以齊斧；戎役未息於外，士民未安於內，耳未聞康哉之歌，目未覩擊壤之戲，嬰兒未可託於高巢，餘糧未可以宿於田畝：人事未備，至於此也。夜未曜景星，治未通眞人，河未出龍馬，山未出象車，莫莢未植階庭，蓂莆未生庖廚，王母未獻白環，渠搜未見珍裘，靈瑞未效，又如彼也。昔東戶季子、容成、大庭、軒轅、赫胥之君，咸得以此就功勒名。今諸卿獨不可少假孤精心竭慮，以和天人，以格至理，使彼眾事備，羣瑞效，然後安乃議此乎，何遽相愧相迫之如是也？速爲讓章，上還璽綬，無重吾不德也。」

侍中劉廙等奏曰：「伏惟陛下以大聖之純懿，當天命之曆數，觀天象則符瑞著明，考圖緯則文義煥炳，察人事則四海齊心，稽前代則異世同歸；而固拒禪命，未踐尊位，聖意懇惻，臣等敢不奉詔？輒具章遣使者。」奉令曰：「泰伯三以天下讓，人無得而稱焉，仲尼歎其至德，孤獨何人？」

庚申，魏王上書曰：「皇帝陛下：奉被今月乙卯璽書，伏聽冊命，五內驚震，精爽散越，不知所處。臣前上還相位，退守藩國，聖恩聽許。臣雖無古人量德度身自定之志，保己存性，實其私願。不寤陛下猥損過謬之命，發不世之詔，以加無德之臣。且聞堯禪重華，舉其克諧之德，舜授文命，采其齊聖之美，猶下咨四嶽，上觀璿璣。今臣德非虞、夏，行非二君，而承曆數之諮，應選授之命，內自揆撫，無德以稱。且許由匹夫，猶拒帝位，善卷布衣，而逆虞詔。臣雖鄙蔽，敢忘守節以當大命，不勝至願。謹拜章陳情，使行相國永壽少府糞土臣毛宗奏，并上璽綬。」

辛酉，給事中博士蘇林、董巴上表曰：「天有十二次以爲分野，王公之國，各有所屬，周在鶉火，魏在大梁。歲星行歷十二次國，天子受命，諸侯以封。周文王始受命，歲在鶉火，至武王伐紂十三年，歲星復在鶉火，故《春秋傳》曰：『武王伐紂，歲在鶉火；歲之所在，即我有周之分野也。』昔光和七年，歲在大梁，武王始受命，於時將討黃巾。是歲改年爲中平元年。建安元年，歲復在大梁，始拜大將軍。十三年復在大梁，始拜丞相。今二十五年，歲復在大梁，陛下受命，此魏得歲，與周文王受命相應。今年青龍在庚子，《詩推度災》曰：『庚者，更也；子者，滋也，聖命天下治。』又曰：『王者布德於子，治成於丑。』此言今年天更命聖人制治天下，布德於民也。魏以改制天下，與詩協矣。顓頊受命，歲在豕韋，衛居其地，亦在豕韋，故《春秋傳》曰：『衛，顓頊之墟也。』今十月斗之建，則顓頊受命之分也。始魏以十月受

禪，此同符始祖受命之驗也。魏之氏族，出自顓頊，與舜同祖，見於春秋世家。舜以土德承堯之火，今魏亦以土德承漢之火，於行運，會於堯、舜授受之次。臣聞天之去就，固有常分，聖人當之，昭然不疑。故堯捐骨肉而禪有虞，終無怪色，舜發隴畝而君天下，若固有之，其相受授，閒不替漏；天下已傳矣，所以急天命，天下不可一日無君也。今漢期運已終，妖異絕之已審，陛下受天之命，符瑞告徵，丁寧詳悉，反覆備至，雖言語相喻，無以代此。今既發詔書，璽綬未御，固執謙讓，上逆天命，下違民望。臣謹案古之典籍，參以圖緯，魏之行運及天道所在，即尊之驗，在於今年此月，昭晰分明唯。陛下遷思易慮，以時即位，顯告天帝而告天下，然後改正朔，易服色，正大號，天下幸甚。」令曰：「凡斯皆宜聖德，故曰：『苟非其人，道不虛行。』天瑞雖彰，須德而光。吾德薄之人，胡足以當之？今讓，冀見聽許，外內咸使聞知。」

壬戌，冊詔曰：「皇帝問魏王言：遣宗奉庚申書到，所稱引，聞之。朕惟漢家世踰二十，年過四百，運周數終，行祚已訖，天心已移，兆民望絕，天之所廢，有自來矣。今大命有所底止，神器當歸聖德，違眾不順，逆天不祥。王其體有虞之盛德，應曆數之嘉會，是以禎祥告符，圖讖表錄，神人同應，受命咸宜。朕畏上帝，致位於王；天不可違，眾不可拂。且重華不逆堯命，大禹不辭舜位，若夫由、卷匹夫，不載聖籍，固非皇材帝器所當稱慕。今使音奉皇帝璽綬，王其陟帝位，無逆朕命，以祗奉天心焉。」

於是尚書令桓階等奏曰：「今漢使音奉璽書到，臣等以為天命不可稽，神器不可瀆。周武中流有白魚之應，不待師期而大號已建；舜受大麓，桑蔭未移而已陟帝位：皆所以祗承天命，若此之速也。故無固讓之義，不以守節為貴，必道信於神靈，符合於天地而已。《易》曰：『其受命如響，無有遠近幽深，遂知來物，非天下之至賾，其孰能與於此？』今陛下應期運之數，為皇天所子，而復稽滯於辭讓，低回於大號，非所以則天地之道、副萬國之望。臣等敢以死請，輒敕有司修治壇場，擇吉日，受禪命，發璽綬。」令曰：「冀三讓而不見聽，何汲汲於斯乎？」

甲子，魏王上書曰：「奉今月壬戌璽書，重被聖命，伏聽冊告，肝膽戰悸，不知所措。天下神器，禪代重事，故堯將禪舜，納於大麓；舜之命禹，玄圭告功；烈風不迷，九州攸平，詢事考言，然後乃命，而猶執謙讓於德不嗣。況臣頑固，質非二聖，乃應天統，受終明詔；敢守微節，歸志箕山，不勝大願。謹拜表陳情，使并奉上璽綬。」

侍中劉廙等奏曰：「臣等聞聖帝不違時，明主不逆人，故《易》稱通天下之志，斷天下之疑。伏惟陛下體有虞之上聖，承土德之行運，當六陽明夷之會，應漢氏祚終之數，合契皇極，同符兩儀。是以聖瑞表徵，天下同應，曆運去就，深切著明；論之天命，無所與議，比之時宜，無所與爭。故受命之期，時清日晏，曜靈施光，休氣雲蒸。是乃天道悅懌，民心欣戴，而仍見閉拒。於禮何居？且羣生不可一日無主，神器不可以斯須無統，故臣有違君以成業，下有矯上以立事，臣等敢不重以死請。」王令曰：「天下重器，王者正統，以聖德當之，猶有懼心，吾何人哉？且公卿未至乏主，斯豈小事，且宜以待固讓之後，乃當更議其可耳。」

丁卯，冊詔魏王曰：「天訖漢祚，辰象著明，朕祇天命，致位於王，仍陳曆數於詔冊，喻符運於翰墨；神器不可以辭拒，皇位不可以謙讓，稽於天命，至於再三。且四海不可以一日曠主，萬機不可以斯須無統，故建大業者不拘小節，知天命者不繫細物，是以舜受大業之命而無遜讓之辭，聖人達節，不亦遠乎！今使音奉皇帝璽綬，王其欽承，以答天下嚮應之望焉。」

相國華歆、太尉賈詡、御史大夫王朗及九卿上言曰：「臣等被召到，伏見太史丞許芝、左中郎將李伏所上圖讖、符命，侍中劉廙等宣敘眾心，人靈同謀。又漢朝知陛下聖化通於神明，聖德參於虞夏，因瑞應之備至，聽曆數之所在，遂獻璽綬，固讓尊號，能言之倫，莫不抃舞，《河圖》、《洛書》，天命瑞應，人事協於天時，民言協於天敘。而陛下性秉勞謙，體尚克讓，明詔懇切，未肯聽許，臣妾小人，莫不伊邑。臣等聞自古及今，有天下者不常在乎一姓；考以德勢，則盛衰在乎彊弱，論以終始，則廢興在乎期運。唐虞曆數，不在厥子而在舜、禹，舜、禹雖懷克議之意迫，羣后執玉帛而朝之，兆民懷欣戴而歸之，率土揚歌謠而詠之，故其守節之拘，不可得而常處；達節之權，不可得而久避；是以或遜位而不恡，或受禪而不辭；不恡者未必厭皇寵，不辭者未必渴帝祚，各迫天命而不得以已。既禪之後，則唐氏之子為賓於有虞，虞氏之胄為客於夏代。然則禪代之義，非獨受之者實應天福，授之者亦與有餘慶焉。漢自章、和之後，世多變故，稍以陵遲，洎乎孝靈，不恒其心，虐賢害仁，聚斂無度，政在嬖豎，視民如讐。遂令上天震怒，百姓從風如歸，當時則四海鼎沸，既沒則禍發宮庭，寵勢並竭，帝室遂卑。若在帝舜之末節，猶擇聖代而授之，荊人抱玉璞，猶思良工而刊之，況漢國既往，莫之能匡，推器移君，委之聖哲，固其宜也。漢朝委質，既願禮禪之速定也，天祚率土，

必將有主；主率土者，非陛下其孰能任之？所謂論德無與爲比，考功無推讓矣。天命不可久稽，民望不可久違，臣等慺慺，不勝大願。伏請陛下割撝謙之志，脩受禪之禮，副人神之意，慰外內之願。」令曰：「以德則孤不足，以時則戎虜未滅，若以羣賢之靈，得保首領，終君魏國，於孤足矣。若孤者，胡足以辱四海？至乎天瑞人事，皆先王聖德遺慶，孤何有焉？是以未敢聞命。」

己巳，魏王上書曰：「臣聞舜有賓於四門之勛，乃受禪於陶唐；禹有存國七百之功，乃承祿於有虞。臣以蒙蔽，德非二聖，猥當天統，不敢聞命。敢屢抗疏，略陳私願，庶章通紫庭，得全微節；情達宸極，永守本志。而音重復銜命，申制詔臣，臣實戰惕，不發璽書，而音迫於嚴詔，不敢復命。願陛下馳傳騁驛，召音還臺。不勝至誠，謹使宗奉書。」

相國歆、太尉詡、御史大夫朗及九卿奏曰：「臣等伏讀詔書，於邑益甚。臣等聞《易》稱聖人奉天時，《論語》云君子畏天命，天命有去就，然後帝者有禪代。是以唐之禪虞，命在爾躬；虞之順唐，謂之受終。堯知天命去己，故不得不禪舜；舜知曆數在躬，故不敢不受；不得不禪，奉天時也；不敢不受，畏天命也。漢朝雖承季末陵遲之餘，猶務奉天命以則堯之道，是以願禪帝位而歸二女。而陛下正於大魏受命之初，抑虞夏之達節，尚延陵之讓退，而所枉者大，所直者小，所詳者輕，所略者重，中人凡士猶爲陛下陋之。沒者有靈，則重華必忿憤於蒼梧之神墓，大禹必鬱悒於會稽之山陰，武王必不悅於高陵之玄宮矣。是以臣等敢以死請。且漢政在閹宦，祿去帝室七世矣，遂集矢石於其宮殿，而二京爲之丘墟。當是之時，四海蕩覆，天下分崩，武王親衣甲而冠冑，沐雨而櫛風，爲民請命，則活萬國，爲世撥亂，則致升平，鳩民而立長，築宮而置吏，元元無過，罔於前業，而始有造於華夏。陛下即位，光昭文德，以翊武功，勤恤民隱，視之如傷，懼者寧之，勞者息之，寒者以煖，飢者以充，遠人以德服，寇敵以恩降，邁恩種德，光被四表；稽古篤睦，茂於放勛，網漏吞舟，弘乎周文。是以布政未朞，人神並和，皇天則降甘露而臻四靈，后土則挺芝草而吐醴泉，虎豹鹿兔，皆素其色，雉鳩燕雀，亦白其羽，連理之木，同心之瓜，五采之魚，珍祥瑞物，雜遝於其間者，無不畢備。古人有言：『微禹，吾其魚乎？』微大魏，則臣等之白骨交橫於曠野矣。伏省羣臣外內前後章奏，所以陳敘陛下之符命者，莫不條河洛之圖書，據天地之瑞應，因漢朝之款誠，宣萬方之景附，可謂信矣著矣。三王無以及，五帝無以加。民命之懸於魏邦，民心之繫於魏政，三十有餘年矣，此乃千世

時至之會，萬載一遇之秋；達節廣度，宜昭於斯際，拘牽小節，不施於此時。久稽天命，罪在臣等。輒營壇場，具禮儀，擇吉日，昭告昊天上帝，秩羣神之禮，須禋祭畢，會羣寮於朝堂，議年號、正朔、服色當施行，上。」復令曰：「昔者大舜飯糗茹草，將終身焉，斯則孤之前志也。及至承堯禪，被珍裘，妻二女，若固有之，斯則順天命也。羣公卿士誠以天命不可拒，民望不可違，孤亦曷以辭焉！」

庚午，冊詔魏王曰：「昔堯以配天之德，秉六合之重，猶覩曆運之數，移於有虞，委讓帝位，忽如遺跡。今天既訖我漢命，乃眷北顧，帝皇之業，實在大魏，朕守空名，以竊古義，顧視前事，猶有慚德，而王遜讓至於三四，朕用懼焉。夫不辭萬乘之位者，知命達節之數也，虞夏之君，處之不疑，故勳烈垂於萬載，美名傳於無窮。今遣守尚書令侍中覬喻，王其速陟帝位，以順天人之心，副朕之大願。」

於是尚書令桓階等奏曰：「今漢氏之命已四至，而陛下前後固辭，臣等伏以為上帝之臨聖德，期運之隆大魏，斯豈數載？《傳》稱周之有天下，非甲子之朝，殷之去帝位，非牧野之日也，故《詩》序商湯，追本玄王之至，述姬周，上錄后稷之生，是以受命既固，厥德不回。漢氏衰廢，行次已絕，三辰垂其徵，史官著其驗，耆老記先古之占，百姓協歌謠之聲。陛下應天受禪，當速即壇場，柴燎上帝，誠不宜久停神器，拒億兆之願。臣輒下太史令擇元辰，今月二十九日，可登壇受命，請詔三公羣卿，具條禮儀別奏。」令曰：「可。」

（《三國志·魏書·文帝紀》注。原注「《獻帝傳》載禪代眾事曰」云云。正文獻帝策亦當屬《獻帝傳》之文，原文有之，故裴注不引也。）

登壇受禪

辛未，魏王登壇受禪，公卿、列侯、諸將、匈奴單于、四夷朝者數萬人陪位，燎祭天地、五嶽、四瀆。曰：「皇帝臣丕敢用玄牡昭告於皇皇后帝：漢歷世二十有四，踐年四百二十有六，四海困窮，三綱不立，五緯錯行，靈祥並見，推術數者，慮之古道，咸以為天之曆數，運終茲世，凡諸嘉祥民神之意，比昭有漢數終之極，魏家受命之符。漢主以神器宜授於臣，憲章有虞，致位於丕。丕震畏天命，雖休勿休。羣公庶尹六事之人，外及將士，洎於蠻夷君長，僉曰：『天命不可以辭拒，神器不可以久曠，羣臣不可以無主，萬幾不可以無統。』丕祗承皇象，敢不欽承。卜之守龜，兆有大橫，筮之三易，兆有革兆，謹擇元日，與羣寮登壇受帝璽綬，告類於爾大神。唯爾有神，尚

饗永吉，兆民之望，祚於有魏世享。」遂制詔三公：「上古之始有君也，必崇恩化以美風俗，然百姓順教而刑辟厝焉。今朕承帝王之緒，其以延康元年為黃初元年，議改正朔，易服色，殊徽號，同律度量，承土行，大赦天下；自殊死以下，諸不當得赦，皆赦除之。」（《三國志・魏書・文帝紀》注。）

寵愛假子

朗父名宜祿，為呂布使詣袁術，術妻以漢宗室女。其前妻杜氏留下邳。布之被圍，關羽屢請於太祖，求以杜氏為妻。太祖疑其有色，及城陷，太祖見之，乃自納之。宜祿歸降，以為銍長。及劉備走小沛，張飛隨之，過謂宜祿曰：「人取汝妻而為之長，乃蟲蟲若是邪！隨我去乎？」宜祿從之數里，悔欲還，飛殺之。朗隨母氏畜於公宮，太祖甚愛之，每坐席，謂賓客曰：「世有人愛假子如孤者乎？」（《三國志・魏書・明帝紀》注。）

追諡獻帝

帝變服，率羣臣哭之，使使持節行司徒太常和洽弔祭，又使持節行大司空大司農崔林監護喪事。詔曰：「蓋五帝之事尚矣，仲尼盛稱堯、舜巍巍蕩蕩之功者，以為禪代乃大聖之懿事也。山陽公深識天祿永終之運，禪位文皇帝以順天命。先帝命公行漢正朔，郊天祀祖以天子之禮，言事不稱臣，此舜事堯之義也。昔放勳殂落，四海如喪考妣，遏密八音，明喪葬之禮同於王者也。今有司奏喪禮比諸侯王，此豈古之遺制而先帝之至意哉？今諡公漢孝獻皇帝。」使太尉具以一太牢告祠文帝廟，曰：「叡聞夫禮也者，反本修古，不忘厥初，是以先代之君，尊尊親親，咸有尚焉。今山陽公寢疾棄國，有司建言喪紀之禮，視諸侯王。叡惟山陽公昔知天命永終於己，深觀曆數，允在聖躬，傳祚禪位，尊我民主，斯乃陶唐懿德之事也。黃初受終，命公於國行漢正朔，郊天祀祖禮樂制度率乃漢舊，斯亦舜、禹明堂之義也。上考遂初，皇極攸建，允熙克讓，莫朗於茲。蓋子以繼志嗣訓為孝，臣以配命欽述為忠，故《詩》稱『匪棘其猶，聿追來孝』，《書》曰『前人受命，茲不忘大功』。叡敢不奉承徽典，以昭皇考之神靈。今追諡山陽公曰孝獻皇帝，冊贈璽綬。命司徒、司空持節弔祭護喪，光祿、大鴻臚為副，將作大匠、復土將軍營成陵墓，及置百官羣吏，車旗服章喪葬禮儀，一如漢氏故事；喪葬所供羣官之費，皆仰大司農。立其後嗣為山陽公，以通三統，永為魏賓。」於是贈冊曰：「嗚呼！昔皇天降戾於漢，俾逆臣董卓播厥凶虐，焚滅京都，劫遷大駕。於時六合雲擾，

姦雄慓起。帝自西京，徂唯求定，臻茲洛邑。疇咨聖賢，聿改乘轅，又遷許昌，武皇帝是依。歲在玄枵，皇師肇徵，迄於鶉尾，十有八載。羣寇殲殄，九域咸乂，惟帝念功，祚茲魏國，大啓土宇。爰及文皇帝，齊聖廣淵，仁聲旁流，柔遠能邇，殊俗向義，乾精承祚，坤靈吐曜，稽極玉衡，允膺曆數，度於軌儀，克厭帝心。乃仰欽七政，俯察五典，弗采四嶽之謀，不俟師錫之舉，幽贊神明，承天禪位。祚逮朕躬，統承洪業。蓋聞昔帝堯，元、愷既舉，凶族未流，登舜百揆，然後百揆時序，內平外成，授位明堂，退終天祿，故能冠德百王，表功嵩嶽。自往迄今，彌歷七代，歲暨三千，而大運來復，庸命厎績，纂我民主，作建皇極。念重光，紹咸池，繼韶夏，超羣后之遐蹤，邈商周之愆德，可謂高朗令終，昭明洪烈之懿盛者矣。非夫漢、魏與天地合德，與四時合信，動和民神，格於上下，其孰能至於此乎？朕惟孝獻享年不永，欽若顧命，考之典謨。恭述皇考先靈遺意，闡崇弘謚，奉成聖美，以章希世同符之隆，以傳億載不朽之榮。魂而有靈，嘉茲弘休。嗚呼哀哉！」八月壬申，葬於山陽國，陵曰禪陵，置園邑葬之日，帝制錫衰弁絰，哭之慟。適孫桂氏鄉侯康，嗣立爲山陽公。(《三國志‧魏書‧明帝紀》注。)

授多謀略

沮授，廣平人，少有大志，多謀略。」(《後漢書‧袁紹列傳》注。《三國志‧魏書‧袁紹傳》云出《獻帝紀》。)

說紹挾帝

沮授說紹曰：「將軍累葉輔弼，世濟忠義。今朝廷播越，宗廟毀壞，觀諸州郡外託義兵，內圖相滅，未有存主邺民者。且今州城粗定，宜迎大駕，安宮鄴都，挾天子而令諸侯，畜士馬以討不庭，誰能禦之！」紹悦，將從之。郭圖、淳于瓊曰：「漢室陵遲，爲日久矣，今欲興之，不亦難乎！且今英雄據有州郡，衆動萬計，所謂秦失其鹿，先得者王。若迎天子以自近，動輒表聞，從之則權輕，違之則拒命，非計之善者也。」授曰：「今迎朝廷，至義也，又於時宜大計也，若不早圖，必有先人者也〔一〕。夫權不失機，功在速捷，將軍其圖之！」紹弗能用。(《三國志‧魏書‧袁紹傳》注。其下裴注云：「此書稱郭圖之計，則與本傳違也。」按：本傳稱郭圖阻袁紹迎天子。事又見《後漢紀‧孝獻皇帝紀》。)

〔校記〕

〔一〕人，《後漢紀》作「之」，義上。

紹疑沮授

紹將南師，沮授、田豐諫曰：「師出歷年，百姓疲弊，倉庾無積，賦役方殷，此國之深憂也。宜先遣使獻捷天子，務農逸民；若不得通，乃表曹氏隔我王路。然後進屯黎陽，漸營河南，益作舟船，繕治器械，分遣精騎，鈔其邊鄙，令彼不得安，我取其逸。三年之中，事可坐定也。」審配、郭圖曰：「兵書之法，十圍五攻，敵則能戰。今以明公之神武，跨河朔之彊眾，以伐曹氏，譬若覆手，今不時取，後難圖也。」授曰：「蓋救亂誅暴，謂之義兵；恃眾憑彊，謂之驕兵。兵義無敵，驕者先滅。曹氏迎天子安宮許都，今舉師南向，於義則違。且廟勝之策，不在彊弱。曹氏法令既行，士卒精練，非公孫瓚坐受圍者也。今棄萬安之術，而興無名之兵，竊為公懼之。」圖等曰：「武王伐紂，不曰不義，況兵加曹氏而云無名！且公師武臣竭力，將士憤怒，人思自騁，而不及時早定大業，慮之失也。夫天與弗取，反受其咎，此越之所以霸，吳之所以亡也。監軍之計，計在將牢而非見時知機之變也。」紹從之。圖等因是譖授〔一〕：「監統內外〔二〕，威震三軍，若其浸盛，何以制之？夫臣與主不同者昌，主與臣同者亡，此黃石之所忌也。且御眾於外，不宜知內。」紹疑焉，乃分監軍為三都督，使授及郭圖、淳于瓊各典一軍，遂合而南。（《三國志·魏書·袁紹傳》注。事又見《後漢紀·孝獻皇帝紀》、《後漢書·袁紹列傳》。）

〔校記〕

〔一〕「授」下疑脫「曰」字，《後漢紀》、《後漢書》並有之。

〔二〕「監」上疑脫「授」字，《後漢紀》、《後漢書》並有之。

發卒築郿

董卓發卒築郿塢，高與長安城等，積穀為三十年儲，自云事成，雄據天下不成，守此足以畢老，其愚如此。（《水經注·渭水注》。事又見《三國志·魏書·董卓傳》、《後漢紀·孝獻皇帝紀》、《後漢書·董卓列傳》。）

吉日加服

興平元年正月甲子，帝加元服，司徒淳于嘉為賓，加賜玄纁駟馬，貴人、公主、卿、司隸、城門五校及侍中、尚書、給事黃門侍郎各一人為太子舍人也。（《後漢書·禮儀志上》注。又見宋陳祥道《禮書》卷六十四。）

沮散資財

紹臨發，沮授會其宗族，散資財以與之，曰：「夫勢在則威無不加，勢亡則不保一身，哀哉！」其弟宗曰：「曹公士馬不敵，君何懼焉！」授曰：「以曹兗州之明畧，又挾天子以爲資，我雖克公孫，眾實疲弊，而將驕主忲，軍之破敗，在此舉也。揚雄有言：『六國蚩蚩，爲嬴弱姬。』今之謂也。」（《三國志·魏書·袁紹傳》注。事又見《後漢書·袁紹列傳》。）

授歎不反

紹將濟河，沮授諫曰：「勝負變化，不可不詳。今宜留屯延津，分兵官渡，若其克獲，還迎不晚，設其有難，眾弗可還。」紹弗從。授臨濟歎曰：「上盈其志，下務其功。悠悠黃河，吾其反乎！」遂以疾辭。紹恨之，乃省其所部兵屬郭圖。（《三國志·魏書·袁紹傳》注。事又見《後漢紀·孝獻皇帝紀》、《後漢書·袁紹列傳》。）

沮授之忠

授大呼曰：「授不降也，爲軍所執耳！」太祖與之有舊，逆謂授曰：「分野殊異，遂用圮絕，不圖今日乃相禽也！」授對曰：「冀州失策，以取奔北。授智力俱困，宜其見禽耳。」太祖曰：「本初無謀，不用君計，今喪亂過紀，國家未定，當相與圖之。」授曰：「叔父、母、弟，縣命袁氏，若蒙公靈，速死爲福。」太祖歎曰：「孤早相得，天下不足慮。」（《三國志·魏書·袁紹傳》注。事又見《後漢紀·孝獻皇帝紀》、《後漢書·袁紹列傳》。）

貧娶羌妻

騰父平，扶風人，爲天水蘭干尉，失官，遂留隴西，與羌雜居。家貧無妻，遂娶羌女，生騰。（《後漢書·董卓列傳》注。）

浮者塞水

掠婦女衣被，遲違不時解，即斫刺之。有美髮者斷取。凍死及嬰兒隨流而浮者塞水。（《後漢書·董卓列傳》注。按：百衲本影宋紹熙刻本《後漢書》云出《獻帝傳》，四庫本《後漢書》作《獻帝紀》。）

奏說《孝經》

尚書令王允奏曰：「太史令王立，說《孝經》六隱事，能消却姦邪。」常

以良日，允與立入，爲帝誦《孝經》一章，以丈二竹簟，畫九宮其上，隨日時而出入焉。及允被害，乃不復行也。（《藝文類聚》卷六十九。原云出《漢獻帝傳》。又見《東觀漢記》卷二十一。）

虎賁執刃

舊儀三公領兵見，令虎賁執刃扶之〔一〕，曹操顧左右，汗流背，自後不敢復朝請。（《太平御覽》卷三百八十七。事又見《後漢書·伏皇后紀》、《太平御覽》卷九十二引《漢晉陽秋》。）

〔校記〕

〔一〕扶，《後漢書》、《漢晉陽秋》皆作「挾」，疑「扶」當爲「挾」之形訛。

群僚飢乏

車駕至洛陽，是時宮室燒盡，百官披荊棘依丘牆間，州郡各擁強兵，而委輸不至。羣僚飢乏，尙書郎以下自出採稆，或餓死牆壁間。（《太平御覽》卷四百八十六。原云出《漢獻帝傳》。事又見《後漢書·獻帝紀》。）

乘輿踰制

董卓作乘輿，青蓋金范〔一〕，瓜畫兩輈者〔二〕。乘之，時人皆號月輪磨車〔三〕，言近天子也。後地動，卓問蔡邕。邕曰：「地動陰盛，大臣踰制之所致也。公乘青蓋，遠近以爲非宜。太師之乘，白蓋車〔四〕，畫輈。」（《太平御覽》卷七百七十三。原云出《漢獻帝傳》。事又見《後漢紀·孝獻皇帝紀》、《三國志·魏書·董卓傳》正文及注引《獻帝紀》、《後漢書·蔡邕列傳》、《董卓列傳》、《北堂書鈔》卷一百四十一、《太平御覽》卷四百九十、卷七百七十六引《董卓別傳、》《開元占經》卷四。）

〔校記〕

〔一〕范，《後漢紀·孝獻皇帝紀》、《三國志·董卓傳》、《後漢書·蔡邕列傳》、《董卓列傳》、《董卓別傳》並作「華」，《董卓列傳》注云：「金華，以金爲華飾車也。」疑「華」字誤作「萉」，又改作「范」也。

〔二〕瓜，《三國志·董卓傳》、《後漢書·蔡邕列傳》、《董卓列傳》作「爪」，《書鈔》引《董卓別傳》作「瑵」。按：此作「爪」是，《董卓列傳》注：「爪者，蓋弓頭爲爪形也。」「瑵」讀爲「爪」。《說文》：「瑵，車蓋玉瑵。」《漢書·王莽傳》「金瑵羽葆」顏師古注：「瑵，讀曰爪。謂蓋弓頭爲爪形。」輈，《三國志·董卓傳》、《後漢書·蔡邕列傳》、《董卓列傳》、《書鈔》引《董卓別傳》並作「輻」，《御覽》兩引《董卓別傳》作「輪」。按：作「輻」是，《說文》：「輻，車之蔽也。」《廣雅》：「輻，車廂也。」《漢書·景帝紀》引如淳說：「輻音反，小車兩屏也。」蓋輻即車廂兩側之簟，爪畫兩輻者，於簟上畫爪形也。「輈」、「輪」當皆「輻」之訛。

〔三〕月，當爲「日」之訛，四庫本《御覽》正作「日」。輪磨車，《後漢紀·孝獻皇帝紀》、《三國志·董卓傳》、《後漢書·董卓列傳》、《御覽》卷四百九十引《董卓別傳》作「竿摩車」，《書鈔》引《董卓別傳》作「竿麾車」，《御覽》卷七百七十六引《董卓別傳》作「竿摩車」。《後漢書·董卓列傳》注云：「竿摩謂相逼近也，今俗以事干人者謂之相竿摩。」則「竿」者，「竿」之形訛；「麾」者，「摩」之形訛，「磨」、「摩」通。惟「輪」字難詳，或「竿」音訛作「軒」，復又訛作「輪」也。

〔四〕白，《三國志》、《後漢紀》、《後漢書》並作「皂」。《後漢書·蔡邕列傳》注引《續漢志》：「二千石，皆皂蓋朱兩轓。」「白」當「皂」之脫訛。

廩賦不實

帝在長安，穀一斛二十餘萬。帝使侍御史侯汶出太倉米豆，爲飢民作糜粥，死者不絕。帝疑廩賦不實，敕取米豆五升，於御前作糜，得滿兩盆。詔杖汶五十。（《太平御覽》卷八百五十九。又見《北堂書鈔》卷一百四十四〔兩引〕。兩書並云出《漢獻帝傳》。《書鈔》兩引皆只「帝使侯汶出太倉米豆，爲飢民作糜粥」一句，不復出校。事又見《後漢書·獻帝紀》、《董卓列傳》、《晉書·食貨志》。）

《列女傳》 晉皇甫謐撰

《列女傳》，晉皇甫謐撰。皇甫謐事跡見上《玄晏春秋》。《晉書·皇甫謐傳》云：「（皇甫謐）又撰《帝王世紀》、《年曆》、《高士》、《逸士》、《列女》等傳。」諸書所引，又或稱《列女後傳》。《隋書·經籍志》載皇甫謐《列女傳》七卷，《新唐書·藝文志》載六卷，《宋史·藝文志》已不見著錄，則亡在宋時也。

《列女傳》之撰，皇甫謐《列女傳》外，《隋書·經籍志》、兩《唐志》又有劉向《列女傳》、繆襲《列女後傳》、項原《列女傳》《舊唐書》作顏原《列女後傳》，《新唐書》作項宗《列女後傳》、綦毋邃《列女傳要錄》兩《唐書》並作《列女傳》、武則天《列女傳》等，《晉書·王接傳》又有王愆《列女後傳》。今觀諸書所引，有單云出《列女傳》者，有單云出《列女後傳》者，若不云作者，則情況頗爲複雜。《北堂書鈔》所引，有《列女傳》、《列女後傳》、皇甫謐《列女傳》。稱云出皇甫謐《列女傳》者，僅見卷一百二十二引龐娥親一事。然有稱云出《列女後傳》者，有卷一百四十五引姜詩妻，卷一百五十七引許升妻呂榮事，未知爲何書。《藝文類聚》所引有《列女傳》、皇

甫謐《列女後傳》、《列女後傳》。稱引皇甫謐《列女後傳》者，僅卷三十五引翟素事。卷八引兩事，首楚昭貞姜事見劉向《列女傳》，次姜詩妻事固非劉向《列女傳》之文，則此《列女傳》固非劉向《列女傳》也。又卷十五引黃帝妃嫫母、夏禹之妃、湯妃有莘女、太王妃太姜、王季妃太任、文王妃太姒六事，後五事皆見於劉向《列女傳》，則黃帝妃嫫母事似應本劉向《列女傳》之文，而今本脫之也。卷十八引十五事，前楚昭越姬、楚白貞姬、魯秋胡婦、梁寡高行四事，見劉向《列女傳》；後趙高（《御覽》作「嵩」）妻、朱曠羅靜、蜀景奇妻、相登妻、劉長卿妻、留子直妻六事見《太平御覽》卷四百四十引皇甫謐《列女傳》，翟素事見《藝文類聚》卷三十五引皇甫謐《列女後傳》，則此處十五事似當皆皇甫謐《列女傳》之文也。卷二十一引《列女傳》三事，首任延壽之妻事見劉向《列女傳》、《太平御覽》卷四百八十二引皇甫謐《列女後傳》，次古師安妻事不見劉向《列女傳》，末齊義二子母事見劉向《列女傳》；以此論之，此《列女傳》當非劉向《列女傳》。卷三十三引五事，第三衛義姬事、第五京師節女事皆見劉向《列女傳》、《太平御覽》卷四百八十二引皇甫謐《列女後傳》，第二趙娥親事見《三國志・龐淯傳》、《北堂書鈔》卷一百二十二引皇甫謐《列女傳》，首緱氏女玉事乃東漢之事，固非劉向《列女傳》之文，第五公孫河事又見《太平御覽》卷四百一十五引《列女後傳》，以此論之，則此五事似或當皇甫謐《列女傳》之文也。《太平御覽》所引，有劉向《列女傳》、皇甫謐《列女傳》、《列女傳》、《列女後傳》、《續列女傳》。《經史圖書綱目》列劉向《列女傳》、《列女後傳》二書，則其云《列女後傳》者，似當即皇甫謐《列女傳》也。卷六十引兩事，首楚昭貞姜事見劉向《列女傳》，次姜詩妻事固非劉向《列女傳》之文，則此《列女傳》固非劉向《列女傳》也。卷三百六十七引梁寡高行、孫去病妻、文珪妻（即上文生妻）三事，首梁寡高行事見劉向《列女傳》，然其三夏文珪妻事見皇甫謐《列女傳》，則此《列女傳》固非劉向《列女傳》也；然此三條下即引《列女後傳》，若《御覽》之《列女後傳》即皇甫謐《列女傳》，則此《列女傳》既非劉向且非皇甫謐之《列女傳》也。卷一百八十七引紂作銅柱事，卷三百七十六引比干剖心事，不見今本劉向《列女傳》，今錄之。卷四百一十六引石師安妻（上作古師安）、齊二子母、邵陽友娣三事，末兩事見劉向《列女傳》，然首事不見，未必即劉向《列女傳》也。又卷三百八十一引《續列女傳》，引伍伯妻事，不知是何人之書。

又卷四百○五引孟嘗君狡兔三窟、楊子拒妻兩事，狡兔三窟事，《北堂書鈔》卷一百二十九云出《列士傳》，此當誤；楊子拒妻事，《初學記》卷二十六、《酒譜》、《太平御覽》卷八百四十六並云出陳壽《益部耆舊傳》，此兩事似皆非《列女傳》之文。有鑒於此，今僅錄諸書明云出皇甫謐《列女傳》之文。

衛義姬

衛義姬者，其夫有先人之讎，讎家來報，壻避之。仇家得義姬，問壻所在，乃積薪燎之，遂不言而燒死。（《太平御覽》卷四百八十二。原云出皇甫謐《列女後傳》。事又見劉向《列女傳》。）

任延壽之妻

郃陽友娣者，郃陽邑任延壽之妻也，字季兒，有三子。季兒兄弟季宗與延壽爭葬父之事，延壽與其友陰殺季宗。季兒曰：「殺夫不義，事兄之讎亦不義，何面目以生而戴天履地乎？」遂以繩自縊死。馮翊王讓聞之，大其義，令縣復其三子而表其墓也。（《太平御覽》卷四百八十二。原云出皇甫謐《列女後傳》。事又見劉向《列女傳》。）

京師節女

京師節女者，長安大昌里人之妻也。其夫有仇，仇家欲報夫而無道，聞其妻孝義，乃劫其妻父，使要其女為中間。父呼其女而告之，計念不聽，則殺父，不孝；聽之，則殺夫，不義；不孝不義，雖生不可以行於代。欲以身當之，且曰：「諾。夜在樓上新沐頭，東首臥則是矣。妾請開戶。」而夜半仇家果至，斷頭持去。明視之，乃其妻之頭也。仇家痛以為義，遂釋不殺其父。（《太平御覽》卷四百八十二。原云出皇甫謐《列女後傳》。事又見劉向《列女傳》。）

龐子夏妻趙娥親

酒泉烈女龐娥親者，表氏龐子夏之妻，祿福趙君安之女也。君安為同縣李壽所殺，娥親有男弟三人，皆欲報讐，壽深以為備。會遭災疫，三人皆死。壽聞大喜，請會宗族，共相慶賀，云：「趙氏彊壯已盡，唯有女弱，何足復憂！」壽防備懈弛。娥親子淯出行，聞壽此言，還以啓娥親。娥親既素有報讐之心，

及聞壽言，感激愈深，愴然隕涕曰：「李壽，汝莫喜也，終不活汝！戴履天地，
為吾門戶，吾三子之羞也。焉知娥親不手刃殺汝，而自儌倖邪？」陰市名刀，
挾長持短，晝夜哀酸，志在殺壽。壽為人凶豪，聞娥親之言，更乘馬帶刀，
鄉人皆畏憚之。比鄰有徐氏婦，憂娥親不能制，恐逆見中害，每諫止之，曰：
「李壽，男子也，凶惡有素，加今備衛在身。趙雖有猛烈之志，而彊弱不敵。
邂逅不制，則為重受禍於壽，絕滅門戶，痛辱不輕也。願詳舉動，為門戶之
計。」娥親曰：「父母之讎，不同天地共日月者也。李壽不死，娥親視息世間，
活復何求！今雖三弟早死，門戶泯絕，而娥親猶在，豈可假手於人哉！若以
卿心況我，則李壽不可得殺；論我之心，壽必為我所殺明矣。」夜數磨礪所
持刀訖，扼腕切齒，悲涕長歎，家人及鄰里咸共笑之。娥親謂左右曰：「卿等
笑我，直以我女弱不能殺壽故也。要當以壽頸血污此刀刃，令汝輩見之。」
遂棄家事，乘鹿車伺壽。至光和二年二月上旬，以白日清時，於都亭之前，
與壽相遇，便下車扣壽馬，叱之。壽驚愕，迴馬欲走，娥親奮刀斫之，并傷
其馬。馬驚，壽擠道邊溝中。娥親尋復就地斫之，探中樹蘭，折所持刀。壽
被創未死，娥親因前欲取壽所佩刀殺壽，壽護刀瞋目大呼，跳梁而起。娥親
迺挺身奮手，左抵其額，右樁其喉，反覆盤旋，應手而倒。遂拔其力以截壽
頭，持詣都亭，歸罪有司，徐步詣獄，辭顏不變。時祿福長漢陽尹嘉不忍論
娥親，即解印綬去官，弛法縱之。娥親曰：「讎塞身死，妾之明分也。治獄制
刑，君之常典也。何敢貪生以任官法？」鄉人聞之，傾城奔往，觀者如堵焉，
莫不為之悲喜慷慨嗟嘆也。守尉不敢公縱，陰語使去，以便宜自匿。娥親抗
聲大言曰：「枉法逃死，非妾本心。今讎人已雪，死則妾分，乞得歸法，以全
國體。雖復萬死，於娥親舉足，不敢食生為明廷負也。」尉故不聽所執，娥
親復言曰：「匹婦雖微，猶知憲制。殺人之罪，法所不縱。今既犯之，義無可
逃。乞就刑戮，隕身朝市。肅明王法，娥親之願也。」辭氣愈屬，面無懼色。
尉知其難奪，彊載還家。涼州刺史周洪、酒泉太守劉班等並共表上，稱其烈
義，刊石立碑，顯其門閭。太常弘農張奐貴尚所履，以束帛二十端禮之。海
內聞之者，莫不改容贊善，高大其義。故黃門侍郎安定梁寬追述娥親，為其
作傳。玄晏先生以為父母之讎，不與共天地，蓋男子之所為也。而娥親以女
弱之微，念父辱之酷痛，感讎黨之凶言，奮劍仇頸，人馬俱摧，塞亡父之怨
魂，雪三弟之永恨，近古已來，未之有也。《詩》云：「修我戈矛，與子同仇。」
娥親之謂也。(《三國志‧魏書‧龐淯傳》注。又見《北堂書鈔》卷一百二十二，乃

節引，今附於下。又《太平御覽》卷三百四十五引此事，云出《列女傳》，未知即皇甫謐《列女傳》否？事又見《藝文類聚》卷三十三引《列女傳》、《太平御覽》卷四百一十五引《列女後傳》。）

附：《北堂書鈔》卷一百二十二：龐娥者，酒泉龐子夏妻，趙君安女。君安爲同縣李壽所殺，娥陰市刀於都亭，奮刀斫壽，刀折。

姜敘母

姜敘母者，天水姜伯奕之母也。建安中，馬超攻冀，害涼州刺史韋康，州人悽然，莫不感憤。敘爲撫夷將軍，擁兵屯歷。敘姑子楊阜，故爲康從事，同等十餘人，皆略屬超，陰相結爲康報仇，未有閒。會阜妻死，辭超寧歸西，因過至歷，候敘母，說康被害及冀中之難，相對泣良久。姜敘舉室感悲，敘母曰：「咄！伯奕。韋使君遇難，豈一州之恥，亦汝之負，豈獨義山哉？汝無顧我，事淹變生。人誰不死？死國，忠義之大者。但當速發，我自爲汝當之，不以餘年累汝也。」因敕敘與阜參議，許諾，分人使語鄉里尹奉、趙昂及安定梁寬等，令敘先舉兵叛超，超怒，必自來擊敘，寬等因從後閉門。約誓以定，敘遂進兵入鹵，昂、奉守祁山。超聞，果自出擊敘，寬等從後閉冀門，超失據。過鹵，敘守鹵。超因進至歷，歷中見超往，以爲敘軍還。又傳聞超以走奔漢中，故歷無備。及超入歷，執敘母，母怒罵超。超被罵大怒，即殺敘母及其子，燒城而去。阜等以狀聞，太祖甚嘉之，手令褒揚，語如本傳〔一〕。（《三國志·魏書·楊阜傳》注。又見《太平御覽》卷四百四十一，雖敘一事，然文字大異，今別爲一條。又《太平御覽》卷四百二十二亦有此事，單云出《列女傳》。）

〔校記〕

〔一〕據下，此四字乃裴氏概括之語也，《列女傳》必全載曹操手詔，今錄於此：「君與羣賢共建大功，西土之人，以爲美談。子貢辭賞，仲尼謂之止善。君其剖心以順國命。姜敘之母，勸敘早發，明智乃爾，雖楊敞之妻，蓋不過此。賢哉！賢哉！良史記錄，必不墜於地矣。」

天水姜敘母者，同郡楊阜之姑也。阜爲州吏，馬超殺刺史、太守，敘屯歷城，阜往見之，歔欷悲悵。敘曰：「何爲乃爾？」阜曰：「守城不能完，君亡不能死。何以視息於天下乎？君擁兵專制，而無討賊之心，此趙盾所以書『弒』也。」敘母慨然，勒敘從阜計，遂起兵於鹵城。超聞之，襲歷城，得敘母。母罵之曰：「若背父之逆子，殺君之桀賊，天豈久容？若何不早死！敢

以面目視人乎？」超即殺之。超敗，隴右平定，魏武令曰：「姜敘之母，明智乃爾，雖楊敞之妻，蓋不過也。」（《太平御覽》卷四百四十一。按：《太平御覽》卷四百二十二引《列女傳》，與此文字極相似。）

趙昂妻王異

趙昂妻異者，故益州刺史天水趙偉璋妻，王氏女也。昂爲羌道令，留異在西。會同郡梁雙反，攻破西城，害異兩男。異女英，年六歲，獨與異在城中。異見兩男已死，又恐爲雙所侵，引刀欲自刎，顧英而歎曰：「身死爾棄，當誰恃哉！吾聞西施蒙不絜之服，則人掩鼻，況我貌非西施乎？」乃以溷糞涅麻而被之，欼食瘠形，自春至冬。雙與州郡和，異竟以是免難。昂遣吏迎之，未至三十里，止謂英曰：「婦人無符信保傅，則不出房闈。昭姜沈流，伯姬待燒，每讀其傳，心壯其節。今吾遭亂不能死，將何以復見諸姑？所以偷生不死，惟憐汝耳。今官舍已近，吾去汝死矣。」遂飲毒藥而絕。時適有解毒藥良湯，撅口灌之，良久迺蘇。建安中，昂轉參軍事，徙居冀。會馬超攻冀，異躬著布韝，佐昂守備，又悉脫所佩環、黼黻以賞戰士。及超攻急，城中飢困，刺史韋康素仁，愍吏民傷殘，欲與超和。昂諫不聽，歸以語異，異曰：「君有爭臣，大夫有專利之義；專不爲非也。焉知救兵不到關隴哉？當共勉卒高勳，全節致死，不可從也。」比昂還，康與超和。超遂背約害康，又劫昂，質其嫡子月於南鄭。欲要昂以爲己用，然心未甚信。超妻楊聞異節行，請與譙終日。異欲信昂於超以濟其謀，謂楊曰：「昔管仲入齊，立九合之功；由余適秦，穆公成霸。方今社稷初定，治亂在於得人。涼州士馬，迺可與中夏爭鋒，不可不詳也。」楊深感之，以爲忠於己，遂與異重相接結。昂所以得信於超，全功免禍者，異之力也。及昂與楊阜等結謀討超，告異曰：「吾謀如是，事必萬全，當奈月何？」異厲聲應曰：「忠義立於身，雪君父之大恥，喪元不足爲重，況一子哉？夫項託、顏淵，豈復百年，貴義存耳。」昂曰：「善。」遂共閉門逐超，超奔漢中，從張魯得兵還。異復與昂保祁山，爲超所圍，三十日救兵到，乃解。超卒殺異子月。凡自冀城之難，至於祁山，昂出九奇，異輒參焉。（《三國志·魏書·楊阜傳》注。）

曹文叔妻文令女

爽從弟文叔，妻譙郡夏侯文寧之女，名令女。文叔早死，服闋，自以年少無子，恐家必嫁己，乃斷髮以爲信。其後，家果欲嫁之。令女聞，即復以

刀截兩耳,居止常依爽。及爽被誅,曹氏盡死。令女叔父上書與曹氏絕婚,彊迎令女歸。時文寧爲梁相,憐其少,執義,又曹氏無遺類,冀其意沮,迺微使人諷之。令女歎且泣曰:「吾亦惟之,許之是也。」家以爲信,防之少懈。令女於是竊入寢室,以刀斷鼻,蒙被而臥。其母呼與語,不應,發被視之,血流滿牀席。舉家驚惶,奔往視之,莫不酸鼻。或謂之曰:「人生世間,如輕塵棲弱草耳,何至辛苦迺爾!且夫家夷滅已盡,守此欲誰爲哉?」令女曰:「聞仁者不以盛衰改節,義者不以存亡易心,曹氏前盛之時,尚欲保終,況今衰亡,何忍棄之?禽獸之行,吾豈爲乎!」司馬宣王聞而嘉之,聽使乞子字養爲曹氏後,名顯於世。(《三國志‧魏書‧何晏傳》注。)

衛農妻

衛農與妻宿客舍,遇雷雨,妻夢虎齧其足,驚起,相謂曰:「我此行未宜,天欲戮我。」夫妻出,中夜叩頭。屋壞,壓殺數十人。(《太平御覽》卷一百八十一。)

趙嵩妻張禮修

漢中趙嵩妻者,同郡張氏之女也,字禮脩。遭賊,嵩死君難。理脩以碧塗面,亂髮稱病,懷刀在身,意氣列決,賊不迫也。叔父矜其年少,又世方喪亂,欲更嫁,禮脩慷慨以死爲誓。(《太平御覽》卷四百四十。按:此事又見《藝文類聚》卷十八引《列女傳》,文較此爲詳。)

朱曠妻羅靜

丹陽羅靜者,廣德羅勤之女。爲同縣朱曠所婚,禮未成,勤遇疫疾喪沒,鄰比斷絕,曠觸冒經營,尋復病亡。靜感其義,遂誓不嫁,與弟妹共居。求者過十餘,志無傾移。有楊祚者,多將人眾,自往納幣,靜乃逃竄。祚劫其弟妹,靜懼爲祚所害,乃出見之曰:「實感朱曠爲妾父而死,是以託身亡者,自誓不貳辛苦之人,願君哀而舍之。如其不然,請守之以死。」祚乃舍之,靜守純固,年六十餘卒。(《太平御覽》卷四百四十。事又見《藝文類聚》卷十八引《列女傳》。)

景奇妻羅貢羅

蜀景奇妻者,羅氏之女,字貢羅。奇亡無嗣,貢羅專心供養。父青以許

同郡宰詩，貢羅與父母書，陳其情志，歷年不歸。後青使詩白州告縣發遣，貢羅乃由徑道詣州，自訴言意，慷慨請死不從。州嘉而許焉。貢羅恐詩於道路迫脅，乃請吏兵自衛還家，執義終身。（《太平御覽》卷四百四十。事又見《藝文類聚》卷十八引《列女傳》。）

相登妻周度

犍爲相登妻者，周氏之女，名度。適登一年而寡，牢令吳厚因人問度，心執匪石，引刀截髮。縣長吏復遣媒欲娉，度曰：「前已斷髮，謂足表心，何誤復有斯言哉？」取刀欲割鼻，左右救止，表其閭。（《太平御覽》卷四百四十。事又見《藝文類聚》卷十八引《列女傳》。）

馮季宰妻季珥

廣漢馮季宰妻者，季氏之女，名珥，字進娥。早寡無嗣，奉養繼姑及宰兄顯，守心純固，以義自防。珥母愍其姑苦，陰有所許。珥斷髮自明，遂乞養男女各一，率道有法，鄉人稱之。（《太平御覽》卷四百四十。）

王輔妻彭非

廣漢王輔妻，彭氏之女也，名非。輔遊學數年，遂卒京師，迎喪葬訖，事姑孝敬彌篤。非叔父以許蘇孟，非叩心泣血，訴情九族，猶不見聽，乃剪髮諸府，乞終供養。遂乞養子靜居，年踰七十而卒。（《太平御覽》卷四百四十。）

劉長卿妻

沛國劉長卿妻者，同郡桓始春之女。少有名於桓宗，嫁於劉氏，生一男，字玉。玉五歲而長卿卒，懼見誘嫁，既不歸寧，兄弟時往，防漸遠疑，言不及外。玉年十五死，其弟會喪，援刀割耳，明己不貳，在喪側者，無不感傷。宗婦謂之曰：「家未有相嫁之計，若其有也，徐可因姊妹以喻意，何貴義輕身之甚耶？」答曰：「昔我君五更學爲儒宗，尊爲帝師，歷世不替，以忠孝顯，女以貞順稱，是以懼忝諸姑。或以我年未衰，又喪子，卒迫之間，非所能防，豈可不豫見其意哉？」郡表其閭，號曰「景行義桓」。（《太平御覽》卷四百四十。事又見《後漢書·列女傳》、《藝文類聚》卷十八引《列女傳》。）

孫去病妻

沛公孫去病妻者，同郡戴元世之女，既嫁，久而無子，謂其夫曰：「妾不

才，得奉巾櫛，歷年無嗣，禮有七出，請願受訣。」以其夫不許，復進曰：「福莫大於昌熾，禍莫大於絕嗣，君不忍見遣，當更廣室。」夫復不肯。夫死服除，父母欲嫁之，女遂操刀割鼻，郡表其閭。(《太平御覽》卷四百四十。事又見《太平御覽》卷三百六十七引《列女傳》。)

文生妻劉娥

梁夏文生妻者，沛國劉景賓之女，名娥。生一女而寡，娥誓不再嫁。父以配同郡衡氏，逼迫入門，娥謂衡氏曰：「妾聞婦人不改嫁。越義失節，妾所不爲。君可見遣！」衡氏曰：「相取有媒禮，何遣之有？」衡氏妻服未闋，娥因數之曰：「君衰麻在身，犯禮納室，雖顏之厚，奈相鼠何？妾必死不爲君妻，相留不知辱乎？」奮衣而出，衡氏不敢強留。父復以許臨睢倪氏，強扶上舩，俄陽不憂，書與女別，乃以刀割耳鼻曰：「所以不死者，老姑在堂，孤女尚幼故耳。」執義終身。(《太平御覽》卷四百四十。)

留子直妻

留子直妻者，歷陽人。漢末擾攘，隨夫之從父客居豫章。從父通郡牧族之妻，年少有色，太守客請以爲妻，守死不從。十餘日，客以還，太守夷殺之，臨死不變，口無言。郡吏及客憐之，更還救請。既得活，乃自割耳。久之，太守聞其夫在，遂還其妻。(《太平御覽》卷四百四十。事又見《藝文類聚》卷十八引《列女傳》。)

陳悝妻

下邳陳悝妻者，同郡吳氏之女。漢末喪亂，流寓東城，東城令戚奇欲北就呂布，焚城疊，虜人眾，聞女有容色，善史書，能彈琴瑟，遂殺悝，住車令僕者接女上車。女謂奇曰：「君隳壞都城，虜略士女，殺人之夫，欲以人婦爲妻，何酷逆之甚！願守志而死，不願無行而生。」遂自刎。奇猶有哀憇，殯葬乃去。(《太平御覽》卷四百四十。)

陳南妻戴丹

戎士陳南妻丹者，戴氏之女。美而早寡，事舅姑恭篤，同伍之人咸樂其賢色，求者甚多，守死不嫁。後之娉者告其軍主，軍主命之，知不得已，乃自經死。(《太平御覽》卷四百四十。)

會稽翟素

　　會稽翟素〔一〕，受聘未及配，適遭賊，欲犯之，臨之以白刃〔二〕。素曰：「我可得而殺，不可得而辱。」〔三〕素婢名青，乞代素〔四〕，賊遂殺素〔五〕，復欲犯青〔六〕。青曰：「向欲代素者〔七〕，恐被恥獲害耳。今素已死〔八〕，我何以生〔九〕。」為賊復殺之。（《藝文類聚》卷三十五。又見《初學記》卷十九，二書俱云出皇甫謐《列女後傳》。事又見《藝文類聚》卷十八引《列女傳》。）

　　〔校記〕

　　〔一〕「素」下，《初學記》有「者翟氏之女也」六字。

　　〔二〕之，《初學記》無。

　　〔三〕「素曰」下十二字，《初學記》無。

　　〔四〕「乞」上，《初學記》有「青」字。

　　〔五〕遂，《初學記》無。

　　〔六〕復，《初學記》作「後」。按：作「復」字義上。

　　〔七〕者，《初學記》無。

　　〔八〕已，《初學記》作「尚」。

　　〔九〕我，《初學記》無。

《逸士傳》　晉皇甫謐撰

　　《逸士傳》，晉皇甫謐撰。皇甫謐事跡見上《玄晏春秋》。《晉書·皇甫謐傳》云：「（皇甫謐）又撰《帝王世紀》、《年曆》、《高士》、《逸士》、《列女》等傳。」《隋書·經籍志》、《新唐書·藝文志》並云一卷，則所錄人恐未必多。《太平御覽》尚徵引新條目，《經史圖書綱目》亦著錄之，則是書北宋之時或尚見存。南宋書目、《宋史·藝文志》不見著錄，蓋亡於南宋之時也。

　　今考其佚文，巢父、許由、壞父、公孫潛、荀靖、管寧皆見《高士傳》，疑皇甫氏先撰《高士傳》成，乃取是書之隱逸不仕者加以增補而成。

　　今所輯，皆明云出皇甫謐《逸士傳》者也。然諸書所引，又有單云出《逸士傳》，不云皇甫謐撰者。皇甫謐《逸士傳》之外，唐人亦撰有《逸士傳》。又有孫盛《逸士傳》，見《錦繡萬花谷》卷十六引，《初學記》作《逸人傳》，蓋本作《逸民傳》，避太宗諱而改之。《錦繡萬花谷》作《逸士傳》者，或涉皇甫謐《逸士傳》而誤。曾慥《類說》卷二引《逸士傳》許由掛瓢、又見《紺珠集》卷十

三、《錦繡萬花谷》後集卷二十一、《事文類聚》前集卷三十三、《蒙求集注》卷上。朱桃椎以草屬爲業、董威百結衣，又見《三洞群仙錄》卷十五、《錦繡萬花谷》卷二十四、《錦繡萬花谷》後集卷二十一、《施注蘇詩》卷三十二。生女炙面、蝨入豕栅五事，其中生女炙面一事，宋阮閱《詩話總龜》後集卷四十二云出唐《逸士傳》，則其他四事蓋亦皆出此。又《海錄碎事》卷六引辛宣仲截竹爲壺事，《釋氏要覽》卷上引陶潛居蓬庵事，辛宣仲爲南朝宋人，陶淵明爲晉末宋初人，皆非皇甫謐所能知，蓋亦出唐《逸士傳》也。又《廣川畫跋‧擊壤圖》引「堯時有壤父，擊於康衢曰：『立我烝民，莫匪爾極。』」事見於《事物紀原》卷十引《列子》，原文作「堯微服遊康衢，聞童謠曰：『立我烝民，莫匪爾極。』」《太平御覽》卷一百九十五亦云出《列子》。則此爲康衢之童謠，非壤父之擊壤歌也。疑即涉擊壤歌而誤。以上諸事，今皆不錄之。

巢父、許由

巢父〔一〕，堯時隱人〔二〕，年老〔三〕，以樹爲巢而寢其上，故人號爲巢父〔四〕。堯之讓許由也〔五〕，以告巢父〔六〕，巢父曰〔七〕：「汝何不隱汝形，藏汝光，非吾友也。」〔八〕乃擊其膺而下之。許由悵然不自得〔九〕，乃遇清冷之水〔一○〕，洗其耳，〔一一〕拭其目，曰：「向者聞言，負吾友。」遂去，終身不相見。樊仲父牽牛飲之，見巢父洗耳，乃驅牛而還，恥令牛飲其下流也〔一二〕。（《事文類聚》前集卷三十三。此條諸書多見，然皆節引，今析爲三條，以便參校。此條僅以《世說新語‧排調》注、《文選‧陸機〈演連珠〉》注、王康琚《反招隱詩》注、曹植《七啓》注、顏延之《陶徵士誄》注、蔡邕《郭有道碑》注、《事類備要》別集卷八十二參校。）

〔校記〕

〔一〕「父」下，《世說新語》注、《文選‧演連珠》注、《七啓》注、《陶徵士誄》注、《郭有道碑》注有「者」字。

〔二〕「人」下，《文選‧演連珠》注、《陶徵士誄》注、《郭有道碑》注有「者」字。又《文選‧陶徵士誄》注引至此止。

〔三〕此句至上，《世說新語》注有「山居，不營世利」六字，《文選‧反招隱詩》作「常山居，不營世利」，《七啓》注作「常山居」。此二字，《文選‧七啓》注無。

〔四〕此句，《世說新語》注作「故號巢父」，《文選‧反招隱詩》注作「故時人號曰巢父」，《七啓》注作「時人號曰巢父也」。「年老」下三句，《文選‧演連珠》注、《郭有道碑》注無。又《世說新語》注、《文選‧反招隱詩》注、《七啓》注引至此止。

〔五〕「堯」上，《文選・演連珠》注有「及」字。「讓」下，《文選・演連珠》注、《郭有道碑》注有「位」字。「許」上，《文選・演連珠》注有「乎」字，《郭有道碑》有「于」字。

〔六〕「以」上，諸書並有「由」字。「父」下，《文選・演連珠》注、《郭有道碑》注有「焉」字。

〔七〕「父」下，《文選・演連珠》注、《郭有道碑》注有「責由」二字。

〔八〕巢父之語，《文選・演連珠》注作「汝何不隱汝光，何故見若身、揚若名，令聞。若汝，非友也」，《郭有道碑》注作「汝何不隱汝光，何故見若身也」。又《文選・郭有道碑》注引至此止。

〔九〕許，《文選・演連珠》注無。

〔一○〕遇，似當作「過」。

〔一一〕《文選・演連珠》注引至此止。

〔一二〕恥，《事類備要》脫。

許由爲堯所讓，其友巢父責之。由乃過清泠水洗耳拭目，曰：「向聞貪言〔一〕，負吾之友。」（《世說新語・排調》注。）

〔校記〕

〔一〕此句，上條作「向者聞言」，疑「者」乃「貪」之誤，又與「聞」字倒也。

堯讓天下於許由〔一〕，由逃之〔二〕，巢父聞〔三〕，而洗耳於池濱〔四〕。樊豎，字仲父〔五〕，牽牛飲之〔六〕，見巢父洗耳〔七〕，乃驅牛而還〔八〕，恥令牛飲其下流〔九〕。（《太平御覽》卷九百。又見《藝文類聚》卷九、《事類賦》卷七、《路史》卷九。）

〔校記〕

〔一〕下，《藝文類聚》作「子」。

〔二〕此句，《藝文類聚》作「許由逃」。

〔三〕「聞」下，《藝文類聚》有「之」字。

〔四〕濱，《藝文類聚》無。以上數句，《路史》作「巢父聞堯禪繇，繇不受逃之，以爲汙也，乃洗耳池濱」。「由」、「繇」通。又《藝文類聚》引至此止。

〔五〕父，《事類賦》作「文」。《路史》引此文下注云「豎，字仲父」，亦作「父」字。《太平御覽》卷四百二十五引《典略》有程豎，字謀甫，「父」、「甫」同，則作「父」字爲上，「文」蓋「父」之形訛。

〔六〕此句，《事類賦》作「方飲牛」，《路史》作「方飲其牛」。

〔七〕此句，《事類賦》、《路史》無。

〔八〕牛，《事類賦》、《路史》無。而還，《路史》作「去之」。

〔九〕令，《路史》無。「其」下，《事類賦》、《路史》有「洗耳之」三字。

壤父

堯時有壤父五十人，擊壤於康衢，或有觀者曰：「大哉！堯之爲君〔一〕！」壤父作色曰：〔二〕「吾日出而作〔三〕，日入而息，鑿井而飲，耕田而食，帝何力於我哉〔四〕！」（《太平御覽》卷七百五十五。又見《北堂書鈔》卷十五、《太平御覽》卷五百七十二、《廣韻·養韻》、《事類賦》卷一、卷八、卷十一、《韻語陽秋》卷十一、《海錄碎事》卷十七、《緯略》卷四、《文章正宗》卷二十二、《翻譯名義集》三。《北堂書鈔》僅引「老人擊壤」四字，《廣韻》僅引「堯時有壤父，擊於康衢」九字。）

〔校記〕

〔一〕「君」下，《緯略》有「也」字。

〔二〕自篇首至此，《太平御覽》卷五百七十二、《事類賦》卷十一、《文章正宗》作「堯時有八九十老人，擊壤而歌曰」，《事類賦》卷一、卷八作「堯時有老人，擊壤而歌曰」，《韻語陽秋》作「帝堯之時，天下大和，有八九十老人，擊壤而歌於康衢。其詞曰」，《海錄碎事》作「堯時老人擊壤歌曰」，《翻譯名義集》作「帝堯之時有老人擊壤於路曰」。

〔三〕吾，除《緯略》、《翻譯名義集》外，它書皆未有。

〔四〕此句，《事類賦》卷八、卷十一作「帝力何有於我哉」。

舜七友

視其友則雄陶、方回、續牙、伯陽、東不訾、秦不空、靈甫之徒，是爲七子。（《聖賢群輔錄》上。）

公儀潛

公儀潛，魯人也。少而厲行樂道，不事諸侯，與子思友。魯穆公聞其賢，因子思而致命，欲以爲相，謂子思曰：「公儀子必輔寡人，寡人將三分魯國而與之。」（《太平御覽》卷四百七十五。事又見《初學記》卷十七引《孔叢子》、《高士傳》。）

高鳳

高鳳鄰里有爭財鬭者，兵刃相加。鳳脫衣巾爲叩頭曰：「仁義遜讓，不可廢也。」〔一〕爭財者投兵謝之而罷。（《太平御覽》卷四百九十六。又見《太平御覽》卷四百一十九。事又見《東觀漢記》卷十八、《後漢書·逸民列傳·高鳳傳》。）

〔校記〕

〔一〕《太平御覽》卷四百一十九引至此止。

高鳳爲太守所召，恐不得免，自言不應爲吏，乃與寡嫂僞爭田，遂免仕。（《太平御覽》卷五百一十七。事又見《東觀漢記》卷十八、《後漢書‧逸民列傳‧高鳳傳》。）

羅威

羅威，字德仁，南海番禺人也〔一〕。母沒，盡哀墓側，白鹿乃馴擾其墓也〔二〕。（《白氏六帖》卷二十九。又見《事類備要》別集卷七十八。《六帖》原作「皇甫山《逸士傳》」，「山」蓋「士安」之急讀也。）

〔校記〕
〔一〕也，《事類備要》無。
〔二〕墓，《事類備要》作「側」，爲上。

荀靖

靖字叔慈，潁川人，有儁才，以孝著名。兄弟八人，號八龍。隱身修學，動止合禮。弟爽，亦有才學，顯名當世。或問汝南許章〔一〕：「爽與靖孰賢〔二〕？」章曰〔三〕：「二人皆玉也。慈明外朗，叔慈內潤。」〔四〕太尉辟不就，年五十終，時人惜之，號玄行先生。（《世說新語‧品藻》注。又見《三國志‧魏書‧荀彧傳》注、《太平御覽》卷三百八十。事又見皇甫謐《高士傳》。）

〔校記〕
〔一〕《三國志》注、《太平御覽》作「或問許子將」。余嘉錫云：「『或問汝南許章』之『章』字誤，當作『劭』。《魏志‧荀彧傳》注引《逸士傳》作『或問汝南許子將』。《群輔錄》引《荀氏譜》作『汝南許劭』，皆可證。」按：《太平御覽》卷五百〇八引皇甫謐《高士傳》仍作「許章」，楊萬里《跋張伯子所臧兄安國五帖》文有「有問二荀於許章者曰」云云，亦用此事，則楊氏所見，亦作「許章」，則是書或本作此。許劭生年約仕和平元年（150年），荀靖生年未知，其人爲荀爽之兄，荀爽生於永建五年（128年），荀靖必生在此前，則荀靖年長許劭三十餘歲；荀靖之卒，許劭年方約二十，似不能有此論語。或本即許章，後因其人不聞，而許劭以評人著稱，因移之許劭也。
〔二〕「靖」、「爽」上，《太平御覽》有「荀」字。
〔三〕章，《三國志》注、《太平御覽》作「子將」。
〔四〕《三國志》注、《太平御覽》引至此止。

管寧

管寧所居屯落，會有汲者，或男女雜錯，或爭井鬭鬩。寧患之，乃買器分置井傍，汲以待之，各自相責，不復鬭也。（《太平御覽》卷四百九十六。）

王儁

汝南王儁，字子文，少爲范滂、許章所識，與南陽岑晊善。公之爲布衣，特愛儁，儁亦稱公有治世之具。及袁紹與弟術喪母，歸葬汝南，儁與公會之，會者三萬人。公於外密語儁曰：「天下將亂，爲亂魁者必此二人也。欲濟天下，爲百姓請命，不先誅此二子，亂今作矣。」儁曰：「如卿之言，濟天下者，捨卿復誰？」相對而笑。儁爲人外靜而內明，不應州郡、三府之命。公車徵，不到，避地居武陵，歸儁者一百餘家。帝之都許，復徵爲尚書，又不就。劉表見紹彊，陰與紹通，儁謂表曰：「曹公，天下之雄也，必能興霸道，繼桓、文之功者也。今乃釋近而就遠，如有一朝之急，遙望漠北之救，不亦難乎！」表不從。儁年六十四，以壽終於武陵，公聞而哀傷。及平荊州，自臨江迎喪，改葬於江陵，表爲先賢也。（《三國志·魏書·武帝紀》注。）

焦光

世莫知焦光所出，或言生漢末，無父母兄弟，見漢衰，乃不言。常結草爲庵〔一〕，冬夏露〔二〕，垢污如泥。居於海島之上，三召不起，飛升洞中。〔三〕（《古文苑·蔡邕〈焦君贊〉》注。又見宋盧憲《（嘉定）鎮江志》卷六。）

〔校記〕

〔一〕庵，《鎮江志》作「廬」。

〔二〕「露」上，《鎮江志》有「袒」字。

〔三〕自「居於海島」之下，《鎮江志》作「後野火燒其廬，光因露寢，遭大雪至，袒臥不移。人以爲死，就視如故」。此段文字，當在「居於海島」之上，蓋節引不同也。

《達士傳》 晉皇甫謐撰

《達士傳》，晉皇甫謐撰。皇甫謐事跡見上《玄晏春秋》。是書，諸家書目不見著錄，今僅見《太平御覽》卷四百九十六徵引一條。

繆斐

繆斐，字文雅。代修儒學，繼踵六博士，以經行修明，學士稱之。故時人謂之語曰：「素車白馬繆文雅。」（《太平御覽》卷四百九十六。）

《聖賢高士傳》　三國嵇康撰

　　《聖賢高士傳》，三國嵇康撰。嵇康，字叔夜，譙國銍人也。兄喜，有當世才，歷太僕宗正。康早孤，有奇才，美詞氣，學不師受，博覽無不該通。長拜中散大夫。山濤將去選官，舉康自代，康乃與濤書絕之。鍾會譖康，康下獄，旋死。《晉書》有傳。

　　《三國志·魏書·王粲傳》注引嵇康兄嵇喜所爲《康傳》曰：「撰錄上古以來聖賢隱逸遁心遺名者，集爲傳贊，自混沌至於管寧，凡百一十有九人。」則是書首起混沌，至於管寧，凡錄一百一十九人也。《宋書·袁粲傳》云袁粲「常著《妙德先生傳》，以續嵇康《高士傳》」，又《周續之傳》云周氏「常以嵇康《高士傳》得出處之美，因爲之注」。是其後嵇康《高士傳》有袁粲續、袁書今不見，《隋志》有宋司空《袁粲集》十一卷，未知涵此書否。周續之注也。周注今僅存《文選》注引一條，見下項彙條。是書，《隋書·經籍志》作《聖賢高士傳贊》，《舊唐書》作《高士傳》，《新唐書》作《聖賢高士傳》，皆三卷。《太平御覽》尚多見徵引，南宋書目、《宋史·藝文志》已不見著錄，則南宋時已亡也。後世輯是書者衆多，有明張燮、張溥、清嚴可均、周世敬、馬國翰、黃奭、王仁俊、近人戴明揚等，其中以戴明揚本爲最善。戴前諸家之得失，戴明揚《聖賢高士傳贊·序》、見戴明揚《嵇康集校注》。谷文彬《嵇康〈聖賢高士傳贊〉研究》見廣西師範大學2009年碩士論文。已指出，茲不贅述。

混沌

　　混沌。(《三國志·魏書·王粲傳》注、《史通·雜說下》。按：《王粲傳》注引嵇康兄嵇喜所爲《康傳》曰：「撰錄上古以來聖賢隱逸遁心遺名者，集爲傳贊，自混沌至於管寧，凡百一十有九人。」《雜說下》云：「莊周著書，以寓言爲主。嵇康述《高士傳》，多引其虛辭，至若神有混沌，編諸首錄。」是知嵇《傳》錄《莊子》混沌事置爲卷首也。今迻錄《莊子·應帝王》載混沌事於此，以便參覽，其文曰：「南海之帝爲儵，北海之帝爲忽，中央之帝爲渾沌。儵與忽時相與遇於渾沌之地，渾沌待之甚善。儵與忽謀報渾沌之德曰：『人皆有七竅，以視、聽、食、息。此獨無有，嘗試鑿之。』日鑿一竅，七日而渾沌死。」)

廣成子

廣成子在崆峒之上，黃帝問曰：「吾欲取天地之精，以養萬物，爲之奈何？」廣成子蹶然而起曰：「至道之精，窈窈冥冥，無視無聽，抱一以靜。我守其一，以處其和，故千二百歲，而形未嘗衰。得吾道者，上爲皇而下爲王；失吾道者，上見光而下爲土。吾將去汝，入無窮之間，遊無極之野，則日月參光，與天地爲常。」（《藝文類聚》卷三十六。事又見《莊子·在宥》。）

襄城小童

黃帝將見大隗於具茨之山，方明爲御，昌寓參乘。黃帝曰：「異哉！請問天下。」小童曰：「予少遊六合之內，適有眥病，有長者教予乘日之車，遊於襄城之野。今病少損，將復遊六合之外，爲天下者，予奚事焉？夫爲天下，亦奚異牧馬哉？去其害馬而已。」黃帝再拜，稱天師而退。（《藝文類聚》卷三十六。事又見《莊子·在宥》、《神仙傳》卷一，兩書皆作黃帝與廣成子語，《高士傳》乃分爲二。按：以下凡出《類聚》卷三十六者，皆原題魏隸《高士傳》也。周世敬云：「嘗檢《藝文類聚·人部·隱逸門》，見有魏隸《高士傳》數則，遍尋史志，並無其書。及繹其文詞，核諸《御覽》所載，多同叔夜語，始悟魏隸、嵇康，字形相似，因而致訛。」周說是書即嵇康《高士傳》是也，一「魏隸」乃「嵇康」之形訛則非也。此本題魏嵇康《高士傳》，猶《類聚》卷十七引魏嵇康《明膽論》，「隸」乃「嵇」之形訛，復脫「康」字耳。）

奇矣難測，襄城小童，倦遊六合，來憩茲邦。（《水經注·汝水注》。按：原「邦」下有「也」字，乃酈道元所自加，今徑刪之。又此但云「嵇叔夜贊曰」。嚴可均云：「其下當有其『贊曰』。」按：是書後世之引文，多不錄其贊，以其體例言之，自本皆有贊語也。）

巢父

巢父，堯時隱人，年老，以樹爲巢而寢其上，故人號爲巢父。堯之讓許由也〔一〕，由以告巢父，巢父曰〔二〕：「汝何不隱汝形，藏汝光〔三〕？非吾友也。」乃擊其膺而下之〔四〕。許由悵然不自得，乃遇清泠之水，洗其耳，拭其目，曰：「嚮者聞言，負吾友。」遂去，終身不相見。（《藝文類聚》卷三十六。又見《九家集注杜詩·自京赴奉先縣詠懷五百字》、《九家集注杜詩·朝雨》。事又見《慎子》、皇甫謐《高士傳》、《逸士傳》。按：高似孫《緯略》卷四云：「《逸士傳》所云壤父是猶嵇康《高士傳》曰『堯時隱人，年老以樹爲巢而寢其上，故人號曰巢父，許由所師者』是也。」亦即此。）

〔校記〕

〔一〕也，《朝雨》注無。

〔二〕巢，《自京赴奉先縣詠懷五百字》注脫。

〔三〕此三字，《自京赴奉先縣詠懷五百字》注無。

〔四〕此句，《自京赴奉先縣詠懷五百字》注無。

壤父

　　壤父者，堯時人，年八十，而擊壤於道中。觀者曰：「大哉，帝之德也。」壤父曰：「吾日出而作，日入而息，鑿井而飲，耕地而食，帝何得於我哉？」（《藝文類聚》卷三十六。事又見《論衡·感虛》、《藝增》、《須頌》、皇甫謐《帝王世紀》、《高士傳》、《逸士傳》。）

許由

　　許由，字武仲，堯、舜皆師之，與齧缺論堯而去〔一〕，隱乎沛澤之中。堯、舜乃致天下而讓焉，曰：「十日並出，而爝火不息，其光也，不亦難乎？夫子為天子，則天下治，我由尸之，吾自視缺然。」許由曰：「吾將為名乎？名者，實之賓。吾將為賓乎？」〔二〕乃去〔三〕，宿於逆旅之家，旦而遺其皮冠。巢父聞由為堯所讓，以為汙，乃臨池水而洗其耳，池主怒曰：「何以汙我水。」〔四〕由乃退而遯耕於中岳潁水之陽〔五〕，箕山之下。（《藝文類聚》卷三十六。又見《東雅堂昌黎集注·將歸贈孟東野房蜀客》、《詳注昌黎先生文集·贈侯喜》、《詳注昌黎先生文集·通解》。事又見《莊子·逍遙遊》、《呂氏春秋·求人》、皇甫謐《高士傳》。）

〔校記〕

〔一〕缺，《通解》注誤作「皷」。

〔二〕自「曰十日並出」至此，《通解》注無。

〔三〕「乃」上，《通解》有「由」字。

〔四〕自「堯舜皆師之」至此，《將歸贈孟東野房蜀客》注節作「堯、舜欲讓以天下」。自「與齧缺論堯而去」至此，《贈侯喜》注節作「堯、舜欲舉天下而讓」。

〔五〕退，《將歸贈孟東野房蜀客》注無。而，《將歸贈孟東野房蜀客》注、《贈侯喜》注無。

　　許由養神，宅於箕阿。德真體全，擇日登遐。（《太平御覽》卷五十六。）

子州支父

　　子支伯者〔一〕，舜以天下讓支伯〔二〕，支伯曰〔三〕：「予適有幽憂之病〔四〕，方且治之〔五〕，未暇治天下也〔六〕。」遂不知所之。（《藝文類聚》卷三十六。又見《太平御覽》卷五百〇九。事又見《慎子》、《莊子·讓王》、《呂氏春秋·貴生》、

皇甫謐《高士傳》。又《後漢書‧周磐傳》注引《高士傳》曰：「堯舜各以天下讓支父，支父曰：『予適有勞憂之病，方且療之，未暇理天下。』」與皇甫謐《高士傳》不同，而云「堯舜各以天下讓支父」，其「幽」作「勞」，與《太平御覽》引嵇康《高士傳》相近，或亦出嵇《傳》也。)

〔校記〕

〔一〕子支伯，《太平御覽》作「子州友父」。按：《慎子》、《莊子》、《高士傳》均作「子州支父」，《呂氏春秋》作「子州友父」，「友」當亦「支」之訛也，「支」或書作「攴」（見唐《寂照禪師碑》），與「友」字形近。今仍以「子州支父」爲題。

〔二〕此句，《太平御覽》作「堯舜各以天下讓友父」。

〔三〕支伯，《太平御覽》作「友父」。

〔四〕予，《太平御覽》作「我」。幽，《太平御覽》作「勞」。

〔五〕且，《太平御覽》無。

〔六〕治，《太平御覽》作「在」。按：《慎子》、《莊子》、《呂氏春秋》、皇甫謐《高士傳》並作「治」，「在」字誤。又《太平御覽》引至此止。

善卷

善卷者，舜以天下讓之。〔一〕卷曰〔二〕：「予立宇宙之中，冬衣皮毛〔三〕，夏衣絺葛〔四〕，日出而作，日入而息，逍遙天地之間，〔五〕何以爲天下哉〔六〕？」遂入深山，莫知其所終。（《藝文類聚》卷三十六。又見《太平御覽》卷二十六、卷八百一十九。事又見《慎子》、《莊子‧讓王》、《高士傳》。)

〔校記〕

〔一〕以上兩句，《太平御覽》卷二十六作「善卷，古之賢人也」，卷八百一十九無。

〔二〕「卷」上，《太平御覽》卷二十六、卷八百一十九有「善」字。

〔三〕「衣」上，《太平御覽》卷二十六有「則」字。

〔四〕「衣」上，《太平御覽》卷二十六有「則」字。衣，《太平御覽》卷八百一十九無。絺，《太平御覽》卷八百一十九作「綌」。按：《慎子》、《莊子》、皇甫謐《高士傳》並作「絺」，《詩經‧葛覃》「爲絺爲綌」毛傳：「精曰絺，麤曰綌。」二者皆以葛爲之。頗疑本作「絺」，後世抄錄者以爲絺乃布之精者，與善卷儉約不合，乃改爲綌耳。然此但以葛言，不分精粗也。又《太平御覽》卷八百一十九引至此止。

〔五〕以上三句，《太平御覽》卷二十六無。

〔六〕此句，《太平御覽》卷二十六作「何以天下爲哉」。又《太平御覽》卷二十六引至此止。

石戶之農

石戶之農，不知何許人，與舜爲友，舜以天下讓之。石戶夫負妻戴〔一〕，

携子以入海，終身不反。（《太平御覽》卷五百〇九。又見《藝文類聚》卷三十六。事又見《莊子·讓王》、《呂氏春秋·離俗》、皇甫謐《高士傳》。）

〔校記〕

〔一〕戴，《藝文類聚》脫。

伯成子高

伯成子高〔一〕，不知何許人也〔二〕。唐虞時爲諸侯〔三〕，至禹，復去而耕〔四〕。禹往趨而問曰〔五〕：「昔堯治天下，吾子立爲諸侯；堯授舜，舜授予，吾子去而耕，敢問其故何耶？」〔六〕子高曰：「昔堯治天下，至公無私，不賞而民勸，不罰而民畏。今子賞而不勸，罰而不畏〔七〕，德自此衰，刑自此作。夫子盍行〔八〕？無留吾事〔九〕。」偈偈然遂復耕而不顧〔一〇〕。（《太平御覽》卷五百〇九。又見《藝文類聚》卷三十六。事又見《莊子·天地》、《呂氏春秋·長利》、《新序·節士》。）

〔校記〕

〔一〕「高」下，《藝文類聚》有「者」字。

〔二〕此句，《藝文類聚》無。

〔三〕「時」上，《藝文類聚》有「之」字。

〔四〕復，《藝文類聚》無。

〔五〕「問」下，《藝文類聚》有「之」字。

〔六〕自「曰昔」以下至此，《藝文類聚》無。

〔七〕畏，《藝文類聚》作「威」。按：作「畏」字是，作「威」者，音訛也。

〔八〕「行」下，《藝文類聚》有「乎」字，爲上。

〔九〕留，《藝文類聚》作「落」，並通。

〔一〇〕偈偈，《藝文類聚》作「偈偈」。按：《莊子》亦作「偈偈」，《釋文》：「偈，耕人行貌。」《廣韻》：「偈偈，耕貌。」所以修飾下「耕而不顧」。「偈」即「侃」，《論語·鄉黨》「侃侃如也」孔安國注：「侃侃，和樂之貌也。」二字俱通，然以「偈」爲上。此蓋即「巴」下折鈎脫而誤也。然，《藝文類聚》作「乎」。遂復，《藝文類聚》無。

卞隨、務光

卞隨、務光者，不知何許人。湯將伐桀，因卞隨而謀，曰：「非吾事也。」湯遂伐桀，以天下讓隨。隨曰：「后之伐桀謀於我，必以我爲賊也；而又讓我，必以我爲貪也。吾不忍聞。」乃自投桐水〔一〕。又讓務光，光曰：「廢上非義，殺民非仁；無道之世，不踐其土，況於尊我哉？」乃抱石而沉廬水。（《太平御覽》卷五百〇九。事又見《莊子·讓王》、《呂氏春秋·離俗》。）

〔校記〕

〔一〕桐,《莊子》作「椆」,《呂氏春秋》作「潁」。《史記·伯夷列傳》索隱、《文選·馬融〈長笛賦〉》注引《莊子》作「桐」,《戰國策·秦策五》注作「潤」。又《水經注·潁水注》云:「《呂氏春秋》曰:『卞隨恥受湯,讓自投此水而死。』張顯《逸民傳》、嵇叔夜《高士傳》並言投洞水而死。」是酈道元所見嵇康《高士傳》本作「洞」。朱謀㙔《水經注箋》云:「《呂覽》作潁水,《莊子》作椆水,司馬注本作洞水,云:『洞水在潁陽。』㙔按:『潁』、『洞』古字通用,『椆』、『桐』二字皆誤耳。」按:朱說是也,洞從冂得聲,潁從頃得聲,古從冂從頃之字通。《說文》:「熲,高,或從广頃聲。」《禮記·中庸》「衣錦尚絅」,絅,《釋文》:「本又作潁。」《尚書大傳》引作「纇」。皆其證也。諸書作「椆」、「桐」、「潤」者,皆「洞」之形訛也。

康市子

康市子者,聖人之無欲者也,見人爭財而訟,推千金之璧於其旁,而訟者息。(《太平御覽》卷五百〇九。)

小臣稷

小臣稷者,齊人,抗厲希古,桓公三往而不得見。公曰:「吾聞士不輕爵祿,無以易萬乘之主;萬乘之主不好仁義,無以下布衣之士。」於是五往,乃得見焉。(《太平御覽》卷五百〇九。事又見《韓非子·難一》、皇甫謐《高士傳》。)

涓子

涓子,齊人,餌术〔一〕,接食甚精,至三百年後,釣於河澤,得鯉魚中符。後隱於宕石山〔二〕,能致風雨,告伯陽九仙法。淮南王少得其文,不能解其旨。(《太平御覽》卷五百〇九。事又見劉向《列仙傳》、《太平御覽》卷七百七十引《集仙錄》。)

〔校記〕

〔一〕《文選·嵇康〈琴賦〉》注、沈約《早發定山》注、《太平御覽》卷六百七十一、卷九百三十六引《列仙傳》「餌」上皆有「好」字,為上。

〔二〕《列仙傳》云涓子「隱於宕山」,《水經注·睢水注》:「有仙者涓子、主柱,並隱碭山得道。」「宕」、「碭」通,「石」字當衍。

商容

商容,不知何許人也〔一〕,有疾,老子曰:「先生無遺教以告弟子乎?」〔二〕容曰:「將語子〔三〕,過故鄉而下車,知之乎?」老子曰:「非謂不忘故耶?」〔四〕容曰:「過喬木而趨,知之乎?」老子曰:「非謂其敬老耶?」容張口曰:

「吾舌存乎？」曰：「存。」曰：「吾齒存乎？」曰：「亡。」「知之乎？」老子曰：「非謂其剛亡而弱存乎？」容曰：「嘻！天下事盡矣。」（《太平御覽》卷五百〇九。又見《藝文類聚》卷三十四。事又見《慎子》、皇甫謐《高士傳》。）

〔校記〕

〔一〕此句，《藝文類聚》無。

〔二〕以上兩句，《藝文類聚》節作「老子問之」。

〔三〕將語，《藝文類聚》無，「子」字屬下讀。按：「將語」二字不當無，《慎子》、皇甫謐《高士傳》並有之，此「過故鄉而下車」與下「過喬木而趨」相對，但是譬喻，非以老子爲例，《類聚》蓋脫之。

〔四〕《藝文類聚》引至此止。

絳父

隱德容身，不求名利。避遠亂害，安於賤役。（《史通·浮詞》。按：《浮詞》篇云：「案《左傳》稱絳父論甲子，隱言於趙孟；班《書》述楚老哭龔生，莫識其名氏。苟舉斯一事，則觸類可知。至嵇康、皇甫謐撰《高士記》，各爲二叟立傳，全採左、班之錄，而其傳論云：『二叟隱德容身，不求名利，避遠亂害，安於賤役。』」則嵇康、皇甫謐《高士傳》本皆有絳父也，今本皇甫《傳》已不存。又據「各爲二叟立傳」，是絳父、楚老二人分傳也。今將《左傳·襄公三十年》載絳父事錄於下，以備參省，其文曰：「二月癸未，晉悼夫人食輿人之城杞者，絳縣人或年長矣，無子而往，與於食。有與疑年，使之年。曰：『臣，小人也，不知紀年。臣生之歲，正月甲子朔，四百有四十五甲子矣，其季於今三之一也。』吏走問諸朝，師曠曰：『魯叔仲惠伯會郤成子於承匡之歲也。是歲也，狄伐魯，叔孫莊叔於是乎敗狄於鹹，獲長狄僑如及虺也、豹也，而皆以名其子。七十三年矣。』史趙曰：『亥有二首六身，下二如身，是其日數也。』士文伯曰：『然則二萬六千六百有六旬也。』趙孟問其縣大夫，則其屬也。召之而謝過焉，曰：『武不才，任君之大事，以晉國之多虞，不能由吾子，使吾子辱在泥塗久矣，武之罪也。敢謝不才。』遂仕之，使助爲政。辭以老。與之田，使爲君復陶，以爲絳縣師，而廢其輿尉。」又其所論，乃合論，然觀夫「安於賤役」，似是指絳父「爲君復陶」事，今將置此，去「二叟」二字。下不復出。）

老子

良賈深藏，外形若虛。君子盛德，容貌若不足。（《史記·老子列傳》索隱。戴明揚曰：「《廣弘明集》載釋法琳《辯證論》曰：『老子之子名宗，仕魏文侯，蓋春

秋之末，六國時人也。嵇康、皇甫謐並云「生殷末」。』據此，是本傳當有『生殷末』之句。」按：戴說近是，嵇康《高士傳》亦多襲《列仙傳》爲之，今《列仙傳》有「生於殷時」之語。）

尹喜

關令尹喜，周大夫也，善內學星辰服食。老子西遊，喜先見氣，物色遮之，果得老子。老子爲著書，因與老子俱之流沙西，服巨勝實，莫知所終。（《太平御覽》卷五百〇九。事又見《列仙傳》。）

亥唐

亥唐，晉人也。高恪寡素〔一〕，晉國憚之，雖蔬食菜羹，平公每爲之欣飽。公與亥唐坐，有間，亥唐出，叔向入。平公伸一足曰：「吾向時與亥子坐，腓痛足痺不敢伸。」叔向悖然作色不悅。公曰：「子欲貴乎？吾爵子。子欲富乎？吾祿子。夫亥先生乃無欲也，吾非正坐無以養之，子何不悅哉？」（《太平御覽》卷五百〇九。事又見《孟子·萬章下》、皇甫謐《高士傳》、《太平御覽》卷三百七十二引《韓非子》。）

〔校記〕

〔一〕恪，疑當作「格」。

項橐

大項橐與孔子具學於老子，俄而大項爲童子，推蒲車而戲。〔一〕孔子候之，遇而不識，問大項：〔二〕「居何在？」曰：「萬流屋是〔三〕。」到家而知向是項子也，交之與之談。（《玉燭寶典》卷四。又見《文選·顏延年〈皇太子釋奠會詩〉》注。）

〔校記〕

〔一〕以上三句，《文選》注無。

〔二〕以上三句，《文選》注節作「孔子問項橐曰」。

〔三〕「是」下，《文選》注有「也」字。又《文選》注引至此止。又此條之下，《文選》注引周續之注曰：「言與萬物同流匹也。」爲周注之僅存者。

狂接輿

狂接輿，楚人也，耕而食。楚王聞其賢，使使者持金百鎰聘之，曰：「願先生治江南。」接輿笑而不應。使者去，妻從市來，曰：「門外車馬跡何深也？」接輿具告之，妻曰：「許之乎？」接輿曰：「富貴，人之所欲，子何惡之？」妻

曰：「吾聞至人樂道不以貧易操，不爲富改行。受人爵祿，何以待之？」接輿曰：「吾不許也。」妻曰：「誠然，不如去之。」夫負金甑，妻戴紝器，變姓名，莫知所之。嘗見仲尼，歌而過之曰：「鳳兮鳳兮，何德之衰！往者不可諫，來者猶可追。」後更名陸通，好養性，在蜀峨嵋山上，世世見之。（《太平御覽》卷五百〇九。事又見《莊子·人間世》、劉向《列女傳》、《列仙傳》、皇甫謐《高士傳》。）

榮啟期

　　榮啓期者，不知何許人也。披裘帶索，鼓琴而歌。孔子曰：「先生何樂也？」對曰：「天生萬物，唯人爲貴，吾得爲人，是一樂也。以男爲貴，吾得爲男，二樂也。人生有不免於襁褓，吾行年九十五矣，是三樂也。貧者士之常，死者民之終，居常以待終，何不樂也。」（《太平御覽》卷五百〇九。事又見《列子·天瑞》、《慎子》、《説苑·雜言》、皇甫謐《高士傳》。）

長沮、桀溺

　　長沮、桀溺者，不知何許人也，耦而耕。孔子遇之，使子路問津焉。長沮曰：「夫執輿者爲誰？」子路曰：「是孔子。」「是魯孔丘歟？」曰：「是也。」曰：「是知津矣。」問於桀溺。桀溺曰：「子爲誰？」曰：「仲由。」「孔丘之徒歟？」對曰：「然。」曰：「與其從避人之士，豈若從避世之士哉？」耰而不輟。子路以告孔子，孔子憮然曰：「鳥獸不可與同群，吾非斯人之徒歟？」（《太平御覽》卷五百〇九。事又見《論語·微子》、《史記·孔子世家》、皇甫謐《高士傳》。）

荷蓧丈人

　　荷蓧丈人，不知何許人也。子路從而後，問曰：「子見夫子乎？」丈人曰：「四體不勤，五穀不分，孰爲夫子？」植其杖而耘。子路行以告，子曰：「隱者也。」使子路反見之，至則行矣。（《太平御覽》卷五百〇九。事又見《論語·微子》、《史記·孔子世家》、皇甫謐《高士傳》。）

太公任

　　太公任者，陳人。孔子圍陳，七日不火食。太公往吊之曰：「子幾死乎？夫直木先伐，甘井先竭。子其飾智以驚愚，修身以明汙，昭昭如揭日月而行，故汝不免於患也。孰能削跡捐勢，不爲功名者哉？無責於人，人亦無責焉。」

孔子曰：「善。」辭其交遊，巡於大澤，入獸不亂群，而況人也。（《太平御覽》卷五百〇九。事又見《莊子·山木》。）

漢陰丈人

漢陰丈人者，楚人也。子貢適楚，見丈人爲圃，入井抱甕而灌，用力甚多。子貢曰：「有機於此，後重前輕，名曰桔槔，用力寡而見功多。」丈人作色曰：「聞之吾師，有機事者，必有機心。機心存於胸，則純白不備。」子貢愕然，慙不對。有間，丈人曰：「子奚爲？」曰：「孔丘之徒也。」丈人曰：「子非博學以疑聖智，獨絃歌以買聲名於天下者乎〔一〕？方且亡汝神氣，墮汝形體，何暇治天下乎？子往矣，勿妨吾事。」（《太平御覽》卷五百〇九。事又見《莊子·天地》、皇甫謐《高士傳》。）

〔校記〕

〔一〕買，《莊子》、皇甫謐《高士傳》俱作「賣」。按：此作「賣」字是，言賣己之虛名以求譽於天下者也。作「買」者，「賣」之脫訛也。

被裘公

被裘公者，吳人也〔一〕。延陵季子出遊，見道中遺金〔二〕，顧而覩之〔三〕。謂公曰：「取彼金。」公投鐮瞋目、拂手而言曰〔四〕：「何子居之高、視之卑〔五〕。吾被裘而負薪〔六〕，豈取遺金者哉〔七〕？」季子大驚，既謝而問其姓名〔八〕。曰〔九〕：「吾子皮相之士，何足語姓名哉〔一〇〕。」（《藝文類聚》卷三十六。又見《太平御覽》卷二十二。事又見《韓詩外傳》卷十、《論衡·書虛》、皇甫謐《高士傳》。）

〔校記〕

〔一〕也，《太平御覽》無。

〔二〕「中」下，《太平御覽》有「有」字。

〔三〕覩之，《太平御覽》無，「顧而」屬下讀。

〔四〕鐮，《太平御覽》作「鎌」。按：《論衡》、皇甫謐《高士傳》並作「鎌」，是也，鐮爲馬嚼，「鎌」即「鐮」，後言「負薪」，則其人方刈薪畢也。「鎌」之「廉」，古多書作「廉」（見北魏《諮議參軍元弼墓誌》、《元英墓誌》、北齊《石信墓誌》等），與「廬」字形近，因而致訛也。

〔五〕居，《太平御覽》脫。

〔六〕吾，《太平御覽》作「五月」。按：此句，《論衡》作「吾當夏五月披裘而薪」，皇甫謐《高士傳》作「五月披裘而負薪」，則此「吾」、「五月」並當有之，二書截取不同也。「視」上，《太平御覽》有「而」字。

〔七〕遺，《太平御覽》無。

〔八〕其，《太平御覽》無。

〔九〕「曰」上，《太平御覽》有「公」字。按：《韓詩外傳》作「牧者曰」，《論衡》作「薪者曰」，皇甫謐《高士傳》作「公曰」，則此亦當有「公」字爲上。

〔一〇〕何，《太平御覽》作「安」，「安」上又有「而」字。哉，《太平御覽》作「也」。

延陵季子

延陵季子名札，吳王之子，最少而賢。使上國還，會闔閭使專諸刺殺王僚，致國於札。札不受，去之延陵，終身不入吳國。初適魯，聽樂，論眾國之風。及過徐，徐君欲其劍，札心許之。及還，徐君已死，即解劍帶樹而去。（《太平御覽》卷五百〇九。事又見《史記·吳太伯世家》、《新序·節士》、《論衡·祭意》。）

原憲

原憲味道，財寡義豐。栖遲蓽門，安賤固窮。絃歌自樂，體逸心沖。進應子貢，邈有清風。（《初學記》卷十七。按：原云出嵇康《原憲贊》。又皇甫謐《高士傳》云：「原憲，字子思，宋人也，孔子弟子。居魯，環堵之室，茨以生草，蓬戶不完，桑以爲樞，而甕牖二室，褐以爲塞，上漏下濕。匡坐而彈琴。子貢相衛，結駟連騎，排藜藿，入窮閻，巷不容軒，來見原憲。原憲華冠縰履，杖藜而應門。子貢曰：『嘻！先生何病也。』憲應之曰：『憲聞之：無財謂之貧，學道而不能行謂之病。若憲貧也，非病也。夫希世而行，比周而友，學以爲人，教以爲己。仁義之慝，輿馬之飾，憲不忍爲也。』子貢逡巡而有慚色，終身恥其言之過也。」其中「栖遲蓽門」，即皇甫《傳》之「環堵之室，茨以生草，蓬戶不完，桑以爲樞，而甕牖二室，褐以爲塞，上漏下濕」；「絃歌自樂」即「匡坐而彈琴」；「進應子貢」即原憲答子貢之語也。則嵇康《高士傳》載原憲文亦多同於皇甫之《傳》。）

范蠡

范蠡者，徐人也。相越滅吳，去之齊，號鴟夷子，治產數千萬。去，止陶，爲朱公，復累巨萬。一曰：蠡事周師太公，服桂飲水，去越入海，百餘年乃見於陶。一旦棄資財，賣藥於蘭陵，世世見之。（《太平御覽》卷五百〇九。事又見《漢書·貨殖傳》、《列仙傳》。）

屠羊說

屠羊說者，楚人也。隱於屠肆，昭王失國，說往從王。王反國，欲將賞說。說曰：「大王失國，說失屠羊；大王反國，說亦屠羊。〔一〕臣之爵祿已復矣，又何賞之有？」王使司馬子綦延之以三珪之位。說曰：「願長反屠羊之肆耳。」遂不受。（《太平御覽》卷五百〇九。事又見《莊子‧讓王》、《韓詩外傳》卷八。按：《事類備要》別集卷八十三引此事亦云出《高士傳》，審其文字，僅「楚人也」之「也」字無，餘並同，恐亦當出嵇康《高士傳》也。）

〔校記〕

〔一〕以上四句，《莊子》作「大王失國，說失屠羊；大王反國，說亦反屠羊」，「失國」、「反國」相對，「失屠羊」、「反屠羊」相對。《韓詩外傳》作「君失國，臣所失其屠；君反國，臣亦反其屠」，「失國」、「反國」相對，「失其屠」、「反其屠」。依二書之例，「亦」下似當有「反」字。

市南宜僚

市南宜僚，楚人也，姓熊。白公爲亂，使石乞告之，不從。承之以劍，而遼弄丸不輟。魯侯問曰：「吾學先王之道，勤而行之，然不免於憂患，何也？」僚曰：「君今能刳形洒心，而遊無人之野，則無憂矣。」（《太平御覽》卷五百〇九。事又見《莊子‧山木》。）

周豐

周豐，魯人也，潛居自貴。哀公執贄請見之，豐辭。使人問曰：「有虞氏未施信於民而民信，夏后氏未施敬於民而民敬，何施而得斯於民也？」對曰：「墟墓之間，未施哀於民而民哀；宗廟社稷之中，未施敬於民而民敬。殷人作誓而民始叛，周人作會而民始疑。苟無禮義忠信誠慤之心以蒞之，雖固乘結之〔一〕，民其兩不解乎？」（《太平御覽》卷五百〇九。事又見《禮記‧檀弓下》。）

〔校記〕

〔一〕《禮記》無「乘」字，爲上。

顏闔

顏闔者，魯人也。魯君聞其賢，以幣聘焉。闔方服布衣，自飲牛〔一〕，使者問曰：「此顏闔家耶？」曰：「然。」使者致幣。闔曰：「恐聽誤而遺使者羞。」使者至〔二〕，復來求之，闔乃鑿坏而遁。（《太平御覽》卷五百〇九。事又見《莊子‧讓王》、《呂氏春秋‧貴生》。）

〔校記〕

〔一〕飲，《莊子》、《呂氏春秋》並作「飯」。按：嵇康《高士傳》多取《莊子》，或當以「飯」字爲是。「飲」、「飯」形近，古多互訛，《水經注‧淄水注》「一日三飯」，朱謀㙔《箋》注云：「飯，一作飲。」杜牧《岐陽公主墓誌銘》「親自嘗藥粥飲」，《文苑英華》卷九百六十九「飲」作「飯」，即其證。

〔二〕此句，《莊子》、《呂氏春秋》皆作「使者還反」，「至」疑「反」之訛。

段干木

段干木者，治清節，遊西河，守道不仕。魏文侯就造其門，干木踰牆而避之。文侯以客禮，出過其廬則式。其僕問之，文侯曰：「干木不趣勢，隱處窮巷，聲馳千里，敢勿式乎？」文侯所以名過齊桓公者，能尊段干木、敬卜子夏、友田子方也。(《藝文類聚》卷三十六。事又見《呂氏春秋‧期賢》、《淮南子‧修務》、皇甫謐《高士傳》。)

莊周

莊周少學老子，梁惠王時爲蒙縣漆園吏，〔一〕以卑賤不肯仕。楚威王以百金聘周，周方釣於濮水之上，曰：「楚有龜，死三千歲矣，今巾笥而藏之於廟堂之上，此龜寧生而掉尾塗中耳。子往矣！吾方掉尾於塗中。」〔二〕後齊宣王又以千金之幣迎周爲相，周曰：「子不見郊祭之犧牛乎？衣以文繡，食以芻菽，及其牽入太廟，欲爲孤豚，其可得乎？」遂終身不仕。(《藝文類聚》卷三十六。又見《詳注昌黎先生文集‧贈崔立之》。事又見《莊子‧秋水》、《列禦寇》、《史記‧莊子列傳》、皇甫謐《高士傳》。)

〔校記〕

〔一〕《詳注昌黎先生文集》引至此止。

〔二〕自「今巾笥」以下至此當有脫文，《莊子‧秋水》篇作：「莊子持竿不顧曰：『吾聞楚有神龜，死已三千歲矣，王巾笥而藏之廟堂之上。此龜者，寧其死爲留骨而貴乎？寧其生而曳尾於塗中乎？』二大夫曰：『寧生而曳尾塗中。』莊子曰：『往矣！吾將曳尾於塗中。』」皇甫謐《高士傳》對答略同。若只作莊子語，毫蕩之氣則顯不足。又或《類聚》所引，乃節引，非原文如此也。

閭丘先生

閭丘先生，齊人也〔一〕。宣王獵於社山〔二〕，社山父老十三人相與勞王。王賜父老不租〔三〕，父老皆謝〔四〕，先生獨不拜〔五〕。王曰：「少也〔六〕。」復賜無徭役。」先生復獨不拜。王曰：「父老幸勞之，故答以二賜。先生獨

不拜，何也？」〔七〕閭丘曰〔八〕：「聞王之來〔九〕，望得壽、得富、得貴於大王也〔一〇〕。」王曰：「死生有命，非寡人也。倉廩備災，無以富先生。大官無闕，無以貴先生。」閭丘曰：「非所敢望。〔一一〕願選良吏〔一二〕，平法度，臣得壽矣〔一三〕；賑乏以時〔一四〕，臣得富矣〔一五〕；令少敬長，臣得貴矣〔一六〕。」（《太平御覽》卷五百〇九。又見《藝文類聚》卷三十六。事又見《說苑·善說》。）

〔校記〕

〔一〕此句，《藝文類聚》無。

〔二〕「宣」上，《藝文類聚》有「齊」字。

〔三〕租，《藝文類聚》作「稅」。

〔四〕此句，《藝文類聚》無。

〔五〕拜，《藝文類聚》作「謝」。

〔六〕此句，《說苑》作「父老以爲少耶」，文意較完。

〔七〕自「王曰少也」以下至此，《藝文類聚》無。

〔八〕閭丘，《藝文類聚》無。

〔九〕此句，《藝文類聚》無。

〔一〇〕望，《藝文類聚》作「願」。於大王也，《藝文類聚》無。

〔一一〕自「王曰死生」至此，《藝文類聚》無。

〔一二〕願，《藝文類聚》作「夫」。

〔一三〕「臣」上，《藝文類聚》有「則」字。

〔一四〕伐，《藝文類聚》作「之」。

〔一五〕「臣」上，《藝文類聚》有「則」字。

〔一六〕「臣」上，《藝文類聚》有「則」字。

顏歜

顏歜者，齊人也。宣王見之，王曰：「歜前！」歜曰：「王前！」王不悅。歜曰：「夫歜前爲慕勢，王前爲趨士。」王作色曰：「貴乎〔一〕？」歜曰：「昔秦攻齊，令曰：『敢近柳下惠壟樵者，罪死不赦。有能得齊王頭者，封萬戶。』由是觀之，生王之頭不如死士之壟。」齊王曰：「願先生與寡人遊，食太牢，乘安車。」歜曰：「願得蔬食以當肉，安步以當輿，無事以當貴〔二〕，清淨以自娛。」遂辭而去。（《太平御覽》卷五百一十。事又見《戰國策·齊策四》、皇甫謐《高士傳》。按：《戰國策·齊策四》較此甚爲詳備，其中「無功而受其祿者辱禍必握」下宋姚宏注云「《高士傳》作渥」。皇甫謐《高士傳》尚存，無此句。若是嵇康《高士傳》之文，則嵇氏恐全錄《戰國策》文，《類聚》乃節引之也。）

〔校記〕

〔一〕此句，《戰國策》、皇甫謐《高士傳》作「王者貴乎？士貴乎」，句式方完，此處或脫
　　　一「士」字，或脫「王者貴乎士」五字。

〔二〕事，《戰國策》、皇甫謐《高士傳》俱作「罪」，爲上。

魯連

　　魯連好奇偉倜儻〔一〕，嘗遊趙，難新垣衍以秦爲帝，秦軍爲却。〔二〕平原
君欲封連，連三辭〔三〕。平原君乃以千金爲連壽〔四〕，連笑曰：「所貴於天下
之士者〔五〕，爲人排患釋難也〔六〕。即有取之〔七〕，商賈之事耳〔八〕。」及燕
將守聊城，田單攻之不能下。連乃爲書射城中，遺燕將；燕將見書，泣三月，
乃自殺。城降，田單欲爵連，連曰：「吾與於富貴而詘於人，寧貧賤輕世而肆
意。」（《藝文類聚》卷三十六。又見《太平御覽》卷五百一十。事又見《戰國策・齊
策六》、《燕策三》、《史記・魯仲連列傳》。）

〔校記〕

〔一〕「好」上，《太平御覽》有「者齊人」三字。倜，《太平御覽》作「俶」。

〔二〕以上兩句，《太平御覽》作「秦圍邯鄲，連却秦軍」。

〔三〕此句，《太平御覽》作「連不受」。

〔四〕此句，《太平御覽》作「原君文置酒，以千金爲壽」。

〔五〕士，《太平御覽》作「有」。

〔六〕「也」上，《太平御覽》有「而無取」三字。

〔七〕之，《太平御覽》無。

〔八〕賈，《太平御覽》作「販」。耳，《太平御覽》無。又《太平御覽》此句下作「不忍爲
　　　也。遂隱居海上，莫知所在」，其燕將事，則無。

於陵仲子

　　於陵仲子，齊人，常歸省母。人饋其兄鵝，仲子嚘蹙曰：「惡用是鶃鶃者
哉？」（《太平御覽》卷三百九十二。事又見《孟子・滕文公下》。）

漁父

　　漁父。（《史通・雜說下》、《楚辭補注・漁父》。《雜說下》云：「嵇康撰《高士
傳》，取《莊子》、《楚辭》二漁父事合成一篇。」《漁父補注》云：「《卜居》、《漁
父》，皆假設問答以寄意耳。而太史公《屈原傳》、劉向《新序》、嵇康《高士傳》
或採《楚詞》、《莊子》漁父之言以爲實錄，非也。」今迻錄《史記・屈原列傳》
漁父之事，以便參省，其文曰：「屈原至於江濱，被髮行吟澤畔，顏色憔悴，形容

枯槁。漁父見而問之曰：『子非三閭大夫歟？何故而至此？』屈原曰：『舉世混濁
而我獨清，眾人皆醉而我獨醒，是以見放。』漁父曰：『夫聖人者，不凝滯於物而
能與世推移，舉世混濁，何不隨其流而揚其波？眾人皆醉，何不餔其糟而啜其醨？
何故懷瑾握瑜而自令見放爲？』屈原曰：『吾聞之，新沐者必彈冠，新浴者必振衣。
人又誰能以身之察察，受物之汶汶者乎？寧赴常流而葬乎江魚腹中耳，又安能以
皓皓之白而蒙世之溫蠖乎？』」)

田生

田生菅床茅屋，不肯仕宦。惠帝親自往，不出屋。(《藝文類聚》卷三十六。)

河上公

河上公，不知何許人也，謂之丈人。隱德無言，無德而稱焉。安丘先生
等從之，修其黃老業。(《太平御覽》卷五百一十。)

安丘望之

安丘望之〔一〕，字仲都〔二〕，京兆長陵人。少持《老子經》，恬淨不求進
宦〔三〕，號曰安丘丈人〔四〕。成帝聞，欲見之〔五〕。望之辭不肯見〔六〕，爲巫
醫於人間也〔七〕。(《後漢書・耿弇傳》注。又見《類要》卷二十六、卷二十七、《古
今姓氏書辯證》卷八。又《路史》卷二十五引「持《老子》不仕」五字，即出此。事
又見皇甫謐《高士傳》。)

〔校記〕

〔一〕安，《類要》卷二十六誤作「按」。

〔二〕字，《類要》卷二十七誤作「子」。

〔三〕進，《古今姓氏書辯證》作「仕」。宦，《類要》卷二十六、卷二十七誤作「官」。

〔四〕曰，《古今姓氏書辯證》無。

〔五〕「之」上，《古今姓氏書辯證》有「望」字。

〔六〕不肯見，《類要》卷二十七無。

〔七〕「於」上，《古今姓氏書辯證》有「隱」字。間，《類要》誤作「門」。也，《類要》卷
　　　二十六、卷二十七無。

長靈安丘生病篤，弟子公沙都來省之，與安共於庭樹下〔一〕。聞李香，開
目見雙赤李著枯枝，自墮掌中，安食之〔二〕，所苦除盡。(《太平御覽》卷九百六
十八。事又見《太平御覽》卷六百六十六引《真誥》、《太平御覽》卷七百三十九引皇
甫謐《高士傳》〔今本《高士傳》無〕。)

〔校記〕

〔一〕此句，《眞誥》作「輿於庭樹下」，皇甫謐《高士傳》作「舉丘於庭樹下」。依此二書，
　　　此句當作「輿安丘於庭樹下」，「與」乃「輿」之形訛，「共」乃「丘」之形訛。

〔二〕「安」下，皇甫謐《高士傳》有「丘」字，當據補。

司馬季主

司馬季主者，楚人也，卜於長安。漢文帝時，宋忠、賈誼爲太中大夫。
誼曰：「吾聞聖人不居朝廷，必在巫毉，試觀卜數中。」見季主閑坐，弟子侍
而論陰陽之紀。二人曰：「觀先生之狀，聽先生之辭，世未嘗見也。尊官高位，
賢者所處，何業之卑？何行之汙？」季主笑曰：「觀大夫，類有道術，何言之
陋？夫相引以勢，相導以利，所謂賢者，乃可爲羞耳。夫內無飢寒之累，外
無劫奪之憂，處上而有敬，居下而無害，君子道也。卜之爲業，所謂上德也。
鳳凰不與燕雀爲群，公等喁喁，何知長者？」二人忽忽，不覺自失。後遂不
知季主所在。（《太平御覽》卷五百一十。事又見《史記·日者列傳》。）

董仲舒

董仲舒。（《史通·品藻》。按：《品藻》云：「嵇康《高士傳》，其所載者廣矣。
而顏回、蘧瑗獨不見書，蓋以二子雖樂道遺榮，安貧守志，而拘忌名教，未免流俗也。
正如董仲舒、楊子雲亦鑽仰四科，驅馳六籍，漸孔門之教義，服魯國之儒風，與此何
殊，而並可甄錄。」是知是書原有董仲舒其人也。）

司馬相如

司馬相如者，蜀郡成都人，字長卿。初爲郎，事景帝。梁孝王來朝，從遊
說士鄒陽等，相如說之，因病免，遊梁。後過臨邛，富人卓王孫女文君新寡，
好音，相如以琴心挑之，文君奔之，俱歸成都。後居貧，至臨邛，買酒舍，文
君當壚，相如著犢鼻褌，滌器市中。爲人口吃，善屬文。仕宦不慕高爵，常託
疾不與公卿大事。終於家。其贊曰：長卿慢世，越禮自放。犢鼻居市，不恥其
狀。託疾避官〔一〕，蔑此卿相〔二〕。乃賦大人〔三〕，超然莫尚。（《世說新語·品
藻》注。又見《文選·謝惠連〈秋懷詩〉》注、顏延年《五君詠》注。《秋懷詩》注單引
贊語，《五君詠》注單引「長卿慢世，越禮自放」兩句。事又見《文選·司馬相如列傳》。）

〔校記〕

〔一〕官，《秋懷詩》注作「患」。按：此作「官」爲上。

〔二〕此，《秋懷詩》注誤作「比」。

〔三〕此句，《秋懷詩》注作「乃至仕人」，誤也。

韓福

韓福者，以行義修潔。昭帝時以德行徵，病不進。元鳳元年，詔賜帛五十匹，遣長吏時以存問，常以八月賜羊酒。不幸死者，賜複衾一，祠以中牢，自是至今，爲徵士之故事。福終身不仕，卒於家。（《藝文類聚》卷三十六。事又見《漢書·昭帝紀》、《兩龔列傳》、皇甫謐《高士傳》。觀其文，此與《漢書·兩龔列傳》類，或即用此處文。）

班嗣

班嗣，樓煩人也〔一〕。世在京師〔二〕，家有賜書，內足於財。好老莊之道，不屑榮官。〔三〕桓君山從借《莊子》，報曰〔四〕：「若《莊子》者，絕聖棄智，修性保身，清虛淡泊，歸之自然。釣漁於一壑，則萬物不干其志；栖遲於一丘，則天下不易其樂。〔五〕今吾子伏孔氏之軌跡〔六〕，馳顏、閔之極藝〔七〕，既繫牽於世教矣〔八〕，何用大道爲自炫燿也〔九〕。昔有學步邯鄲者，失其故步〔一〇〕，匍匐而歸〔一一〕。恐似此類，故不進也。〔一二〕」其行己持論如此，遂終於家。（《太平御覽》卷五百一十。又見《藝文類聚》卷三十六。事又見《漢書·敘傳》。又《太平御覽》卷四百一十引《高士傳》與《類聚》引相類，今本皇甫謐《高士傳》無班嗣，或即出嵇康《傳》也。）

〔校記〕

〔一〕此句，《藝文類聚》無。

〔二〕世，《藝文類聚》無。

〔三〕以上兩句，《藝文類聚》別作「父黨，揚子雲以下莫不造門」。按：《漢書》、《御覽》卷四百一十引《高士傳》皆有此句，蓋節引不同。

〔四〕「報」上，《藝文類聚》有「嗣」字。

〔五〕自「若《莊子》者」至此，《藝文類聚》無。

〔六〕「吾子」下，《藝文類聚》有「貫仁義之羈絆，繫聲名之韁繮」十二字，與《漢書》同，當據補。跡，《藝文類聚》作「躅」，《漢書》顏注：「躅，跡也。」

〔七〕藝，《漢書》作「摯」，顏注引劉德說：「摯，至也，人行之所極至。」按：上文「軌」、「跡（躅）」義相近，此文「極」、「摯（至）」義相近，以此論之，或當作「摯」爲是。「藝」、「摯」音同形近，故誤也。

〔八〕此句，《藝文類聚》無。

〔九〕用，《藝文類聚》無。按：《漢書》有「用」字，或當據補。燿，《藝文類聚》作「曜」，「耀」、「曜」通。

〔一〇〕此句，《藝文類聚》無。

〔一一〕「歸」下，《藝文類聚》有「耳」字。

〔一二〕以上兩句，《藝文類聚》無。

蔣詡

蔣詡，字元卿〔一〕，杜陵人。爲兗州刺史，王莽爲宰衡，詡奏事到灞上，稱病不進。〔二〕歸杜陵，荊棘塞門，舍中三逕〔三〕，終身不出〔四〕。時人諺曰：「楚國二龔，不如杜陵蔣翁。」（《太平御覽》卷五百一十。又見《山谷內集詩注·謝公定和二范秋懷五首邀予同作》、《和早秋雨中書懷呈張鄧州》。事又見《三輔決錄》）

〔校記〕

〔一〕據《謝公定和二范秋懷五首邀予同作》注、《和早秋雨中書懷呈張鄧州》注，其引嵇康《高士傳》，復引《三輔決錄》「蔣詡字元卿」五字，則嵇《傳》本無「字元卿」三字，若本有之，不必復引《三輔決錄》也。此蓋抄錄者所加。

〔二〕自篇首至此，《謝公定和二范秋懷五首邀予同作》注、《和早秋雨中書懷呈張鄧州》注節作「蔣元卿還杜陵」。

〔三〕「中」下，《謝公定和二范秋懷五首邀予同作》注、《和早秋雨中書懷呈張鄧州》注有「有」字。

〔四〕舍中，《謝公定和二范秋懷五首邀予同作》注、《和早秋雨中書懷呈張鄧州》注無。又《謝公定和二范秋懷五首邀予同作》注、《和早秋雨中書懷呈張鄧州》注引至此止。

求仲、羊仲

右二人〔一〕，不知何許人〔二〕，皆治車爲業，挫廉逃名〔三〕。蔣元卿之去兗州，還杜陵，荊棘塞門，舍中有三逕不出。□二人從之遊〔四〕，時人謂之二仲。（《聖賢群輔錄》上。又見《海錄碎事》卷九下。事又見《三輔決錄》。）

〔校記〕

〔一〕此句，《海錄碎事》作「求仲、羊仲」。據上「卞隨、務光者，不知何許人」、「長沮、桀溺者，不知何許人也」，此句嵇《傳》本當作「求仲、羊仲者」，因體例不同，故變作此。

〔二〕此句，《海錄碎事》無。

〔三〕「名」下，原有注云：「一作出。」

〔四〕□，《海錄碎事》作「惟」。按：《類要》卷二十六引《聖賢群輔錄》作「唯」，《山谷外集詩注·次韻時進叔二十六韻》引《聖賢群輔錄》作「惟」，「唯」、「惟」通，當據補。

尚長

尚長〔一〕，字子平〔二〕；禽慶，字子夏，二人相善。慶隱避不仕王莽〔三〕。長通《易》、《老子》，安貧樂道。好事者更饋遺，輒受之，自足還餘，如有不取也，舉措必於中和。司空王邑辟之連年，乃欲薦之於莽，固辭乃止，遂求

退。讀《易》至《損》、《益卦》，喟然歎曰：「吾知富貴不如貧賤，未知存何如亡爾！」〔四〕爲子嫁娶畢，敕：「家事斷之，勿復相關，當如我死矣〔五〕。」是後肆意，與同好遊五岳名山，遂不知所在。（《藝文類聚》卷三十六。又見《文選・謝靈運〈初去郡〉》注。又《類要》卷二十七引《嵇康傳》有此事，蓋即嵇康《文士傳》之誤，因並以參校。事又見《後漢書・向長傳》、皇甫謐《高士傳》。）

〔校記〕

〔一〕戴明揚曰：「《後漢書・逸民傳》作『向長』，《文選・嵇叔夜〈與山巨源絕交書〉》作『尙子平』，謝靈運《初去郡》注引嵇康《高士傳》亦作『尙長』，兩注並云：『尙、向不同，未詳孰是。』」按：皇甫謐《高士傳》、《元和姓纂》卷九、《蒙求集注》卷下、《太平寰宇記》卷五十六皆作「向長」。

〔二〕此句下，《文選》注、《類要》有「河內人」三字。

〔三〕戴明揚曰：「『隱』上原有『慶』字，誤也。此文主尙長而言。《文選》注引此句，即無『慶』字。《後漢書・向長傳》云：『向長，字子平，河內朝歌人也，隱居不仕。』云云。傳末始出禽慶。嚴氏《全三國文》此條題『尙長、禽慶』，亦因《類聚》而誤。」按：戴說是。

〔四〕自「禽慶」至此，《文選》注、《類要》僅引「隱避不仕」四字。

〔五〕我，《類要》作「吾」。死，《類要》脫。又《文選》注、《類要》引至此止。

王眞、李劭公

王眞〔一〕，字叔平，杜陵人。李邵公，上郡人。眞世二千石，〔二〕王莽辟不至，嘗爲杜陵門下掾〔三〕，終身不窺長安城，但閉門讀書，未嘗問政，〔四〕不過農田之事。邵公，王莽時避地河西，違武中〔五〕，竇融欲薦之，固辭乃止。家累百金，優遊自樂。（《太平御覽》卷五百一十。又見《太平御覽》卷六百一十一、《類要》卷二十六。）

〔校記〕

〔一〕王，《太平御覽》卷六百一十一、《類要》作「逢」。按：此二人皆未聞，未知孰是。其後云「眞世二千石」，則在漢必爲顯族。王氏乃著姓，然居涿郡；逢氏則未聞。《元和郡縣志・馮》：「秦末，馮亭爲上黨守，入趙，其宗族或留潞，或在趙。秦丞相馮去疾，御史大夫馮劫，漢博成侯馮毋擇，並亭之後也。至馮唐，徙安陵，爲楚相。弟騫，自上黨徙杜陵。孫奉世，大將軍。」又云：「漢左將軍馮奉世，本世居上黨也。」馮氏一脈世代皆居高位，又自馮騫遷居杜陵，因爲杜陵馮氏。古「馮」、「逢」相通，《史記・越王勾踐世家》之大夫逢同，《越絕書》作馮同。《莊子・則陽》「不馮其子」之「馮」，《博物志》引作「逢」，皆其證。未知即此一脈否。

〔二〕自「字叔平」至此，《太平御覽》卷六百一十一、《類要》無。

〔三〕嘗，《類要》作「常」，二字通。掾，《類要》誤作「椽」。

〔四〕《太平御覽》卷六百一十一、《類要》引至此止。
〔五〕遺，戴明揚改作「建」，是也。建武乃漢光武帝劉秀年號。

薛方

薛方，齊人，養德不仕。王莽安居迎方〔一〕，因謝曰：「堯、舜在上，下有巢、許。今明王方欲隆唐虞之德，亦由小臣欲守箕山之志。」莽悅其言，遂終於家。（《太平御覽》卷五百一十。事又見《漢書・兩龔傳》。）

〔校記〕
〔一〕居，《漢書》作「車」。按：作「車」是也，「居」、「車」音同而誤。

彭城老父

龔勝，楚人，王莽時遣使徵聘，義不事二姓，遂不食而死。有老父來弔，甚哀，既而曰：「嗟乎！薰以香自燒，膏以明自消。龔先生竟夭天年，非吾徒也！」趨而出，終莫知其誰也。（《太平御覽》卷五百一十。事又見《漢書・兩龔傳》。又《史通・浮詞》將其與絳父同論，其中有「二叟」云云，詳見上絳父條。）

逢萌、徐房、李曇、王遵

北海逢萌字子康，北海徐房字平原，李曇字子雲，平原王遵字君公，〔一〕右皆懷德穢行〔二〕，不仕亂世，〔三〕相與為友〔四〕，時人號之四子〔五〕。（《聖賢群輔錄》上。又見《太平御覽》卷五百〇九。事又見《後漢書・逢萌傳》。）

〔校記〕
〔一〕以上四句，《太平御覽》節作「逢萌、條房、李雲、王尊」。按：「條」蓋「徐」之形訛，徐干亦北海人，未知一脈否。《後漢紀・孝桓皇帝紀》：「李曇，字子雲，潁川陽翟人。」《聖賢群輔錄》下「五處士」條亦有「潁川李曇字子雲」，則《御覽》「雲」乃「曇」之形訛也。又據《聖賢群輔錄》體例，此處「李」上當有「潁川」二字。
〔二〕「右」字乃自加語，不當有，今迻錄其文，故不刪。
〔三〕以上兩句，《太平御覽》無。
〔四〕此句，《太平御覽》作「同時相友」。
〔五〕時，《太平御覽》作「世」。人，《太平御覽》無。

君公明《易》，為郎。數言事不用，乃自汙與官婢通，免歸。詐狂儈牛，口無二價也。（《後漢書・逢萌傳》注。《冊府元龜》卷八百〇九注引此文，「詐」作「佯」，或即用《後漢書》注文。）

孔休

孔休元嘗被人斫之，至見王莽，以其面有瘡瘢，乃碎其玉劍與治之。(《太平御覽》卷七百四十二。事又見《漢書‧王莽傳》。)

王莽徵孔休，休飲血，於使者前吐之，爲病篤，遂不行。(《太平御覽》卷七百四十三。)

揚雄

揚雄。(《史通‧品藻》。見上董仲舒條説。)

井丹

丹字大春〔一〕，扶風郿人〔二〕，博學高論〔三〕，京師爲之語曰〔四〕：「五經紛綸井大春〔五〕，未嘗書刺謁一人〔六〕。」北宮五王更，請莫能致。新陽侯陰就使人要之，不得已而行。侯設麥飯蔥菜，以觀其意。丹推卻曰：「以君侯能供美膳，故來相過，何謂如此？」乃出盛饌，侯起，左右進輦。丹笑曰：「聞桀紂駕人車，此所謂人車者邪？」侯即去輦越騎。〔七〕梁松貴震朝廷，請交丹，丹不肯見。後丹得時疾，松自將醫視之，病愈。久之，松失大男磊，丹一往弔之。時賓客滿廷，丹裘褐不完，入門，坐者皆悚望其顏色，丹四向長揖，前與松語。客主禮畢後，長揖徑坐，莫得與語，不肯爲吏。徑出，後遂隱遁。〔八〕其贊曰：井丹高潔，不慕榮貴。抗節五王，不交非類。顯譏輦車，左右失氣。披褐長揖，義陵羣萃。(《世說新語‧品藻》注。又見《太平御覽》卷四百一十。事又見《後漢書‧井丹傳》、《東觀漢記》、《三輔決錄》。)

〔校記〕

〔一〕「丹」上，《太平御覽》有「井」字。

〔二〕此句，《太平御覽》作「扶風人也」。

〔三〕高論，《太平御覽》無。

〔四〕「京」上，《太平御覽》有「故」字。

〔五〕大，《太平御覽》作「太」。

〔六〕謁一人，《太平御覽》作「侯謁人」。

〔七〕自「北宮五王更」以下至此，《太平御覽》無。

〔八〕自「梁松貴震朝廷」以下至此，《太平御覽》皆作「梁松請友丹，不肯見，後遂隱遁」。《太平御覽》引至此止。

鄭仲虞

鄭仲虞，不知何許人也。〔一〕漢章帝自往〔二〕，終不肯起，曰：「願陛下

何惜不爲太上君〔三〕，令臣得爲偃息之民〔四〕？」天子以尚書祿終其身〔五〕，世號之「白衣尚書」〔六〕。（《太平御覽》卷五百一十。又見《北堂書鈔》卷十一、卷六十、《藝文類聚》卷三十六。《書鈔》卷十一僅引「終祿其身」四字。）

〔校記〕

〔一〕以上兩句，《北堂書鈔》卷六十作「均不事漢朝」，《藝文類聚》作「鄭仲虞不仕漢」。按：鄭均，字仲虞。

〔二〕漢，《北堂書鈔》卷六十、《藝文類聚》無。按：上《藝文類聚》「鄭仲虞不仕漢」之「漢」亦可從下讀，則與《御覽》同也。

〔三〕願，《北堂書鈔》卷六十、《藝文類聚》無。太上君，《北堂書鈔》卷六十作「上世之君」，《藝文類聚》作「上世君」。

〔四〕「民」上，《北堂書鈔》卷六十有「士」字。

〔五〕此句，《北堂書鈔》卷六十作「上顧命百僚，以尚書祿終其身」，並引至此止。

〔六〕之，《藝文類聚》無。

臺佟

刺史執棗栗之贄往。（《後漢書・臺佟傳》注。事又見皇甫謐《高士傳》。按：皇甫《傳》云：「臺佟，字孝威，魏郡鄴人也。不仕，隱武安山中峰，鑿穴而居，採藥自業。建初中，州辟不就。魏郡刺史執棗栗爲贄見佟，語良久，刺史曰：『孝威居身如此甚苦，如何？』佟曰：『佟幸得保終正性，存神養和，不屛營於世事，以勞其精，除可欲之志，恬淡自得，不苦也。如明使君綏撫牧養，夕惕匪忘，反不苦耶？』遂去，隱逸，終身不見。」嵇《傳》蓋大類如此。）

管寧

管寧。（《三國志・魏書・王粲傳》注。按：原注引嵇康兄嵇喜所爲《康傳》曰：「撰錄上古以來聖賢隱逸遁心遺名者，集爲傳贊，自混沌至於管寧，凡百一十有九人。」是管寧爲其書之末也。今皇甫謐《高士傳》有管寧事，蓋相類也。今錄於此，以便參省，其文曰：「管寧，字幼安，北海朱虛人也。靈帝末，以中國方亂，乃與其友邴原涉海依遼東太守公孫度，虛館禮之。其後中國少安，人多南歸，唯寧不還。黃初中，華歆薦寧，寧知公孫淵必亂，乃因微辭還。以爲太中大夫，固辭不就。寧凡徵命十至，輿服四賜。常坐一木榻上，積五十五年，未嘗箕，踞榻上當膝皆穿。常著布裙貉裘，唯祠先人乃著舊布單衣，加首絮巾。遼東郡國圖形於府殿，號爲賢者。」）

存疑

高鳳

　　高鳳，字文通，南陽葉人。少爲書生，家以農畝爲業，鳳專精誦習。妻常之田，曝麥於庭，令鳳護雞。時天暴雨，鳳持竿誦經，不覺潦水流麥。妻還怪問，乃省。其後遂爲名儒。(《語林》卷一。)

　　高鳳，字文通。居鄉時，鄰里有爭財者，持兵而鬪。文通往解之，不已，乃脫巾叩頭請曰：「仁義遜議，奈何棄之？」爭者投兵謝罪。(《山堂肆考》卷一百○二。按：以上兩事又見《東觀漢記》卷十八、《後漢書·逸民列傳·高鳳傳》，宋以前書皆未云出嵇康《高士傳》者，明時是書已亡佚，未知何以見之。今姑置此。)

孔嵩

　　仲山通達，卷舒無方。屈身廝役，挺秀含芳。(惠棟《後漢書補注·獨行傳》。按：此文最早見《水經注·清水注》，然但稱「贊曰」，梅鼎祚《東漢文紀》云「不詳孰撰」，嚴可均於《全上古三代六朝文》則置《闕名》中，是存疑也。惠棟乃徑以爲出嵇康《高士傳》贊，其時嵇《傳》已佚，恐惠氏臆測之也。今姑置此。)

《江表傳》　　晉虞溥撰

　　《江表傳》，晉虞溥撰。虞溥，字允源，高平昌邑（今山東金鄉西北）人。虞秘之子。少專心墳籍。郡察孝廉，除郎中，補尚書都令史，遷公車司馬令。除鄱陽內史，大修學校，廣招生徒，爲政嚴而不猛。注《春秋》經傳，撰《江表傳》及詩賦文章數十篇行於世。年六十二卒於洛陽。其子虞勃，過江上《江表傳》於元帝，詔藏於秘書。事詳《晉書·虞溥傳》。

　　是書，《舊唐書·經籍志》、《新唐書·藝文志》均著錄五卷。《新唐書·藝文志》又於史部雜傳類重列此書名，或爲別本，著錄三卷；鄭樵《通志·藝文略》據以錄於傳記類，亦謂三卷。清以來秦榮光、吳士鑒《補晉書藝文志》及章宗源、姚振宗《隋書經籍志考證》並將此書列入史部雜傳類。虞溥任鄱陽內史有年，鄱陽地處江南，原屬東吳統轄地盤，故其《江表傳》主要記述三國東吳人物事件。孫吳割據江南，以中原視之，江南地處長江

之外，故稱江表。宋邵博《聞見後錄》卷九云：「予官長安時，或云鄠杜民家有《江表傳》、《英雄志》，因為外臺言之，亟委官以取。民驚懼，遽焚之。世今無此三書矣。」審南宋書目無著錄者，南宋諸書所引，亦多已見前書，則是書北宋末年恐即已亡佚也。後世未見輯本。今所存內容主要見於《三國志·吳書》裴松之注引，凡一百餘條，短者一二十字，長者逾千字，對陳壽所記內容有所補充，史料價值較高，又兼有文學色彩。

郗慮、孔融

獻帝嘗特見慮及少府孔融〔一〕，問融曰：「鴻豫何所優長〔二〕？」融曰：「可與適道，未可與權。」慮舉笏曰：「融昔宰北海，政散民流〔三〕，其權安在也〔四〕！」遂與融互相長短，〔五〕以至不睦〔六〕。公以書和解之〔七〕。慮徙光祿勳〔八〕，遷為大夫〔九〕。（《三國志·魏書·武帝紀》注。又見《後漢書·孔融傳》注、《太平御覽》卷六百九十二。）

〔校記〕
〔一〕特，《後漢書》注作「時」，《太平御覽》無。按：作「時」字為上，「特」蓋「時」之形訛。「慮」上，《太平御覽》有「郗」字。
〔二〕「豫」下，《太平御覽》有「慮字鴻豫」四字注文。
〔三〕民，《後漢書》注作「人」，避唐太宗諱而改也。
〔四〕也，《後漢書》注、《太平御覽》無。
〔五〕《太平御覽》引至此止。
〔六〕睦，《後漢書》注作「穆」，二字通。
〔七〕公，《後漢書》注作「曹操」。
〔八〕徙，《後漢書》注作「從」。按：作「徙」為上。
〔九〕此句，《後漢書》注作「遷御史大夫」。

孫堅

堅歷佐三縣，所在有稱，吏民親附。鄉里知舊，好事少年，往來者常數百人，堅接撫待養，有若子弟焉。（《三國志·吳書·孫破虜討逆傳》注。又見《輿地紀勝》卷四十四、《方輿勝覽》卷四十七。按：兩書皆單引「堅歷佐三縣，所在有稱」九字，《方輿勝覽》其下又有「黃巾賊起，堅身當一面，登城先入，眾乃蟻附，遂大破之。拜堅司馬」二十五字，見《孫破虜討逆傳》，頗疑乃合而成文，非出《江表傳》。）

堅聞之，撫膺歎曰：「張公昔從吾言，朝廷今無此難也！」（《三國志·吳書·孫破虜討逆傳》注。）

或謂術曰「堅若得洛，不可復制，此爲除狼而得虎也。」故術疑之。（《三國志·吳書·孫破虜討逆傳》注。）

語曰：「大勳垂捷而軍糧不繼，此吳起所以歎泣於西河，樂毅所以遺恨於垂成也。願將軍深思之。」（《三國志·吳書·孫破虜討逆傳》注。）

舊京空虛，數百里中無煙火。堅前入城，惆悵流涕。（《三國志·吳書·孫破虜討逆傳》注。）

黃蓋

蓋書曰：「蓋受孫氏厚恩，常爲將帥，見遇不薄。然顧天下事有大勢，用江東六郡山越之人，以當中國百萬之眾，眾寡不敵，海內所共見也。東方將吏，無有愚智，皆知其不可，惟周瑜、魯肅偏懷淺戇，意未解耳。今日歸命，是其實計。瑜所督領，自易摧破。交鋒之日，蓋爲前部，當因事變化，效命在近。」曹公特見行人，密問之，口敕曰：「但恐汝詐耳。蓋若信實，當授爵賞，超於前後也。」（《三國志·吳書·周瑜魯肅呂蒙傳》注。）

至戰日，蓋先取輕利艦十舫，載燥荻枯柴積其中，灌以魚膏，赤幔覆之，建旌旗龍幡於艦上。時東南風急，因以十艦最著前，中江舉帆，蓋舉火白諸校，使眾兵齊聲大叫曰：「降焉！」操軍人皆出營立觀。去北軍二里餘，同時發火，火烈風猛，往船如箭，飛埃絕爛，燒盡北船，延及岸邊營柴。瑜等率輕銳尋繼其後，擂鼓大進，北軍大壞，曹公退走。（《三國志·吳書·周瑜魯肅呂蒙傳》注。）

張紘

張紘事父至孝，居貧，躬耕稼，帶經而鋤，孜孜汲汲，以夜繼日，至於弱冠，無不窮覽。（《太平御覽》卷六百一十一。）

初，權於群臣多呼其字〔一〕，惟呼張昭曰張公、紘曰東部〔二〕，所以重二人也。（《三國志·吳書·張嚴程闞薛傳》注。又見《建康實錄》卷二。）

〔校記〕

〔一〕其，《建康實錄》無。

〔二〕惟，《建康實錄》作「唯」，二字通。「紘」上，《建康實錄》有「張」字。又《建康實錄》引至此止。

　　紘謂權曰〔一〕：「秣陵，楚武王所置〔二〕，名爲金陵〔三〕。地勢岡阜連石頭，訪問故老〔四〕，云昔秦始皇東巡會稽，〔五〕經此縣，望氣者云：『金陵地形，有王者都邑之氣。』故掘斷連岡〔六〕，改名秣陵。今處所具存〔七〕，地有其氣〔八〕，天之所命〔九〕，宜爲都邑〔一〇〕。」權善其議，未能從也。後劉備之東，宿於秣陵，周觀地形，亦勸權都之。權曰：「智者意同。」遂都焉。〔一一〕（《三國志・吳書・張嚴程闞薛傳》注。又見《建康實錄》卷二。按：《太平御覽》卷一百五十六引張勃《吳錄》載此事，其下有案語曰：「漢建安中，劉備曾宿於秣陵。」即出此。）

　　〔校記〕

　　〔一〕《建康實錄》引文順序與此不同，篇首作「漢建安中，劉備嘗宿於秣陵，觀江山之秀，
　　　　勸帝居之」，此句作「初，張紘謂帝曰」。
　　〔二〕武，《建康實錄》作「威」，《吳錄》作「武」。
　　〔三〕爲，《建康實錄》無。
　　〔四〕訪問，《建康實錄》無。故，《建康實錄》作「古」。
　　〔五〕昔，《建康實錄》無。
　　〔六〕故，《建康實錄》作「因」。
　　〔七〕此句，《建康實錄》作「據所見存」。
　　〔八〕「氣」下，《建康實錄》有「象」字。
　　〔九〕命，《建康實錄》作「令」。
　　〔一〇〕「宜」上，《建康實錄》有「今」字。
　　〔一一〕自「權善其謀」至此，《建康實錄》作「帝深善之。後聞劉備語，曰：『智者意同。』
　　　　　故即帝位。聞謠言而思張紘議，乃下都之」。按：文中謠言，見陸凱條。

張玄

　　玄清介有高行，而才不及紘。（《三國志・吳書・張嚴程闞薛傳》注。）

張尚

　　稱尚有俊才。（《三國志・吳書・張嚴程闞薛傳》注。）

郭典

　　郭典，字君業，爲鉅鹿太守，與中郎將董卓攻黃巾賊張寶於曲陽。典作圍塹，卓不肯。典獨於西當賊之衝，晝夜進攻，寶由是城守不敢出，時人爲語曰：「郭君圍塹，董將不許。幾令狐狸，化爲豺虎。賴我郭君，不畏強禦。轉機之間，敵爲窮虜。猗猗惠君，保完疆土。」（《太平御覽》卷四百九十六。事又見《太平御覽》卷三百一十七，四庫本《太平御覽》云出《江表傳》。）

柳琮

柳琮，字伯騫，所拔進皆為時所稱。致位牧守，鄉里為諺曰：「得黃金一筍，不如為柳伯騫所識。」（《太平御覽》卷四百九十六。又《緯略》卷四僅引諺「得黃金一筍，不如為柳伯騫所識」十三字。事又見《華陽國志》卷十上、《太平御覽》卷二百六十三引《益部耆舊傳》。）

典韋

典韋容貌魁傑，名冠三軍，其所持手戟，長幾一尋，軍中為之語曰：「帳下壯士有典軍，手提雙戟八十斤。」（《太平御覽》卷四百九十六。事又見《三國志·魏書·典韋傳》。）

孫賁、孫香、吳景

袁術以吳景守廣陵，策族兄香亦為術所用，作汝南太守，而令賁為將軍，領兵在壽春。策與景等書曰：「今征江東，未知二三君意云何耳？」景即棄守歸，賁困而後免，香以道遠獨不得還。（《三國志·吳書·宗室傳》注。）

時丹楊僮芝自署廬陵太守，策留賁弟輔領兵住南昌，策謂賁曰：「兄今據豫章，是扼僮芝咽喉而守其門戶矣。但當伺其形便，因令國儀杖兵而進，使公瑾為作勢援，一舉可定也。」後賁聞芝病，即如策計。周瑜到巴丘，輔遂得進據廬陵。〔一〕（《三國志·吳書·宗室傳》注。又見《建康實錄》卷一。）

〔校記〕

〔一〕《建康實錄》惟引末四句，文作：「後孫賁聞僮芝病，即如策計。引周瑜上巴丘，外為形勢，遂與其弟輔進廬陵而據之。」

初，袁術遣從弟胤為丹楊。策令琨討而代之。會景還，以景前在丹楊，寬仁得眾，吏民所思，而琨手下兵多，策嫌其太重，且方攻伐，宜得琨眾，乃復用景，召琨還吳。（《三國志·吳書·妃嬪傳》注。）

關羽

孫權使朱雋往喻關羽，令降。羽乃作像人於城上而潛遁。（《太平御覽》卷三百九十六。）

蔣欽

權謂欽曰：「盛前白卿，卿今舉盛，欲慕祁奚邪？」欽對曰：「臣聞公舉不挾私怨，盛忠而勤彊，有膽略器用，好萬人督也。今大事未定，臣當助國

求才，豈敢挾私恨以蔽賢乎！」權嘉之。（《三國志·吳書·程黃韓蔣周陳董甘淩徐潘丁傳》注。）

甘寧

　　曹公出濡須〔一〕，號步騎四十萬〔二〕，臨江飲馬。權率眾七萬應之〔三〕，使寧領三千人爲前部督〔四〕。權密敕寧〔五〕，使夜入魏軍。寧乃選手下健兒百餘人〔六〕，徑詣曹公營下，使拔鹿角〔七〕，踰壘入營〔八〕，斬得數十級〔九〕。北軍驚駭鼓譟〔一○〕，舉火如星。寧已還入營，作鼓吹，稱萬歲。〔一一〕因夜見權〔一二〕，權喜曰〔一三〕：「足以驚駭老子否〔一四〕？聊以觀卿膽耳。」即賜絹千匹〔一五〕，刀百口。〔一六〕權曰：「孟德有張遼，孤有興霸，足相敵也。」〔一七〕停住月餘，北軍便退〔一八〕。（《三國志·吳書·程黃韓蔣周陳董甘淩徐潘丁傳》注。又見《北堂書鈔》卷一百二十六、卷一百三十、《太平御覽》卷三百三十七、卷四百三十六、《蒙求集注》卷下。）

　　〔校記〕

〔一〕須，《太平御覽》卷四百三十六作「湏」，「湏」爲「須」之異體字。

〔二〕此句，《蒙求集注》無。

〔三〕「權」上，《北堂書鈔》卷一百三十、《太平御覽》卷四百三十六有「孫」字。率，《太平御覽》卷四百三十六作「帥」，二字通。七萬，《蒙求集注》無。應之，《北堂書鈔》卷一百三十無。

〔四〕「寧」上，《太平御覽》卷四百三十六有「甘」字。三，《太平御覽》卷四百三十六作「二」。此句，《蒙求集注》作「使寧爲前都督」。

〔五〕「權密」、「寧」三字，《蒙求集注》無。以上兩句，《北堂書鈔》卷一百三十無。

〔六〕「寧乃選手下」五字，《北堂書鈔》卷一百三十無。「乃」、「手下」三字，《蒙求集注》無。

〔七〕自「號步騎四十萬」至此，《太平御覽》卷三百三十七無。《北堂書鈔》卷一百二十六自此句引起。使，《太平御覽》卷四百三十六作「便」。「拔鹿角」，《北堂書鈔》卷一百三十無。此句，《北堂書鈔》卷一百二十六、《太平御覽》卷三百三十七作「甘寧拔曹公鹿角」，《蒙求集注》無。

〔八〕入營，《北堂書鈔》卷一百二十六、卷一百三十、《太平御覽》卷三百三十七無。

〔九〕此句，《北堂書鈔》卷一百二十六、《太平御覽》卷三百三十七作「入斬數十人」，《蒙求集注》作「斬數千級」。又《北堂書鈔》卷一百二十六、《太平御覽》卷三百三十七引至此止。

〔一○〕鼓譟，《北堂書鈔》卷一百三十、《蒙求集注》無。

〔一一〕《北堂書鈔》卷一百三十引至此止。

〔一二〕夜，《太平御覽》卷四百三十六無。

〔一三〕喜,《太平御覽》卷四百三十六無。

〔一四〕此句,《太平御覽》卷四百三十六無。

〔一五〕匹,《太平御覽》卷四百三十六作「疋」,「疋」爲「匹」之異體字。

〔一六〕自「舉火如星」至此,《蒙求集注》無。

〔一七〕《蒙求集注》引至此止。

〔一八〕便,《太平御覽》卷四百三十六作「乃」。

關羽欲襲魯肅,甘寧與羽俱會益陽,瀨淺將渡,寧有所約令。羽遥聞之曰:「此甘寧聲也。」遂不敢渡。(《太平御覽》卷三百八十八。)

張昭

權既即尊位〔一〕,請會百官,歸功周瑜。昭舉笏欲褒贊功德〔二〕,未及言,權曰:「如張公之計〔三〕,今已乞食矣。」〔四〕昭大慚〔五〕,伏地流汗〔六〕。昭忠謇亮直,有大臣節,權敬重之,然所以不相昭者,蓋以昔駁周瑜、魯肅等議爲非也。(《三國志·吳書·張顧諸葛步傳》注。又見《文選·袁宏〈三國名臣序贊〉》注、《北堂書鈔》卷一百二十八、《太平御覽》卷三百八十七、卷四百九十一、卷六百九十二。)

〔校記〕

〔一〕「權」上,《北堂書鈔》、《太平御覽》卷三百八十七、卷四百九十一、卷六百九十二有「孫」字。既,《太平御覽》卷三百八十七無。

〔二〕此句上,《太平御覽》卷六百九十二有「昭勸迎曹公,權不從而,周瑜敗之。及是」十五字。「昭」上,《北堂書鈔》、《太平御覽》卷三百八十七、卷四百九十一有「張」字。褒,《北堂書鈔》作「襃」,《太平御覽》卷四百九十一作「襃」,「襃」、「襃」爲「褒」之異體字。贊,《太平御覽》卷四百九十一作「讚」,「讚」、「贊」古今字。

〔三〕張,《太平御覽》卷四百九十一無。之,《文選》注、《太平御覽》卷四百九十一無。

〔四〕《北堂書鈔》引至此止。

〔五〕慚,《太平御覽》卷三百八十七、卷四百九十一、卷六百九十二作「慙」,「慙」爲「慚」之異體字。

〔六〕流汗,《太平御覽》卷三百八十七作「汗出」。又《文選》注、《太平御覽》卷三百八十七、卷四百九十一、卷六百九十二引至此止。

朱治

治說賁曰:「破虜將軍昔率義兵入討董卓,聲冠中夏,義士壯之。討逆繼世,廓定六郡,特以君侯骨肉至親,器爲時生,故表漢朝,剖符大郡,兼建將校,仍關綜兩府,榮冠宗室,爲遠近所瞻。加討虜聰明神武,系承洪業,攬結英雄,周濟世務,軍眾日盛,事業日隆,雖昔蕭王之在河北,無以加也,

必克成王基，應運東南。故劉玄德遠布腹心，求見拯救，此天下所共知也。前在東聞道路之言，云將軍有異趣，良用憮然。今曹公阻兵，傾覆漢室，幼帝流離，百姓元元未知所歸。而中國蕭條，或百里無煙，城邑空虛，道殣相望，士歎於外，婦怨乎室，加之以師旅，因之以饑饉，以此料之，豈能越長江與我爭利哉？將軍當斯時也，而欲背骨肉之親，違萬安之計，割同氣之膚，啖虎狼之口，為一女子，改慮易圖，失機毫釐，差以千里，豈不惜哉！」（《三國志・吳書・朱治朱然呂範朱桓傳》注。）

劉備

孫權遣魯肅弔劉表二子，並令與備相結。肅未至而曹公已濟漢津。肅故進前，與備相遇於當陽，因宣權旨，論天下事勢，致殷勤之意，且問備曰：「豫州今欲何至？」備曰：「與蒼梧太守吳巨有舊，欲往投之。」肅曰：「孫討虜聰明仁惠，敬賢禮士，江表英豪咸歸附之，已據有六郡，兵精糧多，足以立事。今為君計，莫若遣腹心使自結於東，崇連和之好，共濟世業。而云欲投吳巨，巨是凡人，偏在遠郡，行將為人所併，豈足託乎！」備大喜，進住鄂縣，即遣諸葛亮隨肅詣孫權，結同盟誓。（《三國志・蜀書・先主傳》注。）

備從魯肅計，進住鄂縣之樊口。〔一〕諸葛亮詣吳未還〔二〕，備聞曹公軍下〔三〕，恐懼，日遣邏吏於水次候望權軍〔四〕。吏望見瑜船〔五〕，馳往白備，備曰：「何以知之非青徐軍邪〔六〕？」吏對曰：「以船知之。」備遣人慰勞之〔七〕。瑜曰：「有軍任，不可得委署〔八〕，儻能屈威〔九〕，誠副其所望〔一○〕。」備謂關羽、張飛曰〔一一〕：「彼欲致我，我今自結託於東而不往〔一二〕，非同盟之意也。」乃乘單舸往見瑜，問曰：「今拒曹公〔一三〕，深為得計，戰卒有幾？」瑜曰：「三萬人。」備曰：「恨少。」〔一四〕瑜曰：「此自足用，豫州但觀瑜破之。」〔一五〕備欲呼魯肅等共會語，瑜曰：「受命不得妄委署，若欲見子敬，可別過之。又孔明已俱來，不過三兩日到也。」備雖深愧異瑜，而心未許之能必破北軍也，故差池在後，將二千人與羽、飛俱，未肯係瑜，蓋為進退之計也。（《三國志・蜀書・先主傳》注。又見《北堂書鈔》卷一百三十八、《藝文類聚》卷七十一、《太平御覽》卷七百七十〔兩引〕。按：《北堂書鈔》卷一百三十八、《太平御覽》卷七百七十次引皆節引，今附於下，僅以《藝文類聚》、《太平御覽》首引校之。）

〔校記〕

〔一〕以上兩句，《藝文類聚》、《太平御覽》作「劉備進駐鄂縣之樊口」。

〔二〕亮，《太平御覽》脫。

〔三〕備，《太平御覽》無。

〔四〕望，《藝文類聚》、《太平御覽》無。

〔五〕「瑜」上，《藝文類聚》、《太平御覽》有「周」字。船，《藝文類聚》作「舩」，《太平御覽》作「舡」，「舩」、「舡」並「船」之異體字。下「船」字同，不俱校。

〔六〕之，《藝文類聚》、《太平御覽》無。邪，《藝文類聚》、《太平御覽》作「耶」。

〔七〕之，《藝文類聚》、《太平御覽》作「瑜」。

〔八〕可，《藝文類聚》、《太平御覽》無。

〔九〕儻，《藝文類聚》作「倘」。

〔一〇〕誠，《藝文類聚》、《太平御覽》無。

〔一一〕關羽、張飛，《藝文類聚》、《太平御覽》乙。

〔一二〕我，《太平御覽》無。結，《藝文類聚》、《太平御覽》無。

〔一三〕拒，《太平御覽》作「距」，二字通。

〔一四〕「瑜曰」以下九字，《太平御覽》無。

〔一五〕《藝文類聚》、《太平御覽》引至此止。

附：《北堂書鈔》卷一百三十八：劉備乘單舸往見周瑜，曰：「今距曹氏，深為得計矣。」

《太平御覽》卷七百七十：「劉備進住鄂縣之樊口，聞曹公軍下，恐懼。俄周瑜舡軍至，備乃乘單舸往見瑜。」

周瑜為南郡太守，分南岸地以給備。備別立營於油江口，改名為公安。劉表吏士見從北軍，多叛來投備。備以瑜所給地少，不足以安民，復從權借荊州數郡。（《三國志·蜀書·先主傳》注。）

先主與統從容宴語，問曰：「卿為周公瑾功曹，孤到吳，聞此人密有白事，勸仲謀相留，有之乎？在君為君，卿其無隱。」統對曰：「有之。」備歎息曰：「孤時危急，當有所求，故不得不住，殆不免周瑜之手！天下智謀之士，所見略同耳。時孔明諫孤莫行，其意獨篤，亦慮此也。孤以仲謀所防在北，當賴孤為援，故決意不疑。此誠出於險塗，非萬全之計也。」（《三國志·蜀書·龐統法正傳》注。）

陸遜攻劉備於夷陵〔一〕，備捨舩步走〔二〕，燒皮鎧以斷道，使兵以錦挽車〔三〕，走入白帝。（《初學記》卷二十七。又見《太平御覽》卷三百九十四、卷八百一十五、《事類賦》卷十。）

〔校記〕

〔一〕攻，《太平御覽》卷三百九十四作「破」。

〔二〕舩，《太平御覽》卷三百九十四、卷八百一十五作「舡」，《事類賦》作「船」，「舩」、「舡」爲「船」之異體字。

〔三〕「兵以錦」三字，《太平御覽》卷三百九十四無。

虞翻

策書謂翻曰〔一〕：「今日之事，當與卿共之〔二〕，勿謂孫策作郡吏相待也〔三〕。」（《三國志・吳書・虞陸張駱陸吾朱傳》注。又見《職官分紀》卷四十一。）

〔校記〕

〔一〕此句，《職官分紀》作「策語翻云」。

〔二〕當，《職官分紀》無。共，《職官分紀》誤作「其」。

〔三〕謂孫策，《職官分紀》作「言策」。也，《職官分紀》無。

策討黃祖，旋軍欲過取豫章，特請翻語曰：「華子魚自有名字，然非吾敵也。加聞其戰具甚少，若不開門讓城，金鼓一震，不得無所傷害，卿便在前具宣孤意。」翻即奉命辭行，徑到郡，請被褠葛巾與歆相見。謂歆曰：「君自料名聲之在海內，孰與鄙郡故王府君？」歆曰：「不及也。」翻曰：「豫章資糧多少，器仗精否，士民勇果孰與鄙郡？」又曰：「不如也。」翻曰：「討逆將軍智略超世，用兵如神，前走劉揚州，君所親見，南定鄙郡，亦君所聞也。今欲守孤城，自料資糧，已知不足，不早爲計，悔無及也。今大軍已次椒丘，僕便還去，明日日中迎檄不到者，與吾辭矣。」翻既去，歆明旦出城，遣吏迎策。策既定豫章，引軍還吳，饗賜將士，計功行賞，謂翻曰：「孤昔再至壽春，見馬日磾，及與中州士大夫會，語我東方人多才耳，恨學問不博，語議之間，有所不及耳。孤意猶謂未耳。卿博學洽聞，故前欲令卿一詣許，交見朝士，以折中國妄語兒。卿不願行，便使子綱；恐子綱不能結兒輩舌也。」翻曰：「翻是明府家寶，而以示人，人倘留之，則去明府良佐，故前不行耳。」策笑曰：「然。」因曰：「孤有征討事，未得還府，卿復以功曹爲吾蕭何，守會稽耳。」後三日，便遣翻還郡。（《三國志・吳書・虞陸張駱陸吾朱傳》注。）

後權遣將士至遼東，於海中遭風，多所沒失，權悔之，乃令曰：「昔趙簡子稱諸君之唯唯，不如周舍之諤諤。虞翻亮直，善於盡言，國之周舍也。前使翻在此，此役不成。」促下問交州，翻若尚存者，給其人船，發遣還都；

若以亡者，送喪還本郡，使兒子仕宦。會翻已終。（《三國志‧吳書‧虞陸張駱陸吾朱傳》注。）

太史慈

策謂慈曰：「聞卿昔爲太守劫州章，赴文舉，請詣玄德，皆有烈義，天下智士也，但所託未得其人。射鉤斬袪，古人不嫌。孤是卿知己，勿憂不如意也。」出教曰：「龍欲騰翥，先階尺木者也。」（《三國志‧吳書‧劉繇太史慈士燮傳》注。）

策謂慈曰：「劉牧往責吾爲袁氏攻廬江，其意頗猥，理恕不足。何者？先君手下兵數千餘人，盡在公路許。孤志在立事，不得不屈意於公路，求索故兵，再往纔得千餘人耳。仍令孤攻廬江，爾時事勢，不得不爲行。但其後不遵臣節，自棄作邪僭事，諫之不從。丈夫義交，苟有大故，不得不離，孤交求公路及絕之本末如此。今劉繇喪亡，恨不及其生時與共論辯。今兒子在豫章，不知華子魚待遇何如，其故部曲復依隨之否？卿則州人，昔又從事，寧能往視其兒子，並宣孤意於其部曲？部曲樂來者，便與俱來；不樂來者，且安慰之。並觀察子魚所以牧御方規何似，視廬陵、鄱陽人民親附之否？卿手下兵，宜將多少，自由意。」慈對曰：「慈有不赦之罪，將軍量同桓、文，待遇過望。古人報生以死，期於盡節，沒而後已。今並息兵，兵不宜多，將數十人，自足以往還也。」（《三國志‧吳書‧劉繇太史慈士燮傳》注。）

策初遣慈，議者紛紜，謂慈未可信，或云與華子魚州里，恐留彼爲籌策；或疑慈西託黃祖，假路還北，多言遣之非計。策曰：「諸君語皆非也，孤斷之詳矣。太史子義雖氣勇有膽烈，然非縱橫之人。其心有士謨，志經道義，貴重然諾，一以意許知己，死亡不相負，諸君勿復憂也。」慈從豫章還，議者乃始服。慈見策曰：「華子魚，良德也，然非籌略才，無他方規，自守而已。又丹楊僮芝自擅廬陵，詐言被詔書爲太守。鄱陽民帥別立宗部，阻兵守界，不受子魚所遣長吏，言『我以別立郡，須漢遣眞太守來，當迎之耳』。子魚不但不能諧廬陵、鄱陽，近自海昏有上繚壁，有五六千家相結聚作宗伍，惟輸租布於郡耳，發召一人遂不可得，子魚亦睹視之而已。」策拊掌大笑，乃有兼併之志矣。頃之，遂定豫章。（《三國志‧吳書‧劉繇太史慈士燮傳》注。《書敍指南》卷十引《江表傳》頌人德曰「某良德也」，即出此。）

祖郎

　　策既平定江東，逐袁胤。袁術深怨策，乃陰遣間使齎印綬與丹楊宗帥陵陽、祖郎等，使激動山越，大合眾，圖共攻策。策自率將士討郎〔一〕，生獲之。策謂郎曰：「爾昔襲擊孤〔二〕，斫孤馬鞍，今創軍立事，除棄宿恨，惟取能用，與天下通耳。非但汝，〔三〕汝莫恐怖〔四〕。」郎叩頭謝罪。即破械，賜衣服〔五〕，署門下賊曹。〔六〕及軍還，郎與太史慈俱在前導軍，人以爲榮。(《三國志‧吳書‧宗室傳》注。又見《太平御覽》卷三百五十八。)

〔校記〕

〔一〕《太平御覽》自此句引起，作「孫策討祖郎」。

〔二〕「襲擊孤」三字，《太平御覽》無。「爾昔」屬下讀。

〔三〕以上三句，《太平御覽》無。

〔四〕怖，《太平御覽》作「怨」。

〔五〕服，《太平御覽》無。

〔六〕《太平御覽》引至此止。

顧雍、顧譚

　　雍從伯喈學〔一〕，專一清靜，敏而易教。〔二〕伯喈貴異之〔三〕，謂曰〔四〕：「卿必成致〔五〕，今以吾名與卿〔六〕。」故雍與伯喈同名〔七〕，由此也〔八〕。(《三國志‧吳書‧張顧諸葛步傳》注。又見《世說新語‧雅量》注、《藝文類聚》卷四十四、《太平御覽》卷三百六十二、卷五百七十七、《事類賦》卷十一、《施注蘇詩》卷十六。)

〔校記〕

〔一〕此句，《世說新語》注作「雍字元歎，曾就蔡伯喈」，《藝文類聚》作「顧雍從蔡邕學琴」，《太平御覽》卷三百六十二作「顧雍從伯喈學」，卷五百七十七作「顧雍少從蔡伯喈學鼓琴」，《事類賦》作「顧雝少從蔡伯喈學鼓琴」。

〔二〕以上兩句，《世說新語》注、《藝文類聚》、《太平御覽》卷五百七十七、《事類賦》無。

〔三〕此句，《世說新語》注作「伯喈賞異之」，《藝文類聚》作「邕異之」。《施注蘇詩》自此引起，作「蔡伯喈貴異顧雍」。

〔四〕此二字，《世說新語》注無，《藝文類聚》作「曰」。

〔五〕此句，《世說新語》無，《藝文類聚》作「卿必成」，《太平御覽》卷五百七十七作「卿成必早」，《事類賦》作「卿必有成」，《施注蘇詩》作「卿必成名」。

〔六〕此句，《世說新語》注作「以其名與之」，《藝文類聚》、《太平御覽》卷五百七十七、《事類賦》作「故以名與卿」。又《世說新語》注、《藝文類聚》引至此止。

〔七〕此句，《太平御覽》卷五百七十七作「雍伯喈同名」，《事類賦》作「故雝與伯喈同名」，《施注蘇詩》作「故名雍」。又《事類賦》、《施注蘇詩》引至此止。

〔八〕也，《太平御覽》卷五百七十七無。

權常令中書郎詣雍，有所咨訪。若合雍意，事可施行，即與相反覆，究而論之，爲設酒食。如不合意，雍即正色改容，默然不言，無所施設，即退告。權曰：「顧公歡悅，是事合宜也；其不言者，是事未平也，孤當重思之。」其見敬信如此。江邊諸將，各欲立功自效，多陳便宜，有所掩襲。權以訪雍，雍曰：「臣聞兵法戒於小利，此等所陳，欲邀功名而爲其身，非爲國也。陛下宜禁制。苟不足以耀威損敵，所不宜聽也。」權從之。軍國得失，行事可不，自非面見，口未嘗言之。（《三國志·吳書·張顧諸葛步傳》注。）

權嫁從女，女顧氏甥，故請雍父子及孫譚，〔一〕譚時爲選曹尚書，見任貴重。是日，權極歡〔二〕。譚醉酒〔三〕，三起舞，舞不知止〔四〕。雍內怒之。明日，召譚，訶責之曰〔五〕：「君王以含垢爲德，臣下以恭謹爲節〔六〕。昔蕭何、吳漢並有大功，何每見高帝，似不能言；漢奉光武，亦信恪勤。汝之於國，寧有汗馬之勞、可書之事邪？但階門戶之資，遂見寵任耳。〔七〕何有舞不復知止？雖爲酒後，亦由恃恩忘敬〔八〕，謙虛不足〔九〕。損吾家者必爾也〔一〇〕。」因背向壁臥，譚立過一時，乃見遣。（《三國志·吳書·張顧諸葛步傳》注。又見《太平御覽》卷五百七十四、《事類賦》卷十一。）

〔校記〕
〔一〕以上三句，《太平御覽》作「孫權請顧雍父子及孫」，《事類賦》作「孫權召顧雍父子及其孫譚飲」。
〔二〕此句，《太平御覽》作「孫權極忻」，《事類賦》作「孫權飲極懽」。
〔三〕醉，《事類賦》無。
〔四〕「舞」下，《太平御覽》、《事類賦》有「又」字。
〔五〕訶，《事類賦》無。曰，《太平御覽》、《事類賦》無。
〔六〕謹，《事類賦》作「敬」。
〔七〕自「昔蕭何」以下至此，《太平御覽》、《事類賦》無。
〔八〕由，《太平御覽》作「爲」。忘敬，《太平御覽》、《事類賦》無。
〔九〕此句，《事類賦》無。
〔一〇〕爾，《太平御覽》、《事類賦》作「汝」。又《太平御覽》、《事類賦》引至此止。

有司奏譚誣罔大不敬，罪應大辟。權以雍故，不致法，皆徙之。（《三國志·吳書·張顧諸葛步傳》注。）

李嚴

諸葛亮表都護李嚴〔一〕。嚴少爲郡職吏，用性深剋，〔二〕苟利其身〔三〕，鄉里爲嚴諺曰〔四〕：「難可狎，李鱗甲。」〔五〕（《太平御覽》卷四百九十六。又見《記纂淵海》卷四十四、《緯略》卷四。）

〔校記〕

〔一〕此句,《記纂淵海》無。

〔二〕以上兩句,《記纂淵海》作「蜀李嚴用性深刻」。

〔三〕此句,《記纂淵海》無。

〔四〕爲嚴諗,《記纂淵海》無。

〔五〕《緯略》僅引上兩句。

諸葛瑾

　　瑾之在南郡,人有密讒瑾者。此語頗流聞於外,陸遜表保明瑾無此,宜以散其意。權報曰:「子瑜與孤從事積年,恩如骨肉,深相明究,其爲人非道不行,非義不言。玄德昔遣孔明至吳,孤嘗語子瑜曰:『卿與孔明同產,且弟隨兄,於義爲順,何以不留孔明?孔明若留從卿者,孤當以書解玄德,意自隨人耳。』子瑜答孤言:『弟亮以失身於人,委質定分,義無二心。弟之不留,猶瑾之不往也。』其言足貫神明。今豈當有此乎?孤前得妄語文疏,即封示子瑜,並手筆與子瑜,即得其報,論天下君臣大節一定之分。孤與子瑜,可謂神交,非外言所間也。知卿意至,輒封來表,以示子瑜,使知卿意。」(《三國志·吳書·張顧諸葛步傳》注。)

諸葛恪

　　恪字元遜,瑾長子也。少有才名〔一〕,發藻岐嶷,辯論應機,莫與爲對。孫權見而奇之〔二〕,謂瑾曰:「藍田生玉,眞不虛也。」〔三〕仕吳至太傅,爲孫峻所害。(《世說新語·排調》注。又見《三國志·吳書·諸葛滕二孫濮陽傳》注。又《太平御覽》卷三百七十九引《吳志》並注引《江表傳》,與今本《三國志》略不同。)

〔校記〕

〔一〕《三國志》注自此引起,「少」上有「恪」字。

〔二〕孫,《三國志》注無。

〔三〕《三國志》注引至此止。

　　曾有白頭鳥集殿前〔一〕,權曰:「此何鳥也〔二〕?」恪曰〔三〕:「白頭翁也〔四〕。」張昭自以坐中最老,疑恪以鳥戲之〔五〕,因曰:「恪欺陛下〔六〕,未嘗聞鳥名白頭翁者〔七〕,試使恪復求白頭母〔八〕。」恪曰〔九〕:「鳥名鸚母〔一〇〕,未必有對〔一一〕,試使輔吳復求鸚父〔一二〕。」昭不能答,〔一三〕坐中皆歡笑。(《三國志·吳書·諸葛滕二孫濮陽傳》注。又見《北戶錄》卷一、《太平御覽》卷九百二十四、《事文類聚》後集卷四十三。)

〔校記〕

〔一〕此句，《北戶錄》、《太平御覽》、《事文類聚》作「孫權曾大會，有白頭鳥集殿前」。

〔二〕也，《北戶錄》、《太平御覽》、《事文類聚》無。

〔三〕「恪」上，《北戶錄》、《太平御覽》、《事文類聚》有「諸葛」二字。「曰」上，《北戶錄》、《太平御覽》有「對」字。

〔四〕翁，《北戶錄》、《太平御覽》、《事文類聚》作「公」。也，《北戶錄》、《太平御覽》、《事文類聚》無。

〔五〕以鳥，《北戶錄》無。「鳥」下，《太平御覽》、《事文類聚》有「名」字。

〔六〕此句，《北戶錄》無。

〔七〕嘗，《北戶錄》無。翁，《北戶錄》、《事文類聚》作「公」。者，《北戶錄》無。

〔八〕「試」上，《北戶錄》有「請」字。求，《北戶錄》、《太平御覽》、《事文類聚》作「索」。母，《北戶錄》作「姥」。按：慧琳《一切經音義》卷八十一引《江表傳》曰：「姥，婦人老稱也。」頗似注此文者，則原文似用「姥」字。

〔九〕恪，《事文類聚》無。

〔一○〕母，《太平御覽》、《事文類聚》作「鴟」。

〔一一〕此句，《事文類聚》無。

〔一二〕試，《北戶錄》作「請」。「父」下，《北戶錄》、《太平御覽》有「也」字。此句，《事文類聚》作「可復求鴟父耶」。又《北戶錄》引至此止。

〔一三〕《太平御覽》、《事文類聚》引至此止。

　　權爲吳王，初置節度官，使典掌軍糧，非漢制也。初用侍中偏將軍徐詳，詳死，將用恪。諸葛亮聞恪代詳〔一〕，書與陸遜曰〔二〕：「家兄年老，而恪性疏，今使典主糧穀〔三〕，糧穀〔四〕，軍之要最〔五〕，僕雖在遠〔六〕，竊用不安〔七〕。足下特爲啓至尊轉之。」〔八〕遜以白權，即轉恪領兵。（《三國志·吳書·諸葛滕二孫濮陽傳》注。又見《藝文類聚》卷八十五、《太平御覽》卷八百三十七、《全芳備祖》後集卷二十一、《事類備要》別集卷五十七。）

〔校記〕

〔一〕諸書並從此句引起，「恪」上，《全芳備祖》、《事類備要》衍「孫」字，蓋涉「遜」字而誤。恪，《全芳備祖》形訛作「恪」。代，《藝文類聚》、《事類備要》形訛作「伐」。詳，《藝文類聚》、《太平御覽》作「徐詳」，《全芳備祖》、《事文類聚》作「徐」。

〔二〕「書」上，《全芳備祖》、《事類備要》有「以」字。

〔三〕主，《全芳備祖》、《事類備要》無。糧穀，《事類備要》脫。

〔四〕「穀」下，《全芳備祖》、《事類備要》有「者」字。

〔五〕最，《全芳備祖》、《事類備要》作「寂」，「寂」爲「最」之異體字。「最」下，《全芳備祖》、《事類備要》有「也」字。

〔六〕雖，《全芳備祖》、《事類備要》無。

〔七〕竊，《全芳備祖》、《事類備要》作「切」。蓋「竊」俗書作「窃」，又誤作「切」也。
　　　又《全芳備祖》、《事類備要》引至此止。
〔八〕《藝文類聚》、《太平御覽》引至此止。

費禕聘於吳，陛見，公卿侍臣皆在坐。酒酣，禕與諸葛恪相對嘲難，言及吳、蜀。禕問曰：「蜀字云何？」恪曰：「有水者濁，無水者蜀。橫目苟身，蟲入其腹。」禕復問：「吳字云何？」恪曰：「無口者天，有口者吳。下臨滄海，天子帝都。」（《三國志・吳書・張嚴程闞薛傳》注。）

朝臣有乞爲恪立碑，以銘其勳績者，博士盛沖以爲不應。孫休曰：「盛夏出軍，士卒傷損，無尺寸之功，不可謂能；受託孤之任，死於豎子之手，不可謂智。沖議爲是。」遂寢。（《三國志・吳書・諸葛滕二孫濮陽傳》注。）

諸葛融

孫峻害諸葛恪，密使無難督施寬等上取融。融不之知，忽聞兵至，猶豫不決。及寬等圍城，遂飲毒死，三子見殺。先是〔一〕，公安有靈鼉鳴，時謠曰〔二〕：「白鼉鳴，龜背平，南郡城中可長生，守死不去義無成。」及此〔三〕，融果刮金印龜，服之而死也〔四〕。（《建康實錄》卷二。又見《三國志・吳書・張顧諸葛步傳》注。）

〔校記〕
〔一〕《三國志》注自此句引起。
〔二〕時，《三國志》注作「童」。
〔三〕此句，《三國志》注作「及恪被誅」。
〔四〕也，《三國志》注無。

孫策

堅爲朱儁所表，爲佐軍，留家著壽春。策年十餘歲，已交結知名，聲譽發聞。有周瑜者，與策同年，亦英達夙成，聞策聲問，自舒來造焉，便推結分好，義同斷金，勸策徙居舒，策從之。（《三國志・吳書・孫破虜討逆傳》注。）

策興平二年渡江。（《資治通鑒》卷六十一。）

孫策在椒丘，遣虞翻說歆。翻既去，歆請功曹劉壹入議。壹勸歆住城，遣檄迎軍。歆曰：「吾雖劉刺史所置，上用，猶是剖符吏也。今從卿計，恐死有餘責矣。」壹曰：「王景興既漢朝所用，且爾時會稽人眾盛強，猶見原恕，

明府何慮？」於是夜逆作檄，明旦出城，遣吏齎迎。策便進軍，與歆相見，待以上賓，接以朋友之禮。（《三國志・吳書・鍾繇華歆王朗傳》注。）

策逕到壽春見袁術，涕泣而言曰：「亡父昔從長沙入討董卓，與明使君會於南陽，同盟結好，不幸遇難，勳業不終。策感惟先人舊恩，欲自憑結，願明使君垂察其誠。」術甚貴異之，然未肯還其父兵。術謂策曰：「孤始用貴舅爲丹楊太守，賢從伯陽爲都尉，彼精兵之地，可還依召募。」策遂詣丹楊依舅。得數百人，而爲涇縣大帥祖郎所襲，幾至危殆。於是復往見術，術以堅餘兵千餘人還策。（《三國志・吳書・孫破虜討逆傳》注。按：《書敍指南》引《江表傳》「呼人舅曰貴舅」，即出此。）

策說術云：「家有舊恩在東，願助舅討橫江；橫江拔，因投本土召募，可得三萬兵，以佐明使君匡濟漢室。」術知其恨，而以劉繇據曲阿，王朗在會稽，謂策未必能定，故許之。（《三國志・吳書・孫破虜討逆傳》注。按：《書敍指南》引《江表傳》「明使君」，即出此。）

策渡江攻繇牛渚營，盡得邸閣糧穀、戰具。是歲，興平二年也。時彭城相薛禮、下邳相笮融依繇爲盟主，禮據秣陵城，融屯縣南。策先攻融，融出兵交戰，斬首五百餘級，融即閉門不敢動。因渡江攻禮，禮突走，而樊能、於麋等復合眾襲奪牛渚屯。策聞之，還攻破能等，獲男女萬餘人。復下攻融〔一〕，爲流矢所中〔二〕，傷股，不能乘馬，因自輿還牛渚營〔三〕。或叛告融曰：「孫郎被箭，已死。」融大喜，即遣將于茲鄉策。策遣步騎數百挑戰，設伏於後，賊出擊之，鋒刃未接而僞走，賊追入伏中。乃大破之，斬首千餘級。策因往到融營下，令左右大呼曰：「孫郎竟云何！」賊於是驚怖夜遁。融聞策尚在，更深溝高壘，繕治守備。策以融所屯地勢險固，乃舍去，攻破繇別將於海陵，轉攻湖孰、江乘，皆下之。（《三國志・吳書・孫破虜討逆傳》注。又見《太平御覽》卷三百七十二。）

〔校記〕
〔一〕《太平御覽》自此句引起，作「孫策攻笮融」。
〔二〕所，《太平御覽》無。
〔三〕牛渚營，《太平御覽》無。又《太平御覽》引至此止。

策時年少〔一〕，雖有位號，而士民皆呼爲孫郎〔二〕。百姓聞孫郎至，皆失魂魄；長吏委城郭，竄伏山草。及至，軍士奉令，不敢虜略，雞犬菜茹，一

無所犯，民乃大悅，競以牛酒詣軍。劉繇既走，策入曲阿勞賜將士。遣將陳寶詣阜陵迎母及弟。發恩布令，告諸縣：「其劉繇、笮融等故鄉部曲來降首者，一無所問；樂從軍者，一身行，復除門戶；不樂者，勿強也。」旬日之間，四面雲集，得見兵二萬餘人，馬千餘匹，威震江東，形勢轉盛。（《三國志‧吳書‧孫破虜討逆傳》注。又見《資治通鑑》卷六十一、《施注蘇詩》卷十八。按：《書敘指南》引《江表傳》「皆失魂魄」，即出此。）

〔校記〕

〔一〕時，《資治通鑑》無。時年少，《施注蘇詩》無。

〔二〕此句，《資治通鑑》作「而吳人皆謂之孫郎」，《施注蘇詩》作「士皆呼爲孫郎」。又《資治通鑑》、《施注蘇詩》引至此止。

策遣奉正都尉劉由、五官掾高承奉章詣許，拜獻方物。（《三國志‧吳書‧孫破虜討逆傳》注。）

建安二年夏，漢朝遣議郎王誧奉戊辰詔書曰：「董卓逆亂，凶國害民。先將軍堅念在平討，雅意未遂，厥美著聞。策遵善道，求福不回。今以策爲騎都尉，襲爵烏程侯，領會稽太守。」又詔敕曰：「故左將軍袁術不顧朝恩，坐創凶逆，造合虛僞。欲因兵亂，詭詐百姓，始聞其言以爲不然。定得使持節平東將軍領徐州牧溫侯布上術所造惑眾妖妄，知術鴟梟之性，遂其無道，修治王宮，署置公卿，郊天祀地，殘民害物，爲禍深酷。布前後上策，乃心本朝，欲還討術，爲國效節，乞加顯異。夫懸賞俟功，惟勤是與，故便寵授，承襲前邑，重以大郡，榮耀兼至，是策輸力竭命之秋也。其亟與布及行吳郡太守、安東將軍陳瑀戮力一心，同時赴討。」策自以統領兵馬，但以騎都尉領郡爲輕，欲得將軍號，乃使人諷誧，誧便承制假策明漢將軍。是時，陳瑀屯海西，策奉詔治嚴，當與布、瑀參同形勢。行到錢塘，瑀陰圖襲策，遣都尉萬演等密渡江，使持印傳三十餘紐與賊丹楊、宣城、涇、陵陽、始安、黟、歙諸險縣大帥祖郎、焦已及吳郡烏程嚴白虎等，使爲內應，伺策軍發，欲攻取諸郡。策覺之，遣呂範、徐逸攻瑀於海西，大破瑀，獲其吏士妻子四千人。

（《三國志‧吳書‧孫破虜討逆傳》注。又見《（紹定）吳郡志》卷十，乃節引，文差異較大，今附於下。）

附：《（紹定）吳郡志》卷十：陳瑀以安東將軍行吳郡太守，受詔與孫策同討袁術，將併圖策，屯於海西，爲策所破。

建安三年，策又遣使貢方物，倍於元年所獻。其年，制書轉拜討逆將軍，改封吳侯。（《三國志‧吳書‧孫破虜討逆傳》注。）

策被詔敕，與司空曹公、衛將軍董承、益州牧劉璋等，並力討袁術、劉表。軍嚴當進，會術死，術從弟胤、女婿黃猗等畏懼曹公，不敢守壽春，乃共舁術棺柩，扶其妻子及部曲男女，就劉勳於皖城。勳糧食少，無以相振，乃遣從弟偕告糴於豫章太守華歆。歆郡素少穀，遣吏將偕就海昏上繚，使諸宗帥共出三萬斛米以與偕。偕往歷月，纔得數千斛。偕乃報勳，具說形狀，使勳來襲取之。勳得偕書，便潛軍到海昏邑下。宗帥知之，空壁逃匿，勳了無所得。時策西討黃祖，行及石城，聞勳輕身詣海昏，便分遣從兄賁、輔率八千人於彭澤待勳。自與周瑜率二萬人步襲皖城，即克之，得術百工及鼓吹部曲三萬餘人，並術、勳妻子。表用汝南李術為廬江太守，給兵三千人以守皖，皆徙所得人東詣吳。賁、輔又於彭澤破勳〔一〕。勳走入楚江〔二〕，從尋陽步上到置馬亭〔三〕，聞策等已克皖〔四〕，乃投西塞〔五〕。至沂，築壘自守，告急於劉表，求救於黃祖。祖遣太子射船軍五千人助勳。策復就攻，大破勳。勳與偕北歸曹公，射亦遁走。〔六〕策收得勳兵二千餘人、船千艘，遂前進夏口攻黃祖。時劉表遣從子虎、南陽韓晞將長矛五千，來為黃祖前鋒。策與戰，大破之。（《三國志‧吳書‧孫破虜討逆傳》注。又見《太平御覽》卷四十八、《太平寰宇記》卷一百一十二。）

〔校記〕

〔一〕《太平御覽》、《太平寰宇記》自此句引起，作「劉勳敗於彭澤」。「勳」、「勳」並「勛」之異體字。

〔二〕勳，《太平御覽》、《太平寰宇記》無。「走」下，《太平御覽》有「之」字。

〔三〕尋，《太平寰宇記》作「潯」。到置馬亭，《太平寰宇記》無。此句，《太平御覽》無。

〔四〕此句，《太平御覽》、《太平寰宇記》作「聞皖已沒」。

〔五〕乃，《太平御覽》作「遂」。此句，《太平寰宇記》作「及西塞」，「及」當是「乃」之形訛，又脫「投」。此尚未至西塞，至沂而築壘自守也。又《太平御覽》引至此止。

〔六〕自「至沂」以下至此，《太平寰宇記》作「將兵救皖，為孫權所破，遂奔曹公」，並至此止。

廣陵太守陳登治射陽。登即瑀之從兄子也。策前西征，登陰復遣間使，以印綬與嚴白虎餘黨，圖為後害，以報瑀見破之辱。策歸，復討登。軍到丹徒，須待運糧。策性好獵〔一〕，將步騎數出〔二〕。策驅馳逐鹿，所乘馬精駿，從騎絕不能及。〔三〕初，吳郡太守許貢上表於漢帝曰：「孫策驍雄，與項籍相似，宜加

貴寵，召還京邑。若被詔不得不還，若放於外必作世患。」策候吏得貢表，以示策。策請貢相見，以責讓貢。貢辭無表，策即令武士絞殺之〔四〕。貢奴客潛民間，欲爲貢報讎〔五〕。獵日〔六〕，卒有三人，即貢客也。策問：「爾等何人？」答云：「是韓當兵，在此射鹿耳。」策曰：「當兵吾皆識之，未嘗見汝等。」因射一人，應弦而倒。餘二人怖急，〔七〕便舉弓射策，中頰。〔八〕後騎尋至，皆刺殺之。（《三國志・吳書・孫破虜討逆傳》注。又見《太平御覽》卷三百六十七、卷四百八十三、卷八百九十。《書敘指南》卷十引《江表傳》「貴寵」，即出此。）

〔校記〕

〔一〕《太平御覽》卷八百九十自此句引起，「策」上有「孫」字。

〔二〕出，《太平御覽》卷八百九十作「百」。

〔三〕《太平御覽》卷八百九十引至此止。

〔四〕《太平御覽》卷三百六十七、卷四百八十三自此句引起，卷三百六十七作「孫策殺吳郡太守許貢」，卷四百八十三作「孫策殺許貢」。

〔五〕爲貢，《太平御覽》卷三百六十七無。以上兩句，《太平御覽》卷四百八十三作「貢客爲貢報讎」。

〔六〕此句，《太平御覽》卷三百六十七作「策出獵」。

〔七〕自「獵日」至此，《太平御覽》卷四百八十三無。自「策問」至此，《太平御覽》卷三百六十七無。

〔八〕以上兩句，《太平御覽》卷三百六十七、卷四百八十三作「射策中頰」。又《太平御覽》卷四百八十三引至此止。

于（干）吉

時有道士琅邪于吉〔一〕，先寓居東方〔二〕，往來吳會〔三〕，立精舍〔四〕，燒香讀道書〔五〕，製作符水以治病〔六〕，吳會人多事之〔七〕。策嘗於郡城門樓上，集會諸將賓客，〔八〕吉乃盛服杖小函，漆畫之，名爲仙人鏵，趨度門下。〔九〕諸將賓客三分之二下樓迎拜之〔一〇〕，掌賓者禁呵不能止〔一一〕。策即令收之〔一二〕。諸事之者，悉使婦女入見策母，請救之〔一三〕。母謂策曰〔一四〕：「于先生亦助軍作福〔一五〕，醫護將士，不可殺之。」策曰：「此子妖妄，能幻惑眾心，遠使諸將不復相顧君臣之禮，盡委策下樓拜之。不可不除也。」〔一六〕諸將復連名通白事陳乞之〔一七〕，策曰〔一八〕：「昔南陽張津爲交州刺史，舍前聖典訓〔一九〕，廢漢家法律，〔二〇〕嘗著絳帕頭〔二一〕，鼓琴燒香〔二二〕，讀邪俗道書〔二三〕，云以助化〔二四〕，卒爲南夷所殺〔二五〕。此甚無益，〔二六〕諸君但未悟耳。〔二七〕今此子已在鬼錄〔二八〕，勿復費紙筆也。」即催斬之〔二九〕，縣首於市。〔三〇〕諸事之者，尚不謂其死而云屍解焉，復祭祀求福。〔三一〕

（《三國志・吳書・孫破虜討逆傳》注。又見《後漢書・郎顗襄楷列傳》注、《北堂書鈔》卷八十五、《施注蘇詩》卷三十七、《能改齋漫錄》卷一、卷四、《續博物志》卷八、《事文類聚》前集卷三十四、《事類備要》前集卷五十一、《梅磵詩話》卷中、《三洞群仙錄》卷十三。按：《書敘指南》引《江表傳》「道士居亦曰精舍」，即出此。又《北堂書鈔》引略不同此，今附於下。）

〔校記〕

〔一〕此句，《後漢書》注作「時有道士琅邪干吉」，《施注蘇詩》作「道士瑯琊于吉」，《能改齋漫錄》卷一作「有道士于吉」，卷四作「于吉」，《續博物志》作「道士于吉」，《三洞群仙錄》作「吳孫策時有道士于吉」。按：古書干吉、于吉並多見，難明孰是。

〔二〕此句，《施注蘇詩》、《能改齋漫錄》卷一、卷四、《三洞群仙錄》無，《續博物志》僅有一「東」字，屬下讀。

〔三〕此句，《後漢書》注、《能改齋漫錄》卷一、《續博物志》作「來吳會」，《能改齋漫錄》卷四作「來吳」，《三洞群仙錄》無。

〔四〕此句，《三洞群仙錄》無。

〔五〕燒香，《施注蘇詩》、《能改齋漫錄》卷四、《三洞群仙錄》無。道，《續博物志》無。

〔六〕製，《施注蘇詩》作「制」。治，《後漢書》注、《能改齋漫錄》卷一、卷四、《三洞群仙錄》作「療」。按：《能改齋漫錄》卷四引《江表傳》云轉自《三國志》注，則此其所見版本本作「療」也。此句，《續博物志》無。又《能改齋漫錄》卷一、卷四引至此止。

〔七〕吳會，《施注蘇詩》無。人，《三洞群仙錄》無。

〔八〕以上兩句，《後漢書》注作「孫策嘗於郡城樓上，請會賓客」，《施注蘇詩》作「策於郡城門樓，會諸將賓客」，《三洞群仙錄》作「策常會客郡樓」。

〔九〕以上四句，《後漢書》注作「吉乃盛服趨度門下」，《施注蘇詩》、《三洞群仙錄》作「吉趨度門下」。

〔一○〕拜，《施注蘇詩》作「迎」。

〔一一〕賓，《後漢書》注作「客」。呵，《後漢書》注作「訶」，「訶」爲「呵」之異體字。此句，《施注蘇詩》無，《三洞群仙錄》作「止之不能」。

〔一二〕此句，《施注蘇詩》作「策怒收吉」，《三洞群仙錄》作「策即收之」。

〔一三〕救，《後漢書》注無。自「諸事之者」至此，《三洞群仙錄》無。

〔一四〕此句，《三洞群仙錄》作「策母曰」。

〔一五〕于，《後漢書》注、《三洞群仙錄》作「干」。

〔一六〕自「諸事之者」至此，《施注蘇詩》無。

〔一七〕自「製作符水」至此，《續博物志》無。自「策曰此子」至此，《後漢書》注無。此句，《施注蘇詩》作「諸將連名陳乞」。《事文類聚》、《事類備要》、《梅磵詩話》自此句引起，作「孫策欲斬道士于吉，諸將勸之」。

〔一八〕此二字，《續博物志》作「孫策斬之，曰」。《續博物志》末尾結果未寫，提前敘之耳。

〔一九〕舍，《事文類聚》、《事類備要》、《梅磵詩話》作「捨」。

〔二〇〕以上兩句，《續博物志》無。

〔二一〕嘗，《後漢書》注、《施注蘇詩》作「常」。帕，《後漢書》注作「袙」，《事類備要》作「帊」，「袙」、「帊」爲「帕」之異體字。「頭」上，《事文類聚》、《事類備要》、《梅磵詩話》有「蒙」字。

〔二二〕燒，《後漢書》注、《續博物志》作「焚」。

〔二三〕邪俗，《施注蘇詩》無。

〔二四〕此句，《續博物志》無。

〔二五〕卒，《續博物志》無。

〔二六〕《續博物志》引至此止。

〔二七〕《事文類聚》、《事類備要》、《梅磵詩話》引至此止。

〔二八〕籙，《後漢書》注、《施注蘇詩》作「錄」。

〔二九〕催，《施注蘇詩》作「命」。又《施注蘇詩》引至此止。

〔三〇〕《後漢書》注引至此止。

〔三一〕自「策曰此子」至此，《三洞群仙錄》作「策不從，俄見吉卒，後葬之，失尸所在」，文義不暢，疑有脫誤。

附：《北堂書鈔》卷八十五：道士于吉自號無爲大道，孫策嘗於會稽城樓上請賓，吉盛服趨度門下，諸將見吉，皆下樓拜。

周瑜

策從容戲瑜曰〔一〕：「橋公二女雖流離〔二〕，得吾二人作婿，亦足爲歡〔三〕。」（《三國志·吳書·周瑜魯肅呂蒙傳》注。又見《建康實錄》卷一。）

〔校記〕

〔一〕「從」上，《建康實錄》有「嘗」字。

〔二〕橋，《建康實錄》作「喬」。

〔三〕「歡」下，《建康實錄》有「矣」字。

策又給瑜鼓吹〔一〕，爲治館舍〔二〕，贈賜莫與爲比〔三〕。策令曰〔四〕：「周公瑾英俊異才〔五〕，與孤有總角之好〔六〕，骨肉之分。〔七〕如前在丹楊〔八〕，發衆及船糧以濟大事〔九〕，論德酬功，此未足以報者也〔一〇〕。」（《三國志·吳書·周瑜魯肅呂蒙傳》注。又見《文選·袁宏〈三國名臣序贊〉》注、《北堂書鈔》卷三十、《藝文類聚》卷六十八、《太平御覽》卷五百六十七、《書敍指南》卷七。《北堂書鈔》僅引「給周瑜鼓吹」五字，《書敍指南》僅引「有總角之好」，今不取校。）

〔校記〕

〔一〕此句，《藝文類聚》、《太平御覽》作「孫策賜周瑜鼓吹」。

〔二〕此句，《藝文類聚》無。

〔三〕此句，《太平御覽》無。

〔四〕《文選》注自此句引起。

〔五〕英俊異才，《文選》注無。

〔六〕總，《太平御覽》作「惣」，「惣」爲「總」之異體字，

〔七〕《文選》注引至此止。

〔八〕如，《藝文類聚》、《太平御覽》無。

〔九〕船，《太平御覽》作「舩」，「舩」爲「船」之異體字。糧，《太平御覽》作「粮」，「粮」
爲「糧」之俗字。

〔一〇〕以，《太平御覽》無。者，《藝文類聚》、《太平御覽》無。

曹公新破袁紹，兵威日盛。建安七年，下書責權質任子。權召群臣會議，張昭、秦松等猶豫不能決，權意不欲遣質，乃獨將瑜詣母前定議，瑜曰：「昔楚國初封於荊山之側，不滿百里之地，繼嗣賢能，廣土開境，立基於郢，遂據荊、揚，至於南海，傳業延祚，九百餘年。今將軍承父兄餘資，兼六郡之眾，兵精糧多，將士用命，鑄山爲銅，煮海爲鹽，境內富饒，人不思亂，泛舟舉帆，朝發夕到，士風勁勇，所向無敵，有何逼迫，而欲送質？質一入，不得不與曹氏相首尾，與相首尾，則命召不得不往，便見制於人也。極不過一侯印，僕從十餘人，車數乘，馬數匹，豈與南面稱孤同哉？不如勿遣，徐觀其變。若曹氏能率義以正天下，將軍事之未晚。若圖爲暴亂，兵猶火也，不戢將自焚。將軍韜勇抗威，以待天命，何送質之有！」權母曰：「公瑾議是也。公瑾與伯符同年，小一月耳，我視之如子也，汝其兄事之。」遂不送質。
（《三國志·吳書·周瑜魯肅呂蒙傳》注。）

權拔刀〔一〕，斫前奏案曰：「諸將吏敢復有言當迎操者〔二〕，與此案同！」〔三〕及會罷之夜，瑜請見曰〔四〕：「諸人徒見操書，言水步八十萬，而各恐懾〔五〕，不復料其虛實〔六〕，便開此議，甚無謂也。〔七〕今以實校之，彼所將中國人，不過十五六萬，且軍已久疲〔八〕，所得表眾，亦極七八萬耳，尚懷狐疑。夫以疲病之卒，御狐疑之眾，眾數雖多，甚未足畏。〔九〕得精兵五萬，自足制之，願將軍勿慮〔一〇〕。」權撫背曰〔一一〕：「公瑾，卿言至此，甚合孤心。子布、文表諸人，各顧妻子，挾持私慮，深失所望，獨卿與子敬與孤同耳，此天以卿二人贊孤也。〔一二〕五萬兵難卒合，已選三萬人，船糧戰具俱辦〔一三〕，

卿與子敬、程公便在前發〔一四〕，孤當續發人眾〔一五〕，多載資糧，爲卿後援〔一六〕。卿能辦之者誠決，邂逅不如意，便還就孤，孤當與孟德決之。」（《三國志・吳書・周瑜魯肅呂蒙傳》注。又見《文選・陸機〈辯亡論下〉》注、《北堂書鈔》卷一百二十三、《太平御覽》卷三百四十五。）

〔校記〕

〔一〕「權」上，《北堂書鈔》、《太平御覽》有「孫」字。

〔二〕「有」、「當」二字，《北堂書鈔》無。「操」上，《北堂書鈔》、《太平御覽》有「曹」字。

〔三〕《北堂書鈔》、《太平御覽》引至此止。

〔四〕《文選》注自此處引起，作「曹公入荊州，周瑜夜請見權曰」。

〔五〕儸，《文選》注作「懼」。

〔六〕料，《文選》注作「斷」。虛，《文選》注作「事」。

〔七〕以上兩句，《文選》注無。

〔八〕且，《文選》注無。

〔九〕以上七句，《文選》注無。

〔一○〕此句，《文選》注無。

〔一一〕撫背，《文選》注無。

〔一二〕自「公瑾卿言」至此，《文選》注無。

〔一三〕此句，《文選》注作「船載糧具俱辦」，「載」疑「戰」之形訛，又有誤倒。

〔一四〕程公，《文選》注無。

〔一五〕續，《文選》注作「增」。

〔一六〕卿，《文選》注作「軍」。「援」下，《文選》注有「也」字。又《文選》注引至此止。

曹公平荊州，仍欲伐吳〔一〕。張昭等皆勸迎曹公〔二〕，唯周瑜、魯肅陳拒北軍之計〔三〕。孫權拔刀斫前奏案曰〔四〕：「諸將復有言迎者〔五〕，與此案同〔六〕。」（《北堂書鈔》卷一百三十三。又見《藝文類聚》卷六十九、《白氏六帖》卷四、《太平御覽》卷七百一十、《事類備要》外集卷五十。按：此條與上條爲一事，然所敍大不同，今別爲一條。）

〔校記〕

〔一〕仍，《白氏六帖》、《太平御覽》、《事類備要》無。

〔二〕曹公，《白氏六帖》、《事類備要》無。

〔三〕魯肅，《白氏六帖》、《事類備要》無。陳拒北軍之計，《藝文類聚》作「諫拒之」，《白氏六帖》作「陳拒之計」，《太平御覽》作「陳距北之計」，《事類備要》作「陳拒之之計」。

〔四〕拔刀，《事類備要》作「乃」。按：觀《事類備要》所引，與《白氏六帖》似同出一處，其時《江表傳》已亡，則似轉自《六帖》也。其文固當與《六帖》相類。疑此文本亦作「拔刀」，「刀」誤作「乃」，又脫「拔」字耳。

〔五〕諸將，《白氏六帖》、《事類備要》無。言，《白氏六帖》、《事類備要》作「欲」。「迎」下，《藝文類聚》、《白氏六帖》、《太平御覽》、《事類備要》有「北軍」。者，《太平御覽》無。

〔六〕此句，《太平御覽》作「與此同也」。

　　普頗以年長〔一〕，數陵侮瑜〔二〕。瑜折節容下〔三〕，終不與校〔四〕。普後自敬服而親重之〔五〕，乃告人曰：「與周公瑾交，若飲醇醪，不覺自醉。」時人以其謙讓服人如此〔六〕。初，曹公聞瑜年少有美才〔七〕，謂可遊說動也〔八〕，乃密下揚州〔九〕，遣九江蔣幹往見瑜〔一○〕。幹有儀容〔一一〕，以才辯見稱，獨步江、淮之間〔一二〕，莫與爲對。乃布衣葛巾，自託私行詣瑜。瑜出迎之，立謂幹曰：「子翼良苦〔一三〕，遠涉江湖〔一四〕，爲曹氏作說客邪〔一五〕？」幹曰：「吾與足下州里，中間別隔，遙聞芳烈，故來敘闊〔一六〕，並觀雅規〔一七〕。而云說客，無乃逆詐乎？」瑜曰：「吾雖不及夔、曠，聞弦賞音，足知雅曲也〔一八〕。」因延幹入〔一九〕，爲設酒食〔二○〕。畢，遣之曰：「適吾有密事，且出就館。事了，別自相請。」〔二一〕後三日，瑜請幹與周觀營中，行視倉庫軍資器仗訖〔二二〕，還飲宴〔二三〕，示之侍者服飾珍玩之物，因謂幹曰：「丈夫處世〔二四〕，遇知己之主〔二五〕，外託君臣之義〔二六〕，內結骨肉之恩，言行計從，禍福共之，假使蘇、張更生，酈叟復出〔二七〕，猶撫其背而折其辭〔二八〕，豈足下幼生所能移乎？」幹但笑，終無所言。幹還，稱瑜雅量高致〔二九〕，非言辭所間。中州之士，亦以此多之〔三○〕。劉備之自京還也，權乘飛雲大船，與張昭、秦松、魯肅等十餘人共追送之，大宴會敘別。昭、肅等先出，權獨與備留語，因言次，歎瑜曰：「公瑾文武籌略，萬人之英，顧其器量廣大，恐不久爲人臣耳。」〔三一〕瑜之破魏軍也，曹公曰：「孤不羞走。」〔三二〕後書與權曰〔三三〕：「赤壁之役，值有疾病〔三四〕，孤燒船自退〔三五〕，橫使周瑜虛獲此名。」〔三六〕瑜威聲遠著，故曹公、劉備咸欲疑譖之。及卒，權流涕曰：「公瑾有王佐之資，今忽短命，孤何賴哉！」後權稱尊號，謂公卿曰：「孤非周公瑾，不帝矣。」（《三國志・吳書・周瑜魯肅呂蒙傳》注。又見《文選・左思〈吳都賦〉》注、《藝文類聚》卷二十一、《初學記》卷十八、《建康實錄》卷一、《太平御覽》卷四百○九、卷四百六十二、卷四百八十九、卷七百七十〔兩引〕、《事類賦》卷十六〔兩引〕、《玉海》卷一百四十七、《事類備要》前集卷三十三。《書敘指南》卷十引《江表傳》「喜見賢者曰若飲醇醪」、卷十八「幼小之人曰幼生」，即出此。又諸書徵引重點不同，今別爲四條，此條僅以《建康實錄》卷一、《太平御覽》卷四百六十二出校。）

〔校記〕

〔一〕「普」上，《建康實錄》有「程」字。

〔二〕陵，《建康實錄》作「凌」，二字通。

〔三〕「下」下，《建康實錄》有「之」字。

〔四〕此句，《建康實錄》無。

〔五〕而親重之，《建康實錄》無。

〔六〕時人以，《建康實錄》無。

〔七〕《太平御覽》自此句引起。公，《建康實錄》作「操」。「瑜」上，《太平御覽》有「周」
　　　字。美，《太平御覽》作「俊」。

〔八〕也，《建康實錄》作「之」。

〔九〕乃，《太平御覽》無。揚，《太平御覽》作「楊」，二字通。

〔一○〕瑜，《建康實錄》作「之」。往見瑜，《太平御覽》脫。

〔一一〕幹，《太平御覽》脫。儀容，《建康實錄》乙。

〔一二〕之，《建康實錄》無。

〔一三〕良，《太平御覽》誤作「卿」。

〔一四〕涉，《太平御覽》脫。

〔一五〕邪，《建康實錄》、《太平御覽》作「耶」，二字通。

〔一六〕闊，《建康實錄》作「問」。按：嵇康《與山巨源絕交書》云「時與親舊敘闊」，「敘
　　　闊」謂敘說闊別之事也，承上「中間別隔」二來，較「問」字爲上。

〔一七〕規，《太平御覽》作「頌」。按：「頌」蓋即「規」之形訛，習聞「雅頌」而誤也。

〔一八〕雅，《建康實錄》、《太平御覽》無。

〔一九〕幹，《建康實錄》無。

〔二○〕爲，《建康實錄》無。

〔二一〕自「畢遣之日」至此，《建康實錄》節作「畢，遣之出」，《太平御覽》無。

〔二二〕「迄」上，《太平御覽》有「言」字。

〔二三〕飲宴，《建康實錄》乙。

〔二四〕「丈」上，《建康實錄》有「凡」字。

〔二五〕此句，《太平御覽》作「一遇知己」。

〔二六〕託，《太平御覽》作「守」。

〔二七〕出，《建康實錄》作「存」，《太平御覽》作「在」。

〔二八〕「猶」上，《建康實錄》、《太平御覽》有「吾」字。撫，《太平御覽》作「拊」。

〔二九〕高致，《太平御覽》無。

〔三○〕以，《太平御覽》無。以上兩句，《建康實錄》作「魏人多之」。又《太平御覽》引
　　　至此止。

〔三一〕自「劉備之自」至此，《建康實錄》作「瑜威聲既著，劉備、曹操互疑譖之。瑜籌
　　　畧萬人英也，觀其器度廣大，恐不久爲人臣」，文有竄亂。

〔三二〕以上三句，《建康實錄》無。

〔三三〕此句，《建康實錄》作「曹操亦有書與權云」。

〔三四〕以上兩句，《建康實錄》作「赤壁值軍疾疫」。

〔三五〕孤，《建康實錄》無。船，《建康實錄》作「舡」，「舡」爲「船」之異體字。

〔三六〕自此之下，《建康實錄》僅「權終委信無別」六字。

吳有程普者〔一〕，頗以年長〔二〕，數凌侮周瑜〔三〕。瑜折節容下〔四〕，終不之校〔五〕。普後自敬服而親重之〔六〕，乃告人曰：「與周公瑾交〔七〕，若飲醇醪，不覺自醉〔八〕。」（《初學記》卷十八。以《藝文類聚》卷二十一、《太平御覽》卷四百〇九、《事類備要》前集卷三十三校之。）

〔校記〕

〔一〕此句，《藝文類聚》、《事類備要》作「程普」。

〔二〕頗，《事類備要》無。

〔三〕數，《藝文類聚》無。凌，《藝文類聚》作「陵」，《事類備要》無。

〔四〕容下，《藝文類聚》作「下之」，《太平御覽》作「下容」，《事類備要》無。

〔五〕此句，《藝文類聚》作「不與校」，《太平御覽》作「終不之與交」，《事類備要》作「不與較」。「較」、「校」通，「交」爲誤脫。

〔六〕服，《藝文類聚》無。

〔七〕「與」上，《藝文類聚》有「吾」字。

〔八〕「醉」下，《藝文類聚》有「也」字。

孫權乘飛雲大舡〔一〕，與張昭、秦松、魯肅十餘人共送周瑜，大宴會敘別。〔二〕昭等皆出，權獨與劉備留語，因言次，嘆瑜曰：「公瑾文武籌略，萬人之英。顧其器量廣大，恐不久爲人臣耳。」（《太平御覽》卷四百八十九。以《太平御覽》卷七百七十、《文選·左思〈吳都賦〉》注、《事類賦》卷十六、《玉海》卷一百四十七校之。）

〔校記〕

〔一〕舡，《文選》注、《事類賦》、《玉海》作「船」，「舡」爲「船」之異體字。又《文選》注僅引此一句。

〔二〕以上兩句，《太平御覽》卷七百七十作「與張昭魯肅等共追送敘別吳」，《事類賦》、《玉海》作「與張昭魯肅等共送追敘別」，《御覽》「吳」字衍。又《太平御覽》卷七百七十、《事類賦》引至此止。

周瑜破魏軍，曹公復書與權曰：「赤壁之役，值有疾疫。孤燒舡自退〔一〕，橫使周瑜虛獲此名〔二〕。」（《太平御覽》卷七百七十。以《事類賦》卷十六校之。）

〔校記〕

〔一〕舡，《事類賦》作「船」，「舡」爲「船」之異體字。

〔二〕橫，《事類賦》作「橫」，「橫」爲「橫」之俗字。

　　初瑜疾困，與權箋曰：「瑜以凡才，昔受討逆殊特之遇，委以腹心，遂荷榮任，統御兵馬，志執鞭弭，自效戎行。規定巴蜀，次取襄陽，憑賴威靈，謂若在握。至以不謹，道遇暴疾，昨自醫療，日加無損。人生有死，修短命矣，誠不足惜，但恨微志未展，不復奉教命耳。方今曹公在北，疆場未靜，劉備寄寓，有似養虎，天下之事，未知終始，此朝士旰食之秋，至尊垂慮之日也。魯肅忠烈，臨事不苟，可以代瑜。人之將死，其言也善，儻或可採，瑜死不朽矣。」（《三國志・吳書・周瑜魯肅呂蒙傳》注。）

賀齊

　　權征合肥還〔一〕，爲張遼所掩襲於津北〔二〕，幾至危殆。齊時率三千兵〔三〕，在津南迎權〔四〕。權既入大船〔五〕，會諸將飲宴。齊下席涕泣而言曰：「至尊人主，常當持重〔六〕。今日之事，幾至禍敗，群下震怖〔七〕，若無天地。願以此爲終身誡〔八〕。」權自前收其淚曰〔九〕：「大慚〔一〇〕！謹以剋心〔一一〕，非但書諸紳也〔一二〕。」（《三國志・吳書・賀全呂周鍾離傳》注。又見《太平御覽》卷四百五十八。）

〔校記〕
〔一〕「權」上，《太平御覽》有「孫」字。
〔二〕「掩」、「於津北」四字，《太平御覽》無。
〔三〕「齊」上，《太平御覽》有「賀」字。
〔四〕津南，《太平御覽》乙。
〔五〕入，《太平御覽》作「就」。
〔六〕常，《太平御覽》無。持，《太平御覽》作「特」。按：《通志》卷一百二十《賀齊傳》
　　　亦作「持」，「特」當即「持」之形訛。
〔七〕怖，《太平御覽》誤作「悕」。
〔八〕誡，《太平御覽》作「戒」。
〔九〕收，《太平御覽》作「拭」。按：「收」疑「扢」之形訛。
〔一〇〕慚，《太平御覽》作「慙」，「慙」爲「慚」之異體字。
〔一一〕剋，《太平御覽》作「刻」。
〔一二〕諸，《太平後覽》無。

呂範

　　呂範討山越，還白事於孫策。從容獨與圍棋，因論軍旅。（《太平御覽》卷七百五十三。按：此事似即節論下事。）

策從容獨與範棋，範曰：「今將軍事業日大，士眾日盛。範在遠，聞綱紀猶有不整者，範願暫領都督，佐將軍部分之。」策曰：「子衡，卿既士大夫，加手下已有大眾，立功於外，豈宜復屈小職，知軍中細碎事乎！」範曰：「不然。今舍本土，而託將軍者，非爲妻子也。欲濟世務，猶同舟涉海，一事不牢，即俱受其敗。此亦範計，非但將軍也。」策笑，無以答。範出〔一〕，更釋褠〔二〕，著褲褶〔三〕，執鞭，詣閣下啓事〔四〕，自稱領都督。策乃授傳，委以眾事。由是軍中肅睦，威禁大行。（《三國志·吳書·朱治朱然呂範朱桓傳》注。又見《北堂書鈔》卷一百二十九、《太平御覽》卷六百九十五。）

〔校記〕

〔一〕《北堂書鈔》、《太平御覽》自此句引起，《北堂書鈔》作「呂範願領都督出」，《太平御覽》作「範願暫領督出」。

〔二〕更，《北堂書鈔》、《太平御覽》無。

〔三〕褲，《北堂書鈔》、《太平御覽》作「袴」，「袴」爲「褲」之異體字。

〔四〕閣，《北堂書鈔》、《太平御覽》作「闕」。又《北堂書鈔》、《太平御覽》引至此止。

人有白範與賀齊奢麗夸綺，服飾僭擬王者。權曰：「昔管仲逾禮，桓公優而容之，無損於霸。今子衡、公苗，身無夷吾之失，但其器械精好，舟車嚴整耳，此適足作軍容，何損於治哉？」告者乃不敢復言。（《三國志·吳書·朱治朱然呂範朱桓傳》注。）

初，權移都建業，大會將相文武，特謂嚴畯曰：「孤昔歎魯子敬比鄧禹，呂子衡方吳漢。聞卿諸人未平此論，今云何？」畯退席曰：「臣未解指趣，謂肅、範受饒，褒歎過實。」權曰：「昔鄧仲華初見光武，光武時受更始使，撫河北，行大司馬事耳，未有帝王志也。禹勸之以復漢業，是禹開初議之端矣。子敬英爽有殊略，孤始與一語，便及大計，與禹相似，故比之。呂子衡忠篤亮直〔一〕，性雖好奢，然以憂公爲先，不足爲損，避袁術自歸於兄，兄作大將〔二〕，別領部曲，故憂兄事，乞爲都督〔三〕，辦護修整〔四〕，加之恪勤，與吳漢相類，故方之。皆有旨趣〔五〕，非孤私之也〔六〕。」畯乃服。（《三國志·吳書·朱治朱然呂範朱桓傳》注。又見《建康實錄》卷一。）

〔校記〕

〔一〕《建康實錄》自此引起，首句作「權嘗謂嚴畯曰」。

〔二〕「作」上，《建康實錄》有「已」字。

〔三〕「乞」下，《建康實錄》有「降」字。

〔四〕「整」下，《建康實錄》有「吾軍」二字。

〔五〕旨，《建康實錄》無。

〔六〕之，《建康實錄》無。又《建康實錄》引至此止。

曹休出洞口，呂範率軍禦之。時匡爲定武中郎將，違範令放火，燒損茅芒，以乏軍用。範即啓送匡還吳。權別其族爲丁氏，禁固終身。（《三國志・吳書・宗室傳》注。）

羊衜

登使侍中胡綜，作《賓友目》曰：「英才卓越，超逾倫匹，則諸葛恪。精識時機，達幽究微，則顧譚。凝辨宏達，言能釋結，則謝景。究學甄微，游夏同科，則范慎。」衜乃私駁綜曰：「元遜才而疏，子嘿精而狠，叔發辨而浮，孝敬深而狹。」所言皆有指趣。而衜卒以此言見咎，不爲恪等所親。後四人皆敗，吳人謂衜之言有徵。位至桂陽太守，卒。（《三國志・吳書・吳主五子傳》注。按：《書敘指南》卷七引《江表傳》「評品賓友曰賓友目」，即出此。）

馬超

太祖與馬超單馬會語〔一〕。超負其多力，常置六斛米囊〔二〕，東西走馬，輒挈米囊〔三〕，以量太祖輕重。許褚瞋目瞠盼，超曰：「聞君有健將虎侯，那在？」太祖指褚，超乃止。〔四〕太祖尋知之，歎息良久〔五〕，曰：「幾爲狡虜所欺。」（《太平御覽》卷三百八十六。又見《太平御覽》卷七百○四。）

〔校記〕

〔一〕「太」上，《太平御覽》卷七百○四有「魏」字。

〔二〕常，《太平御覽》卷七百○四作「嘗」，二字通。

〔三〕挈，《太平御覽》卷七百○四誤作「製」。

〔四〕自「許褚瞋目」至此，《太平御覽》卷七百○四無。

〔五〕此句，《太平御覽》卷七百○四無。

潘濬

權克荊州〔一〕，將吏悉皆歸附，而濬獨稱疾不見〔二〕。權遣人以牀就家輿致之，濬伏面著牀席不起〔三〕，涕泣交橫，哀咽不能自勝〔四〕。權慰勞與語，呼其字曰：「承明，昔觀丁父，鄀俘也，武王以爲軍帥；彭仲爽，申俘也，文王以爲令尹。此二人，卿荊國之先賢也，初雖見囚，後皆擢用，爲楚名臣。卿獨不然，未肯降意，將以孤異古人之量邪？」使親近以手巾拭其面〔五〕，濬起下地拜謝。即以爲治中，荊州諸軍事一以諮之。〔六〕武陵部從事樊伷誘導諸

夷，圖以武陵屬劉備，外白差督督萬人往討之。權不聽，特召問濬。濬答：「以五千兵往，足可以擒伷。」權曰：「卿何以輕之？」濬曰：「伷是南陽舊姓，頗能弄脣吻，而實無辯論之才。臣所以知之者，伷昔嘗爲州人設饌，比至日中，食不可得，而十餘自起，此亦侏儒觀一節之驗也。」權大笑而納其言，即遣濬將五千往，果斬平之。（《三國志·吳書·潘濬陸凱傳》注。又見《文選·陸機〈辯亡論下〉》注、《北堂書鈔》卷七十三、卷一百三十三、卷一百四十三、《太平御覽》卷二百六十三、卷七百一十六、卷八百四十七、《職官分紀》卷四十。諸書徵引不同，今別爲五條，此條僅以《文選》注校之。又《書敘指南》卷四引《江表傳》「好辨無實曰頗能弄脣吻」，即出此。）

〔校記〕

〔一〕克，《文選》注作「剋」，「剋」爲「克」之異體字。

〔二〕濬，《文選》注作「浚」，二字通。下同，不俱校。

〔三〕牀，《文選》注無。

〔四〕咽，《文選》注作「哽」。

〔五〕其，《文選》注無。

〔六〕《文選》注引至此止。

孫權尅荊州〔一〕，將吏悉皆歸附〔二〕，而潘濬獨稱疾不見〔三〕。權遣人以牀就家輿致之〔四〕，濬伏面着牀席〔五〕，涕泣交橫。〔六〕權至慰勞與語〔七〕，使親近，以手巾拭其面〔八〕。濬起，下地拜謝，即以爲治中〔九〕。（《太平御覽》卷二百六十三。以《北堂書鈔》卷一百三十三、《太平御覽》卷七百一十六、《職官分紀》卷四十校之。）

〔校記〕

〔一〕尅，《北堂書鈔》作「剋」，「尅」、「剋」爲「克」之異體字。

〔二〕「悉」、「歸」二字，《北堂書鈔》無。

〔三〕而，《北堂書鈔》無。「見」上，《職官分紀》有「即」字。

〔四〕輿，《北堂書鈔》、《職官分紀》作「輿」，二字通。

〔五〕席，《職官分紀》無。

〔六〕以上兩句，《北堂書鈔》作「濬伏面著牀涕泣」。自「而潘濬獨」至此，《太平御覽》節作「而潘濬涕泣交橫」。又《北堂書鈔》引至此止。

〔七〕權至，《太平御覽》無。慰，《職官分紀》無。

〔八〕以，《太平御覽》無。又《太平御覽》引至此止。

〔九〕以，《職官分紀》無。

孫權以巾拭其面，爲州治中，荊州諸事一以諮之。（《北堂書鈔》卷七十三。）

潘浚見孫權，涕泣交橫，哀咽不能自勝。(《文選・任昉〈王文憲集序〉》注。)

南陽樊仙爲武昌部從事〔一〕，誘導諸夷叛属劉備。孫權召問潘濬，濬曰：「以五千兵往吳，擒矣！」權曰：「卿何以輕之？」〔二〕濬曰：「仙昔爲州人設饌，比至日中〔三〕，食不可得〔四〕，而十餘自起〔五〕，此亦侏儒觀一節之驗。」權即遣將五千兵往，果平武昌。(《太平御覽》卷八百四十七。以《北堂書鈔》卷一百四十三校之。)

〔校記〕

〔一〕仙，《北堂書鈔》作「紬」。下同，不俱校。爲武昌部從事，《北堂書鈔》無。

〔二〕自「濬曰以五」至此，《北堂書鈔》無。

〔三〕中，《北堂書鈔》作「晏」。

〔四〕此句，《北堂書鈔》無。

〔五〕而，《北堂書鈔》無。又《北堂書鈔》引至此止。

權數射雉〔一〕，濬諫權〔二〕。權曰：「相與別後〔三〕，時時暫出耳〔四〕，不復如往日之時也〔五〕。」濬曰：「天下未定，萬機務多，射雉非急，弦絕括破，皆能爲害，乞特爲臣故息置之〔六〕。」濬出，見雉翳故在，乃手自撤壞之。〔七〕權由是自絕，不復射雉。(《三國志・吳書・潘濬陸凱傳》注。又見《藝文類聚》卷九十、《太平御覽》卷九百一十七。又《書敘指南》卷四引《江表傳》「射雉蔽身物曰雉翳」，即出此。)

〔校記〕

〔一〕「權」上，《藝文類聚》、《太平御覽》有「孫」字。

〔二〕「濬」上，《藝文類聚》、《太平御覽》有「潘」字。

〔三〕此句，《藝文類聚》、《太平御覽》無。

〔四〕次「時」字，《藝文類聚》誤作「特」。

〔五〕之時，《藝文類聚》、《太平御覽》無。也，《太平御覽》無。

〔六〕此句，《藝文類聚》、《太平御覽》無。

〔七〕以上三句，《藝文類聚》、《太平御覽》節作「濬乃手自徹壞雉翳」。

時濬姨兄零陵蔣琬爲蜀大將軍，或有間濬於武陵太守衛旌者，云濬遣密使與琬相聞，欲有自託之計。旌以啓權，權曰：「承明不爲此也。」即封旌表以示於濬，而召旌還，免官。(《三國志・吳書・潘濬陸凱傳》注。)

陳武

權命以其愛妾殉葬，復客二百家。(《三國志・吳書・程黃韓蔣周陳董甘淩徐潘丁傳》注。)

呂蒙

初，權謂蒙及蔣欽曰：〔一〕「卿今並當塗掌事，宜學問，以自開益。」蒙曰：「在軍中常苦多務〔二〕，恐不容復讀書〔三〕。」權曰：「孤豈欲卿治經爲博士邪〔四〕？但當令涉獵見往事耳〔五〕。卿言多務，孰若孤？孤少時，歷《詩》、《書》、《禮記》、《左傳》、《國語》，惟不讀《易》。至統事以來，省三史、諸家兵書，自以爲大有所益。〔六〕如卿二人，意性朗悟，學必得之，寧當不爲乎〔七〕？宜急讀《孫子》、《六韜》、《左傳》、《國語》及三史〔八〕。孔子言〔九〕：『終日不食〔一〇〕，終夜不寢，以思，無益，不如學也。』光武當兵馬之務，手不釋卷。孟德亦自謂老而好學。卿何獨不自勉勖邪？」〔一一〕蒙始就學，篤志不倦，其所覽見，舊儒不勝。〔一二〕後魯肅上代周瑜，過蒙言議，常欲受屈。〔一三〕肅拊蒙背曰〔一四〕：「吾謂大弟但有武略耳〔一五〕，至於今者〔一六〕，學識英博〔一七〕，非復吳下阿蒙。」蒙曰：「士別三日，即更刮目相待〔一八〕。大兄今論〔一九〕，何一稱穰侯乎〔二〇〕。兄今代公瑾，既難爲繼，且與關羽爲鄰。斯人長而好學，讀《左傳》略皆上口，梗亮有雄氣，然性頗自負，好陵人。今與爲對，當有單復以鄉待之。」密爲肅陳三策，肅敬受之，秘而不宣。〔二一〕權常歎曰：「人長而進益，如呂蒙、蔣欽，蓋不可及也〔二二〕。富貴榮顯，更能折節好學，耽悅書傳，輕財尚義，所行可跡，並作國士，不亦休乎！」（《三國志·吳書·周瑜魯肅呂蒙傳》注。又見《太平御覽》卷六百〇七、《橘山四六》卷十七。）

〔校記〕

〔一〕以上兩句，《太平御覽》作「孫權謂呂蒙及蔣欽曰」。

〔二〕在，《太平御覽》無。

〔三〕此句，《太平御覽》無。

〔四〕邪，《太平御覽》作「耶」，二字通。

〔五〕當，《太平御覽》無。

〔六〕自「卿言多務」至此，《太平御覽》無。

〔七〕此句，《太平御覽》無。

〔八〕「子」下，《太平御覽》有「兵法」二字。三，《太平御覽》無。

〔九〕言，《太平御覽》作「曰」。

〔一〇〕「終」上，《太平御覽》有「吾嘗」二字。

〔一一〕自「光武當兵馬之務」至此，《太平御覽》無。

〔一二〕以上四句，《太平御覽》作「蒙等感悟，遂學，所博覽，儒者不勝」。

〔一三〕以上三句，《太平御覽》作「魯肅見呂蒙」，《橘山四六》自此引起，首句作「魯肅過呂蒙言議」。

〔一四〕肅，《橘山四六》無。此句，《太平御覽》作「謂曰」。

〔一五〕此句，《太平御覽》、《橘山四六》無。

〔一六〕至於，《太平御覽》、《橘山四六》無，「今者」屬下讀。

〔一七〕博，《橘山四六》作「略」。

〔一八〕更，《橘山四六》作「當」。待，《橘山四六》作「看」。

〔一九〕論，《橘山四六》作「諭」。

〔二〇〕何一，《橘山四六》乙。又《橘山四六》引至此止。

〔二一〕自「蒙曰士別三日」至此，《太平御覽》無。

〔二二〕也，《太平御覽》無。又《太平御覽》引至此止。

關羽愛《左傳春秋》〔一〕，諷誦略皆上口〔二〕。（《北堂書鈔》卷九十七。又見《三國志·蜀書·關張馬黃趙傳》注、《太平御覽》卷九十七。按：此即在上文中，今別爲一條。）

〔校記〕

〔一〕此句，《三國志》注作「羽好《左氏傳》」，《太平御覽》作「關羽好左氏」。

〔二〕此句，《太平御覽》作「略諷皆上口」。

權於公安大會，呂蒙以疾辭，權笑曰：「擒羽之功，子明謀也。今大功已捷，慶賞未行，豈邑邑邪？」乃增給步騎鼓吹，敕選虎威將軍官屬，並南郡、廬江二郡威儀。拜畢還營，兵馬導從，前後鼓吹，光耀於路。（《三國志·吳書·周瑜魯肅呂蒙傳》注。）

孫權

堅爲下邳丞時〔一〕，權生〔二〕，方頤大口〔三〕，目有精光。〔四〕堅異之，以爲有貴象〔五〕。及堅亡，策起事江東，權常隨從。性度弘朗，仁而多斷，好俠養士，〔六〕始有知名〔七〕，侔於父兄矣。每參同計謀〔八〕，策甚奇之，自以爲不及也。每請會賓客，常顧權曰〔九〕：「此諸君，汝之將也。」〔一〇〕（《三國志·吳書·吳主傳》注。按：此事諸書引《江表傳》，多略引權貌，如《太平御覽》卷三百六十三引「孫權生而方頤大口，目有精光」，卷三百六十八引「孫權方頤大口」，《緯略》卷七引「大口」、「方頤」、「目有精光」，皆過簡。今僅以《藝文類聚》卷十三、《初學記》卷九、《太平御覽》卷一百一十八、卷三百六十七校之。）

〔校記〕

〔一〕「堅」上，《藝文類聚》、《初學記》、《太平御覽》卷三百六十七有「孫」字。

〔二〕「權」上，《太平御覽》卷三百六十七有「孫」字。

〔三〕「方」上，《太平御覽》卷三百六十七有「而」字。

〔四〕又《初學記》引至此止。

〔五〕有，《藝文類聚》、《太平御覽》卷三百六十七無。象，《太平御覽》卷一百一十八有「像」字。又《太平御覽》卷三百六十七引至此止。

〔六〕《藝文類聚》引至此止。

〔七〕有，《太平御覽》卷一百一十八無。

〔八〕同，《太平御覽》卷一百一十八作「問」。

〔九〕常，《太平御覽》卷一百一十八無。

〔一〇〕以上兩句，《太平御覽》卷一百一十八作「此諸君之將軍也」。

初，策表用李術爲廬江太守。策亡之後，術不肯事權，而多納其亡叛。權移書求索，術報曰：「有德見歸，無德見叛，不應復還。」權大怒，乃以狀白曹公曰：「嚴刺史昔爲公所用，又是州舉將，而李術兇惡，輕犯漢制，殘害州司，肆其無道。宜速誅滅，以懲醜類。今欲討之，進爲國朝掃除鯨鯢，退爲舉將報塞怨讎，此天下達義，夙夜所甘心。術必懼誅，復詭說求救。明公所居，阿衡之任，海內所瞻，願敕執事，勿復聽受。」是歲，舉兵攻術於皖城〔一〕。術閉門自守〔二〕，求救於曹公。曹公不救。〔三〕糧食乏盡〔四〕，婦女或丸土而吞之〔五〕。遂屠其城，梟術首，徙其部曲三萬餘人。（《三國志·吳書·吳主傳》注。又見《太平御覽》卷三十七。）

〔校記〕

〔一〕《太平御覽》自此句引起，作「孫權討袁術，舉兵攻皖城」。

〔二〕閉，《太平御覽》作「閇」，「閇」爲「閉」之異體字。

〔三〕以上兩句，《太平御覽》無。

〔四〕糧，《太平御覽》作「粮」，「粮」爲「糧」之俗字。

〔五〕婦，《太平御覽》作「士」。又《太平御覽》引至此止。

曹公與權書曰〔一〕：「近者奉辭伐罪〔二〕，旄麾南指〔三〕，劉琮束手。今治水軍八十萬眾〔四〕，方與將軍會獵於吳〔五〕。」權得書以示群臣，莫不嚮震失色。（《三國志·吳書·吳主傳》注。又見《藝文類聚》卷六十六、《太平御覽》卷八百三十一。）

〔校記〕

〔一〕「權」上，《藝文類聚》、《太平御覽》有「孫」字。曰，《藝文類聚》作「云」。

〔二〕近，《太平御覽》作「兵」。此作「近」爲上，「近」與下「今」皆表時間，「兵」蓋「近」之形訛。

〔三〕旄，《藝文類聚》作「旌」，《太平御覽》作「旍」，「旍」爲「旌」之異體字。

〔四〕治，《藝文類聚》、《太平御覽》無。

〔五〕方，《太平御覽》無。又《藝文類聚》、《太平御覽》引至此止。

權乘駿馬上津橋〔一〕，橋南已見撤〔二〕，丈餘無版〔三〕。谷利在馬後〔四〕，使權持鞍緩控，利於後著鞭〔五〕，以助馬勢，遂得超度。〔六〕權既得免，〔七〕即拜利都亭侯。谷利者，本左右給使也，以謹直爲親近監。性忠果亮烈，言不苟且，權愛信之。（《三國志‧吳書‧吳主傳》注。此文諸書多見引，然多有不同，今別爲三條。此條以《藝文類聚》卷九十三、《初學記》卷九、《事類賦》卷二十一校之。按：此文可與賀齊條參看。）

〔校記〕
〔一〕此句，《藝文類聚》作「孫權征合肥，馬上津橋」，《初學記》作「孫權征合肥，爲張遼所襲，乘駿馬上津橋」，《事類賦》作「孫權征合肥，敗，馬上津橋」。
〔二〕此句，《藝文類聚》作「橋見撤」，《初學記》作「南回見徹」，《事類賦》作「橋南已徹」。按：《初學記》脫一「橋」字，「回」蓋「已」字之訛，「回」或作「囘」，與「已」字形近。
〔三〕版，《藝文類聚》、《事類賦》作「板」，二字通。此句，《初學記》無。
〔四〕「利」上，《事類賦》有「吉」字，蓋「谷」之複字。
〔五〕利，《事類賦》無。
〔六〕以上三句，《初學記》節作「著鞭遂得超渡」。又《初學記》、《事類賦》引至此止。
〔七〕自「谷利在馬後」至此，《藝文類聚》節作「權躍馬超之得免」，並引至此止。

孫權攻合肥不能下，徹軍將退兵，已上道。權與呂蒙、蔣欽、陵統等在後，張慢飲食畢，垂當發〔一〕，魏將張遼帥六七千人奄至，圍遮數重。權乘駿馬上津橋，南已見徹〔二〕，丈餘無板。谷利附在馬後，使持鞍緩鞚，利於後著鞭，以助馬勢，遂得超度。（《太平御覽》卷三百五十九。）

〔校記〕
〔一〕「垂」字難解，疑即「乘」之形訛，「乘」之異體字作「乘」，與「垂」相近。
〔二〕據上條，「南」上當復有「橋」字。

谷利，吳大奴也〔一〕。（《初學記》卷十九。又見《藝文類聚》卷三十五、《事類備要》前集卷五十四。）

〔校記〕
〔一〕此句，《藝文類聚》作「孫權奴也」。

權於武昌新裝大船〔一〕，名爲長安〔二〕，試泛之鈞臺圻〔三〕。時風大盛〔四〕，谷利令柂工取樊口〔五〕。權曰：「當張頭取羅州。」〔六〕利拔刀向柂工曰〔七〕：「不取樊口者斬〔八〕！」工即轉柂入樊口〔九〕，風遂猛，不可行〔一〇〕，乃還。權曰：「阿利畏水，何怯也？」利跪曰：「大王萬乘之主，輕於不測之淵，戲

於猛浪之中，船樓裝高，邂逅顛危，奈社稷何？是以利輒敢以死爭。」權於是貴重之，自此後不復名之，常呼曰谷。(《三國志・吳書・吳主傳》注。又見《北堂書鈔》卷一百二十三、卷一百三十七、《太平御覽》卷七百七十。《輿地紀勝》卷八十一引《江表傳》「孫權整陣於釣臺」當即出此。)

〔校記〕

〔一〕「權」上，《北堂書鈔》卷一百三十七、《太平御覽》有「孫」字。船，《北堂書鈔》卷一百三十七、《太平御覽》作「舡」，「舡」爲「船」之異體字。此句，《北堂書鈔》卷一百三十七作「孫權有大舟」。

〔二〕爲，《北堂書鈔》卷一百二十三、卷一百三十七無。又《太平御覽》引至此止。

〔三〕泛，《北堂書鈔》卷一百三十七作「浮」。之，《北堂書鈔》卷一百二十三無。鈞，《北堂書鈔》卷一百二十三、卷一百三十七作「釣」。圻，《北堂書鈔》卷一百三十七無。

〔四〕大，《北堂書鈔》卷一百三十七作「太」，「大」讀作「太」。盛，《北堂書鈔》卷一百三十七作「疾」。

〔五〕此句，柂，《北堂書鈔》卷一百二十三作「舵」，二字通。下同，不俱校。此句，《北堂書鈔》卷一百三十七無。

〔六〕以上兩句，《北堂書鈔》卷一百二十三無，卷一百三十七作「權令張頭取羅州」。

〔七〕利，《北堂書鈔》卷一百二十三無，卷一百三十七作「谷利」。

〔八〕取，《北堂書鈔》卷一百三十七作「移」。

〔九〕「工」、「轉柂」三字，《北堂書鈔》卷一百三十七無。又《北堂書鈔》卷一百三十七引至此止。

〔一〇〕「行」下，《北堂書鈔》卷一百二十三有「也」字。又《北堂書鈔》卷一百二十三引至此止。

孫權攻合肥不下，而還休，兵皆上道。權與呂蒙等在後，魏將張遼奄至，鼓吹驚怖，不能復鳴簫唱，甘寧援刀欲斫之，於是始作之。(《太平御覽》卷五百八十一。)

權群臣議，以爲宜稱上將軍九州伯，不應受魏封。權曰：「九州伯，於古未聞也。昔沛公亦受項羽拜爲漢王，此蓋時宜耳，復何損邪？」遂受之。(《三國志・吳書・吳主傳》注。)

是歲〔一〕，魏文帝遣使，求雀頭香、大貝、明珠、象牙、犀角、瑇瑁、孔雀、翡翠、鬥鴨、長鳴雞〔二〕。群臣奏曰：「荊、揚二州〔三〕，貢有常典，魏所求珍玩之物非禮也〔四〕，宜勿與〔五〕。」權曰：「昔惠施尊齊爲王，客難之曰：『公之學去尊，今王齊，何其倒也？』惠子曰：『有人於此，欲擊其愛子之頭，而石可以代之。子頭所重而石所輕也，以輕代重，何爲不可乎？』方

有事於西北，江表元元，恃主爲命，非我愛子邪？〔六〕彼所求者，於我瓦石耳，孤何惜焉？彼在諒闇之中〔七〕，而所求若此〔八〕，寧可與言禮哉！」皆具以與之〔九〕。（《三國志・吳書・吳主傳》注。此文雜見諸書徵引，然多節引，今僅取《太平御覽》卷六百二十七校之，餘並附下。）

〔校記〕

〔一〕此二字，《太平御覽》無。

〔二〕貝，《太平御覽》無。

〔三〕揚，《太平御覽》作「楊」。

〔四〕珍，《太平御覽》作「珎」，「珎」爲「珍」之異體字。

〔五〕此句，《太平御覽》作「不宜與」。

〔六〕自「昔惠施尊」至此，《太平御覽》無。

〔七〕之，《太平御覽》無。

〔八〕所，《太平御覽》無。此，《太平御覽》作「是」。

〔九〕以，《太平御覽》無。

　　附：《藝文類聚》卷九十五：魏文帝遣使於吳，求象牙。羣臣以非禮，欲不與。孫權勅付之。

　　《法苑珠林》卷四十九：魏文帝遣使於吳，求雀頭香。

　　《太平御覽》卷七百一十八：魏文帝遣使於吳，求玳瑁、三點釵。群臣以爲非禮，咸欲不與。孫權勅付使者。

　　《太平御覽》卷八百九十：魏文帝遣使於吳，求象牙。群臣以非禮，欲不與。孫權勅付使者。

　　《太平御覽》卷九百一十二：魏文帝遣使吳，求獐皮豹犀。群臣以非禮，欲不與。權勅付使。

　　《太平御覽》卷九百一十九：魏文帝遣使於吳，求孔雀。羣臣以爲非禮，欲不與。孫權勅付使。

　　《太平御覽》卷九百一十九：魏文帝遣使，求鬬鴨。群臣奏宜勿與。權曰：「彼在諒闇之中，所求若此。豈可與言禮哉？」具以與使者。

　　《太平御覽》卷九百八十一：魏文帝遣使於吳，求雀頭香。

　　《事文類聚》後集卷四十二：魏文帝遣使於吳，求孔雀。羣臣以爲非禮，欲不與。孫權勅付使者。

　　《事類備要》別集卷六十四：魏文帝遣使於吳，求孔雀。羣臣以爲非禮，欲不與。孫權敕付使者。

魏文帝遣使於吳，求通犀簪〔一〕。群臣曰：「貢有常典，魏所求非法，宜勿與。」孫權曰：「彼在諒闇之中，而所求若此。寧可復與言禮？」皆備以付使。（《太平御覽》卷六百八十八。又見《北堂書鈔》卷一百二十七。按：此條之「通天犀簪」，下條之「細葛」，上條之「三點釵」、「狸皮」皆不在《三國志》注所引之中，然實出當一處。以此論之，裴注亦節引也。）

〔校記〕

〔一〕「通」下，《北堂書鈔》有「天」字，此蓋脫之。又《北堂書鈔》引至此止。

魏文帝遣使於吳求細葛。君臣以為非禮，欲不與。孫權勅付使。（《太平御覽》卷八百一十九。）

權云：「近得玄德書，已深引咎，求復舊好。前所以名西為蜀者，以漢帝尚存故耳，今漢已廢，自可名為漢中王也。」（《三國志·吳書·吳主傳》注。）

權推五德之運，以為土行用未祖辰臘。（《三國志·吳書·吳主傳》注。）

權辭讓曰：「漢家堙替，不能存救，亦何心而競乎？」群臣稱天命符瑞，固重以請。權未之許，而謂將相曰：「往年孤以玄德方向西鄙，故先命陸遜選眾以待之。聞北部分，欲以助孤，孤內嫌其有挾。若不受其拜，是相折辱而趣其速發，便當與西俱至，二處受敵，於孤為劇，故自抑按，就其封王。低屈之趣，諸君似未之盡，今故以此相解耳。」（《三國志·吳書·吳主傳》注。）

是歲，將軍翟丹叛如魏。權恐諸將畏罪而亡，乃下令曰：「自今諸將有重罪三，然後議。」（《三國志·吳書·吳主傳》注。）

是多〔一〕，群臣以權未郊祀〔二〕，奏議曰：「頃者嘉瑞屢臻，遠國慕義，天意人事，前後備集，〔三〕宜修郊祀〔四〕，以承天意。」權曰：「郊祀當於土中〔五〕，今非其所，於何施此？」重奏曰：「普天之下，莫非王土；王者以天下為家。〔六〕昔周文、武郊於酆、鎬〔七〕，非必土中〔八〕。」權曰：「武王伐紂，即阼於鎬京〔九〕，而郊其所也。〔一〇〕文王未為天子，立郊於酆，見何經典？」復奏曰：「伏見《漢書郊祀志》〔一一〕，匡衡奏徙甘泉河東，郊於長安，〔一二〕言文王郊於酆。」權曰：「文王性謙讓，處諸侯之位，明未郊也。經傳無明文〔一三〕，匡衡俗儒意說〔一四〕，非典籍正義，不可用也〔一五〕。」（《三國志·吳書·吳主傳》注。又見《太平御覽》卷五百二十七、《困學紀聞》卷十三。）

〔校記〕

〔一〕此二字，《太平御覽》、《困學紀聞》無。

〔二〕「權」上，《太平御覽》、《困學紀聞》有「孫」字。

〔三〕以上兩句，《太平御覽》無。

〔四〕修，《太平御覽》作「備」。按：作「修」字是，「修」字俗書或作「脩」，因誤作「備」耳。古「修」、「備」多互訛。

〔五〕土中，《太平御覽》乙。

〔六〕自「頃者嘉瑞」至此，《困學紀聞》無。

〔七〕昔，《太平御覽》、《困學紀聞》無。

〔八〕土中，《太平御覽》、《困學紀聞》乙。

〔九〕此句，《太平御覽》作「即作鄗京」。按：作「阼」字是，即阼，謂即位也。「鎬」、「鄗」通。

〔一〇〕自「武王伐紂」至此，《困學紀聞》無。

〔一一〕「伏見」、「書」三字，《困學紀聞》無。

〔一二〕「徙甘泉」以下九字，《困學紀聞》無。

〔一三〕此句，《困學紀聞》無。

〔一四〕匡衡，《困學紀聞》無。意，《太平御覽》、《困學紀聞》作「臆」，二字通。

〔一五〕也，《太平御覽》、《困學紀聞》無。

遼東太守遣使詣孫權，送貂皮千枚，欲舉國歸吳。（《藝文類聚》卷九十五。又見《太平御覽》卷九百一十二。）

權詔曰：「故魏使持節車騎將軍遼東太守平樂侯：天地失序，皇極不建，元惡大憝，作害於民，海內分崩，群生墊滅。雖周餘黎民，靡有孑遺，方之今日，亂有甚焉。朕受曆數，君臨萬國，夙夜戰戰，念在弭難，若涉淵水，罔知攸濟。是以把旄仗鉞，剪除凶虐，自東徂西，靡遑寧處，苟力所及，民無災害。雖賊虜遺種，未伏辜誅，猶繫囚枯木，待時而斃。惟將軍天姿特達，兼包文武，觀時睹變，審於去就，逾越險阻，顯致赤心，肇建大計，為天下先。元勳巨績，侔於古人。雖昔竇融背棄隴右，卒占西河，以定光武，休名美實，豈復是過？欽嘉雅尚，朕實欣之。自古聖帝明王，建化垂統，以爵褒德，以祿報功；功大者祿厚，德盛者禮崇。故周公有挾輔之勞，太師有鷹揚之功，並啟土宇，兼受備物。今將軍規萬年之計，建不世之略，絕僭逆之虜，順天人之肅，濟成洪業，功無與比，齊魯之事，奚足言哉！《詩》不云乎，『無言不讎，無德不報』。今以幽、青二州十七郡百七十縣，封君為燕王。使持節守太常張彌授君璽綬策書、金虎符第一至第五、竹使符第一至第十。錫君玄

土，苴以白茅，爰契爾龜，用錫塚社。方有戎事，典統兵馬，以大將軍曲蓋麾幢，督幽州、青州牧遼東太守如故。今加君九錫，其敬聽後命。以君三世相承，保綏一方，寧集四郡，訓及異俗，民夷安業，無或攜貳，是用錫君大輅、戎輅、玄牡二駟。君務在勸農，嗇人成功，倉庫盈積，官民俱豐，是用錫君袞冕之服，赤舄副焉。君正化以德，敬下以禮，敦義崇謙，內外咸和，是用錫君軒縣之樂。君宣導休風，懷保邊遠，遠人回面，莫不影附，是用錫君朱戶以居。君運其才略，官方任賢，顯直錯枉，群善必舉，是用錫君虎賁之士百人。君戎馬整齊，威震遐方，糾虔天刑，彰厥有罪，是用錫君鈇鉞各一。君文和於內，武信於外，禽討逆節，折衝掩難，是用錫君彤弓一、彤矢百，玈弓十、玈矢千。君忠勤有效，溫恭爲德，明允篤誠，感於朕心，是用錫君秬鬯一卣，珪瓚副焉。欽哉！敬茲訓典，寅亮天工，相我國家，永終爾休。」（《三國志‧吳書‧吳主傳》注。）

權怒曰〔一〕：「朕年六十，世事難易，靡所不嘗。近爲鼠子所前卻〔二〕，令人氣踴如山〔三〕。不自截鼠子頭以擲於海，無顏復臨萬國。就令顛沛，不以爲恨。」（《三國志‧吳書‧吳主傳》注。又見《施注蘇詩》卷四十一。又《書敘指南》卷十八引「鼠子」二字，即出此。）

〔校記〕
〔一〕此句，《施注蘇詩》作「孫權曰」。
〔二〕前，《施注蘇詩》無。
〔三〕踴，《施注蘇詩》作「湧」，二字通。又《施注蘇詩》引至此止。

權又云：「天下無粹白之狐，而有粹白之裘，眾之所積也。夫能以駁致純，不惟積乎？故能用眾力，則無敵於天下矣。能用眾智，則無畏於聖人矣。」（《三國志‧吳書‧吳主傳》注。）

權正月詔曰：「郎吏者，宿衛之臣，古之命士也。間者所用頗非其人。自今選三署皆依四科，不得以虛辭相飾。」（《三國志‧吳書‧吳主傳》注。）

權詔曰：「督將亡叛而殺其妻子，是使妻去夫，子棄父，甚傷義教，自今勿殺也。」（《三國志‧吳書‧吳主傳》注。）

是歲，權詔曰：〔一〕「謝宏往日陳鑄大錢，云以廣貨，故聽之。今聞民意不以爲便〔二〕，其省息之，鑄爲器物，官勿復出也〔三〕。私家有者，敕以輸藏，計畀其直，勿有所枉也。」（《三國志‧吳書‧吳主傳》注。又見《泉志》卷二。）

〔校記〕
〔一〕以上兩句，《泉志》作「孫權赤烏九年詔曰」。
〔二〕不以爲，《泉志》無。
〔三〕官，《泉志》無。又《泉志》引至此止。

是歲，權遣諸葛壹僞叛以誘諸葛誕，誕以步騎二萬迎壹於高山。權出塗中，遂至高山，潛軍以待之。誕覺而退。（《三國志・吳書・吳主傳》注。）

權詔曰：「建業宮乃朕從京來所作將軍府寺耳，材柱率細，皆以腐朽，常恐損壞。今未復西，可徙武昌宮材瓦，更繕治之。」有司奏言曰：「武昌宮已二十八歲，恐不堪用，宜下所在通更伐致。」權曰：「大禹以卑宮爲美，今軍事未已，所在多賦，若更通伐，妨損農桑。徙武昌材瓦，自可用也。」（《三國志・吳書・吳主傳》注。）

權詔曰：「朕以寡德，過奉先祀，蒞事不聰，獲譴靈祇，夙夜祇戒，若不終日。群僚其各屬精，思朕過失，勿有所諱。」（《三國志・吳書・吳主傳》注。）

孫權名舸爲馬，言飛馳如馬之走陸地也。（《編珠》卷四。又見《太平御覽》卷七百七十。）

高句王遣使貢孫權角弓。（《太平御覽》卷三百四十七。）

張梁

初，權在武昌，〔一〕欲還都建業〔二〕，而慮水道溯流二千里，一旦有警，不相赴及，以此懷疑。〔三〕及至夏口〔四〕，於塢中大會百官議之〔五〕，詔曰：「諸將吏勿拘位任，其有計者，爲國言之。」諸將或陳宜立柵柵夏口，或言宜重設鐵鎖者，權皆以爲非計。時梁爲小將，未有知名，乃越席而進曰：「臣聞香餌引泉魚，重幣購勇士，今宜明樹賞罰之信，遣將入沔，與敵爭利，形勢既成，彼不敢干也。使武昌有精兵萬人，付智略者任將，常使嚴整。一旦有警，應聲相赴。作甘水城，輕艦數十，諸所宜用，皆使備具。如此開門延敵，敵自不來矣。」權以梁計爲最得，即超增梁位。後稍以功進至沔中督。（《三國志・吳書・宗室傳》注。又見《北堂書鈔》卷一百三十二。）

〔校記〕
〔一〕以上兩句，《北堂書鈔》作「孫權在武昌」。
〔二〕都，《北堂書鈔》無。
〔三〕以上四句，《北堂書鈔》節作「慮上流有驚」。

〔四〕此句，《北堂書鈔》無。

〔五〕此句，《北堂書鈔》作「乃於軍中張幔會百僚議之」。又《北堂書鈔》引至此止。

周泰

權把其臂，因流涕交連。字之曰：「幼平，卿爲孤兄弟戰如熊虎，不惜軀命，被創數十，膚如刻畫，孤亦何心不待卿以骨肉之恩，委卿以兵馬之重乎！卿吳之功臣，孤當與卿同榮辱，等休戚。幼平意快爲之，勿以寒門自退也。」即敕以己常所用御幘青縑蓋賜之。坐罷，住駕，使泰以兵馬導從出，鳴鼓角作鼓吹。（《三國志·吳書·程黃韓蔣周陳董甘淩徐潘丁傳》注。）

周泰爲濡須督〔一〕，統諸將〔二〕。諸將以泰本出賤微〔三〕，咸輕傲之。孫權乃入泰營，於都巷中張縵，大請官僚，使泰脫衣幘，見其瘡痍匝體，指瘡而問何地戰傷？泰具對。權把其臂，流涕曰〔四〕：「卿爲孤兄弟，戰不惜命，身如刻漆。孤何心而不待卿以骨肉之恩。」使泰以兵馬導從出，作鼓吹。（《藝文類聚》卷六十八。又見《太平御覽》卷七百四十二。又《書敍指南》卷十九引《江表傳》「戰被傷多曰身如刻漆」，即出此。按：此文與上文本一事，然徵引多不同，故別之。）

〔校記〕

〔一〕須，《太平御覽》作「湏」，「湏」爲「須」之異體字。

〔二〕此句，《太平御覽》無。

〔三〕「出」下，《太平御覽》有「於」字。

〔四〕曰，《太平御覽》無。又《太平御覽》引至此止。

鄭泉

孫權以鄭泉爲郎中〔一〕，嘗爲之言〔二〕：「卿好於眾中面陳〔三〕，或失禮敬，寧不畏龍鱗乎？」對曰：「臣聞君明臣直〔四〕，朝廷上下無諱〔五〕，實恃洪恩，不畏龍鱗。」〔六〕後恃宴，權乃怖之，命提出，有司治罪。泉臨出屢顧，權呼還，笑曰：「卿言不畏龍鱗，何以臨出而顧乎？」對曰：「實恃恩覆，無憂至死，當出閣，感惟威靈，不能不顧耳。」（《藝文類聚》卷二十五。又見《太平御覽》卷四百五十七。事又見《三國志·吳書·孫權傳》引《吳書》。）

〔校記〕

〔一〕泉，《太平御覽》誤作「眾」。

〔二〕爲，《太平御覽》作「與」。

〔三〕陳，《太平御覽》作「諫」。

〔四〕臣聞，《太平御覽》無。

〔五〕上，《太平御覽》作「與」。

〔六〕《太平御覽》引至此止。

曹丕

魏文帝出廣陵，欲伐吳，臨大江歎曰〔一〕：「吳據洪流，且多糧穀。魏雖武騎千隊〔二〕，無所用之〔三〕。」乃還。（《藝文類聚》卷十三。又見《初學記》卷六。事又見《北堂書鈔》卷一百一十七引《江表傳》，《三國志・吳書・孫權傳》及注引干寶《晉紀》亦載此事，文不同。）

〔校記〕

〔一〕臨，《初學記》作「望」。「歎」上，《初學記》有「而」字。

〔二〕魏，《初學記》無。

〔三〕之，《初學記》作「也」。

曹沖

孫權遣使詣闕〔一〕，獻馴象二頭。〔二〕魏太祖欲知其斤重，咸莫能出其理。時鄧王沖尚幼〔三〕，乃曰：「置象大舡〔四〕，刻其所至，稱物以載之〔五〕，可知也〔六〕。」太祖大悅，〔七〕即施行焉。（《太平御覽》卷八百九十。又見《藝文類聚》卷九十五、《白氏六帖》卷二十九。）

〔校記〕

〔一〕闕，《藝文類聚》無。

〔二〕以上兩句，《白氏六帖》作「孫權獻馴象二頭於魏國也」，並引至此止。

〔三〕時，《藝文類聚》作「江」。

〔四〕舡，《藝文類聚》作「船」，「舡」爲「船」之異體字。

〔五〕稱，《藝文類聚》作「秤」。

〔六〕「可」上，《藝文類聚》有「校」字，爲上。

〔七〕《藝文類聚》引至此止。

陸凱

凱表曰：「臣拜受明詔，心與氣結。陛下何心之難悟，意不聽之甚也！」（《三國志・吳書・潘濬陸凱傳》注。）

皓所行彌暴，凱知其將亡，上表曰：「臣聞惡不可積，過不可長；積惡長過，喪亂之源也。是以古人懼不聞非，故設進善之旌，立敢諫之鼓。武公九十，思聞警戒，《詩》美其德，士悅其行。臣察陛下無思警戒之義，而有積惡

之漸，臣深憂之，此禍兆見矣。故略陳其要，寫盡愚懷。陛下宜克己復禮，述修前德，不可捐棄臣言，而放奢意。意奢情至，吏日欺民；民離則上不信下，下當疑上，骨肉相克，公子相奔。臣雖愚，闇於天命，以心審之，敗不過二十稔也。臣常忿亡國之人夏桀、殷紂，亦不可使後人復忿陛下也。臣受國恩，奉朝三世，復以餘年，值遇陛下，不能循俗，與眾沉浮。若比干、伍員，以忠見戮，以正見疑，自謂畢足，無所餘恨，灰身泉壤，無負先帝，願陛下九思，社稷存焉。」初，晧始起宮，凱上表諫，不聽，凱重表曰：「臣聞宮功當起，夙夜反側，是以頻煩上事，往往留中，不見省報，於邑歎息，企想應罷。昨食時，被詔曰：『君所諫，誠是大趣，然未合鄙意，如何？此宮殿不利，宜當避之，乃可以妨勞役，長坐不利宮乎？父之不安，子亦何倚？』臣拜紙詔，伏讀一周，不覺氣結於胸，而涕泣雨集也。臣年已六十九，榮祿已重，於臣過望，復何所冀？所以勤勤數進苦言者，臣伏念大皇帝創基立業，勞苦勤至，白髮生於鬢膚，黃耇被於甲冑。天下始靜，晏駕早崩，自含息之類，能言之倫，無不歔欷，如喪考妣。幼主嗣統，柄在臣下，軍有連征之費，民有凋殘之損。賊臣干政，公家空竭。今強敵當塗，西州傾覆，孤罷之民，宜當畜養，廣力肆業，以備有虞。且始徙都，屬有軍征，戰士流離，州郡騷擾，而大功復起，徵召四方，斯非保國致治之漸也。臣聞為人主者，禳災以德，除咎以義。故湯遭大旱，身禱桑林，熒惑守心，宋景退殿，是以旱魃銷亡，妖星移舍。今宮室之不利，但當克己復禮，篤湯、宋之至道，愍黎庶之困苦，何憂宮之不安、災之不銷乎？陛下不務修德，而務築宮室。若德之不修，行之不貴，雖殷辛之瑤臺，秦皇之阿房，何止而不喪身覆國、宗廟作墟乎？夫興土功，高臺榭，既致水旱，民又多疾，其不疑也。為父長安，使子無倚，此乃子離於父，臣離於陛下之象也。臣子一離，雖念克骨，茅茨不剪，復何益焉？是以大皇帝居於南宮，自謂過於阿房。故先朝大臣，以為宮室且厚，備衛非常，大皇帝曰：『逆虜遊魂，當愛育百姓，何聊趣於不急？』然臣下懇惻，由不獲已，故裁調近郡，苟副眾心，比當就功，猶豫三年。當此之時，寇鈔懾威，不犯我境，師徒奔北，且西阻岷、漢，南州無事，尚猶沖讓，未肯築宮，況陛下危側之世，又乏大皇帝之德，可不慮哉？願陛下留意，臣不虛言。」（《三國志・吳書・潘濬陸凱傳》注。）

孫晧欲徙都武昌，楊土百姓沿流供給以為患。陸凱上疏曰：「臣聞有道之君，以樂樂人；無道之君，以樂樂身。樂人者，其樂彌長；樂身者，不久而

亡。民者，國之根也。誠宜重其食，愛其命，民安則君樂矣。又武昌土地危險磽确，非王者建都安國養民之處，舡泊則沉漂，陵居則峻危。且童謠曰：『寧飲建業水，不食武昌魚。寧還建業死，不就武昌居。』臣聞翼星爲祥，熒惑作妖，童謠之言，發自天心也。」（《太平御覽》卷一百五十六。）

全琮

全琮罷東安郡，還錢唐，〔一〕修祭墳墓，麾幢節蓋，曜於舊里。請會邑人平生知舊、宗族六親，施散惠與，千有餘萬，本土以爲榮。（《太平御覽》卷四百七十七。又見《三國志·吳書·全琮傳》注。）

【校注】

〔一〕以上兩句，《三國志》注「琮還經過錢唐」。

權使子登出征，已出〔一〕，軍次於安樂〔二〕，羣臣莫敢諫。琮密表曰：「古來太子未嘗偏征也，故從曰撫軍，守曰監國。今太子東出，非古制也。臣竊憂疑。」權即從之，命登旋軍。議者咸以爲琮有大臣之節也。〔三〕（《三國志·吳書·全琮傳》注。又見《（寶祐）壽昌乘》、《輿地紀勝》卷八十一。）

〔校記〕

〔一〕此句，《（寶祐）壽昌乘》、《輿地紀勝》無。

〔二〕軍，《（寶祐）壽昌乘》、《輿地紀勝》無。又《輿地紀勝》引至此止。

〔三〕自「羣臣莫敢諫」至此，《（寶祐）壽昌乘》節作「全琮諫止之」。

費禕

費禕鎮漢壽，誘納降附。鄺太守張嶷牋戒禕曰：「昔岑彭率師，來弇仗節〔一〕，咸見害於刺客，不鎮重也。今明公位重，宜監前事。」後歲首，禕持節行酒而至，郭修以鞭藏小刃，因刺殺政典禕。禕至數日而薨。（《北堂書鈔》卷一百二十六。事又見《三國志·蜀書·張嶷傳》、《太平御覽》卷三百五十九引《漢表傳》。）

〔校記〕

〔一〕弇，《三國志》、《江表傳》並作「歙」，是也，當據正。

孫亮、孫綝

亮召全尚息黄門侍郎紀密謀曰：「孫綝專勢，輕小於孤。孤見敕之，使速上岸，爲唐咨等作援，而留湖中，不上岸一步。又委罪朱異，擅殺功臣，不先表聞。築第橋南，不復朝見。此爲自在，無復所畏，不可久忍。今規取之，卿

父作中軍都督，使密嚴整士馬，孤當自出臨橋，帥宿衞虎騎、左右無難一時圍之。作版詔敕綝所領皆解散，不得舉手，正爾自得之。卿去，但當使密耳。卿宣詔語卿父，勿令卿母知之。女人既不曉大事，且綝同堂姊，邂逅泄漏，誤孤非小也。」紀承詔，以告尚，尚無遠慮，以語紀母。母使人密語綝。綝夜發嚴兵廢亮，比明，兵已圍宮。亮大怒，上馬，帶鞭執弓欲出，曰：「孤大皇帝之適子，在位已五年，誰敢不從者？」侍中近臣及乳母共牽攀止之，乃不得出，歔吒二日不食，罵其妻曰：「爾父憒憒，敗我大事！」又呼紀，紀曰：「臣父奉詔不謹，負上，無面目復見。」因自殺。（《三國志‧吳書‧諸葛滕二孫濮陽傳》注。）

孫休

群臣奏立皇后、太子。詔曰：「朕以寡德，奉承洪業，涖事日淺，恩澤未敷，加后妃之號，嗣子之位，非所急也。」有司又固請，休謙虛不許。（《三國志‧吳書‧三嗣主傳》注。）

休寢疾，口不能言，乃手書呼丞相濮陽興入，令子𩅦出拜之。休把興臂，而指𩅦以託之〔一〕。（《三國志‧吳書‧三嗣主傳》注。又見《太平御覽》卷一百一十八。）

〔校記〕
〔一〕「之」下，《太平御覽》有「也」字。

孫奮

亮詔曰：「齊王奮前坐殺吏，廢爲庶人，連有赦令，獨不見原，縱未宜復王，何以不侯？又諸孫兄弟作將，列在江渚，孤有兄獨爾云何？」有司奏可，就拜爲侯。（《三國志‧吳書‧吳主五子傳》注。）

豫章吏十人乞代俊死，皓不聽。奮以此見疑，本在章安，徙還吳城禁錮。使男女不得通婚，或年三十、四十不得嫁娶。奮上表乞自比禽獸，使男女自相配偶。皓大怒，遣察戰齎藥賜奮，奮不受藥，叩頭千下，曰：「老臣自將兒子治生求活，無預國事，乞丐餘年。」皓不聽，父子皆飲藥死。（《三國志‧吳書‧吳主五子傳》注。）

孫皓

皓初立，發優詔，恤士民，開倉廩，振貧乏，科出宮女以配無妻，禽獸擾於苑者皆放之。當時翕然稱爲明主。（《三國志‧吳書‧三嗣主傳》注。）

皓書兩頭言白，稱名言而不著姓。（《三國志‧吳書‧三嗣主傳》注。）

皓營新宮。二千石以下皆自入山督攝伐木。又破壞諸營，大開園囿，起土山樓觀，窮極伎巧，功役之費以億萬計。陸凱固諫，不從。（《三國志‧吳書‧三嗣主傳》注。）

初，丹楊刁玄使蜀，得司馬徽與劉廙論運命曆數事。玄詐增其文以誑國人曰：〔一〕「黃旗紫蓋見於東南，終有天下者，荊、揚之君乎〔二〕！」又得中國降人，言壽春下有童謠曰：〔三〕「吳天子當上〔四〕。」皓聞之，喜曰：「此天命也。」〔五〕即載其母妻子及後宮數千〔六〕，從牛渚陸道西上，云青蓋入洛陽，以順天命〔七〕。行遇大雪〔八〕，道塗陷壞，兵士被甲持仗，百人共引一車，〔九〕寒凍殆死。〔一〇〕兵人不堪，皆曰：「若遇敵便當倒戈耳。」皓聞之，乃還。（《三國志‧吳書‧三嗣主傳》注。又見《太平御覽》卷四十六、《太平寰宇記》卷一百〇五、《雲谷雜記》卷一。又《太平寰宇記》卷九十云：「司馬德操與劉嗣恭書曰：『黃旗紫蓋帕見東南，終能成天下之功者，揚州之君子乎？』謂斗牛之閒，恒有此氣。……又虞溥《江表傳》云。」亦即此事。）

〔校記〕
〔一〕自篇首至此，《太平御覽》、《太平寰宇記》作「司馬徽論運命曆數云」。
〔二〕此句，《太平御覽》誤作「荊楊君子」。又《雲谷雜記》引至此止。
〔三〕以上兩句，《太平御覽》、《太平寰宇記》作「又壽春童謠言」。
〔四〕此句，《太平御覽》、《太平寰宇記》作「天子當西上」。
〔五〕「昭聞之」以下至此，《太平御覽》、《太平寰宇記》節作「孫皓大喜」。
〔六〕其母，《太平御覽》、《太平寰宇記》無。千，《太平寰宇記》作「十」。
〔七〕此句，《太平御覽》、《太平寰宇記》無。
〔八〕此句，《太平御覽》作「適還大雪」，《太平寰宇記》作「適遇大雪」，《御覽》「還」當即「遇」之形訛。
〔九〕以上三句，《太平御覽》、《太平寰宇記》無。
〔一〇〕《太平御覽》、《太平寰宇記》引至此止。

初，皓遊華里，或與丁奉、留平密謀曰：「此行不急，若至華里不歸。社稷事重，不得不自還。」此語頗泄。皓聞知，以或等舊臣，且以計忍而陰銜之。後因會，以毒酒飲或，傳酒人私減之。又飲留平，平覺之，服他藥以解，得不死。或自殺。平憂懣，月餘亦死。（《三國志‧吳書‧三嗣主傳》注。）

定，汝南人。本孫權給使也，後出補吏。定佞邪僭媚，自表先帝舊人，求還內侍，皓以爲樓下都尉，典知酤糴事，專爲威福。而皓信任，委以眾事。

定爲子求少府李勖女，不許，定挾忿譖勖於晧，晧尺口誅之，焚其屍。定又使諸將各上好犬，皆千里遠求，一犬至直數千匹。禦犬率具纓，直錢一萬。一犬一兵，養以捕兔供廚。所獲無幾。吳人皆歸罪於定，而晧以爲忠勤，賜爵列侯。（《三國志·吳書·三嗣主傳》注。）

浚在公清忠。值郡荒旱，民無資糧，表求賑貸。晧謂浚欲樹私恩，遣人梟首。又尚書熊睦，見晧酷虐，微有所諫，晧使人以刀環撞殺之，身無完肌。（《三國志·吳書·三嗣主傳》注。）

歷陽縣有石山臨水〔一〕，高百丈。其三十丈所〔二〕，有七穿駢羅〔三〕，穿中色黃赤，不與本體相似〔四〕，俗相傳謂之石印〔五〕。又云，石印封發，天下當太平。下有祠屋，〔六〕巫祝言石印神有三郎〔七〕。時歷陽長表上言石印發〔八〕，晧遣使以太牢祭歷山〔九〕。巫言，石印三郎說「天下方太平」。〔一〇〕使者作高梯〔一一〕，上看印文〔一二〕，詐以朱書石作二十字，還以啓晧。〔一三〕晧大喜曰〔一四〕：「吳當爲九州作都、渚乎！從大皇帝逮孤四世矣，〔一五〕太平之主，非孤復誰〔一六〕？」重遣使〔一七〕，以印綬拜三郎爲王〔一八〕。又刻石立銘，褒贊靈德，以答休祥。（《三國志·吳書·三嗣主傳》注。又見《太平御覽》卷六百八十三、《太平寰宇記》卷一百〇七。有《輿地紀勝》引《江表傳》：「歷陽縣有石山，謂之石印。又云，石印封發，天下當太平。孫浩遣使以太牢祭歷山。」乃節引，今不取校。）

〔校記〕

〔一〕「歷」上，《太平御覽》有「吳」字。陽，《太平御覽》作「陵」。縣，《太平寰宇記》無。石，《太平御覽》誤作「名」。

〔二〕「三」上，《太平御覽》有「上」字。所，《太平御覽》無。

〔三〕駢羅，《太平御覽》無。

〔四〕此句，《太平寰宇記》無。以上兩句，《太平御覽》無。

〔五〕俗，《太平御覽》無。

〔六〕「又云」以下至此，《太平御覽》無。

〔七〕巫祝言，《太平御覽》無。

〔八〕上，《太平御覽》無。「印」下，《太平御覽》有「文」字。此句，《太平寰宇記》無。

〔九〕此句，《太平御覽》作「孫晧大喜，遣使祭歷陵」，《太平寰宇記》作「詔遣使以太牢祭」。

〔一〇〕「巫言」下十一字，《太平御覽》無。

〔一一〕作，《太平御覽》作「以」。

〔一二〕看，《太平御覽》作「省」。

〔一三〕以上兩句，《太平御覽》作「詐以朱書曰：楚九州，都楊作天子」。按：《三國志》
　　　　注云二十字，此方九字，仍有省文，據下文「從大皇帝逮孤四世矣」，似有四世
　　　　稱王之讖。

〔一四〕大喜，《太平御覽》無。

〔一五〕「吳當爲」以下十八字，《太平御覽》無。

〔一六〕孤，《太平御覽》作「孫」。按：此當作「孤」，「孫」者，「孤」之形訛。

〔一七〕此句，《太平御覽》無。自「巫言石印」至此，《太平寰宇記》無。

〔一八〕「以」上，《太平寰宇記》有「封」字。又《太平御覽》、《太平寰宇記》引至此止。

　　俶父，會稽山陰縣卒也。知俶不良，上表云：「若用俶爲司直，有罪乞不
從坐。」晧許之。俶表立彈曲二十人，專糾司不法，於是愛惡相攻，互相謗
告。彈曲承言，收繫囹圄，聽訟失理，獄以賄成，人民窮困，無所措手足。
俶奢淫無厭，取小妻三十餘人。擅殺無辜，衆奸併發，父子俱見車裂。（《三國
志・吳書・三嗣主傳》注。）

　　晧以張布女爲美人〔一〕，有寵，晧問曰：〔二〕「汝父所在〔三〕？」答曰：
「賊以殺之〔四〕。」晧大怒〔五〕，棒殺之〔六〕。後思其顏色，使巧工刻木作美
人形象〔七〕，恒置座側〔八〕。問左右：「布復有女否？」答曰：「布大女適故衛
尉馮朝子純。」即奪純妻入宮，大有寵，拜爲左夫人，晝夜與夫人房宴，不
聽朝政，使尚方以金作華燧、步搖〔九〕，假髻以千數。令宮人著以相撲，朝成
夕敗，輒出更作〔一〇〕，工匠因緣偷盜，府藏爲空。會夫人死〔一一〕，晧哀愍
思念〔一二〕，葬於苑中，大作冢，〔一三〕使工匠刻柏作木人，內冢中以爲兵衛，
以金銀珍玩之物送葬，〔一四〕不可稱計。已葬之後〔一五〕，晧治喪於內〔一六〕，
半年不出。國人見葬太奢麗〔一七〕，皆謂晧已死〔一八〕，所葬者是也〔一九〕。晧
舅子何都顏狀似晧，云都代立〔二〇〕。臨海太守奚熙信訛言，舉兵欲還誅都，
都叔父植時爲備海督，擊殺熙，夷三族，訛言乃息，而人心猶疑。〔二一〕（《三
國志・吳書・妃嬪傳》注。又見《建康實錄》卷四、《太平御覽》卷一百四十五、卷
三百五十七、卷三百九十六〔兩引〕、卷七百一十五。）

〔校記〕

〔一〕「晧」上，《太平御覽》卷一百四十五、卷三百五十七、卷三百九十六次引有「孫」字。

〔二〕「有寵」下五字，《太平御覽》卷三百五十七作「晧先報布，後問美人曰」。「報」當
　　　即「殺」之形訛。

〔三〕汝，《太平御覽》卷三百五十七作「爾」。

〔四〕以，《太平御覽》卷三百五十七作「已」。又自「晧問曰」至此，《太平御覽》卷三百
　　　五十七作「後美人忤晧」。

〔五〕大,《太平御覽》卷一百四十五無。又自「有寵」至此,《太平御覽》卷三百九十六
　　　次引無。

〔六〕此句,《太平御覽》卷三百五十七作「即棒殺美人」。又《太平御覽》卷一百四十五、
　　　卷三百五十七引至此止。

〔七〕巧工,《太平御覽》卷三百九十六次引乙。

〔八〕恒,《太平御覽》卷三百九十六次引無。又《太平御覽》卷三百九十六次引引至此止。

〔九〕《太平御覽》卷七百一十五自此句引起,作「務皓使尚方以金作步搖」。

〔一〇〕出,《太平御覽》卷七百一十五作「命」。又《太平御覽》卷七百一十五引至此止。

〔一一〕《建康實錄》、《太平御覽》卷三百九十六次引自此引起,《建康實錄》作「後主左
　　　　夫人死」,《太平御覽》卷三百九十六次引作「孫皓夫人死」。

〔一二〕此句,《建康實錄》作「思念之」,《太平御覽》卷三百九十六次引作「皓哀愍」。

〔一三〕以上兩句,《建康實錄》作「於苑中作大冢葬之」。

〔一四〕以上三句,《建康實錄》作「使工刻桐人於冢內,以爲兵衛,多送珍玩之物」。

〔一五〕「已」、「之」二字,《建康實錄》無。又自「大作冢」以下至此,《太平御覽》卷三
　　　　百九十六次引無。

〔一六〕皓,《建康實錄》無。

〔一七〕麗,《建康實錄》無。

〔一八〕此句,《建康實錄》作「皆謂主已崩」。

〔一九〕此句,《建康實錄》作「而今立者何氏子也」。

〔二〇〕「立」下,《太平御覽》卷三百九十六次引有「也」字,並引至此止。

〔二一〕自「皓舅子何都」至此,《建康實錄》作「時後主舅子何都兒貌似後主,是以百姓
　　　　有此言。或云章安侯奮當立,故奚熙信訛言,欲還建業,至是年乃舉兵反」,「兒」、
　　　　「貌」復訛。

　　皓又使黃門備行州郡,科取將吏家女。其二千石大臣子女,皆當歲歲言
名,年十五六一簡閱,簡閱不中,乃得出嫁。後宮千數,而採擇無已。(《三國
志・吳書・妃嬪傳》注。)

　　皓用巫史之言〔一〕,謂建業宮不利。乃西巡武昌,仍有遷都之意〔二〕。恐
群臣不從,乃大請會,賜將吏。〔三〕問蕃〔四〕:「射不主皮,爲力不同科,其
義云何?」〔五〕蕃思惟未答〔六〕,即於殿上斬蕃。出登來山,使親近將擲蕃首
〔七〕,作虎跳狼爭咋嚙之〔八〕,頭皆碎壞〔九〕,欲以示威〔一〇〕,使眾不敢犯也
〔一一〕。(《三國志・吳書・王樓賀韋華傳》注。又見《建康實錄》卷四、《太平御覽》
卷四百九十二。)

〔校記〕

〔一〕「皓」上,《太平御覽》有「孫」字。

〔二〕仍,《太平御覽》作「乃」。

〔三〕以上兩句，《太平御覽》作「乃大會將吏」。自篇首至此，《建康實錄》節作「主將徙武昌」。

〔四〕「蕃」上，《太平御覽》有「王」字。

〔五〕以上兩句，《建康實錄》無。

〔六〕此句，《建康實錄》作「蕃不時答」。

〔七〕使，《建康實錄》作「令」。擲，《建康實錄》作「跳」，《太平御覽》脫。按：「跳」字蓋即下文「跳」字誤移。首，《建康實錄》作「頭」。

〔八〕跳，《建康實錄》無。齧，《建康實錄》無，《太平御覽》作「嚙」，「齧」爲「嚙」之異體字。之，《建康實錄》無。

〔九〕壞，《建康實錄》無。

〔一○〕欲，《建康實錄》無。

〔一一〕眾，《建康實錄》無。不，《建康實錄》作「無」。也，《建康實錄》作「者」，《太平御覽》無。

皓遣將張奕追賜玄鴆，奕以玄賢者，不忍即宣詔致藥。玄陰知之，謂奕曰：「當早告玄，玄何惜邪？」即服藥死。（《三國志·吳書·王樓賀韋華傳》注。）

皓將敗，與舅何植書曰：「昔大皇帝以神武之略，奮三千之卒，割據江南，席捲交、廣，開拓洪基，欲祚之萬世。至孤末德，嗣守成緒，不能懷集黎元，多爲咎闕，以違天度。闇昧之變，反謂之祥，致使南蠻逆亂，征討未克。聞晉大眾，遠來臨江，庶竭勞瘁，眾皆摧退。而張悌不反，喪軍過半。孤甚愧悵於今無聊。得陶濬表云，武昌以西，並復不守。不守者，非糧不足，非城不固，兵將背戰耳。兵之背戰，豈怨兵邪？孤之罪也。天文縣變於上，士民憤歎於下，觀此事勢，危如累卵，吳祚終訖，何其局哉！天匪亡吳，孤所招也。瞑目黃壤，當復何顏見四帝乎！公其勖勉奇謨，飛筆以聞。」皓又遺群臣書曰：「孤以不德，忝繼先軌。處位歷年，政教凶勃，遂令百姓久困塗炭，至使一朝歸命有道，社稷傾覆，宗廟無主，慚愧山積，沒有餘罪。自惟空薄，過偷尊號，才瑣質穢，任重王公。故《周易》有折鼎之誡，詩人有彼其之譏。自居宮室，仍抱篤疾，計有不足，思慮失中，多所荒替。邊側小人，因生酷虐，虐毒橫流，忠順被害。闇昧不覺，尋其壅蔽，孤負諸君，事已難圖，覆水不可收也。今大晉平治四海，勞心務於擢賢，誠是英俊展節之秋也。管仲極讎，桓公用之；良、平去楚，入爲漢臣，捨亂就理，非不忠也。莫以移朝改朔，用損厥志。嘉勖休尚，愛敬動靜。夫復何言，投筆而已。」

（《三國志·吳書·三嗣主傳》注。《書敘指南》卷十引《江表傳》「慚愧山積」，即出此。）

孫亮

亮使黃門以銀碗並蓋就中藏吏取交州所獻甘蔗餳〔一〕。黃門先恨藏吏，以鼠矢投餳中〔二〕，啓言藏吏不謹〔三〕。亮呼吏持餳器入，問曰：「此器既蓋之〔四〕，且有掩覆〔五〕，無緣有此〔六〕。黃門將有恨於汝邪〔七〕？」吏叩頭曰〔八〕：「嘗從某求宮中莞席〔九〕，宮席有數〔一〇〕，不敢與。」亮曰：「必是此也。」覆問黃門，具首伏。〔一一〕即於目前加髡鞭〔一二〕，斥付外署〔一三〕。（《三國志·吳書·三嗣主傳》注。又見《藝文類聚》卷八十七、《太平御覽》卷九百七十四、《全芳備祖》後集卷四。）

〔校記〕

〔一〕「亮」上，《藝文類聚》、《太平御覽》、《全芳備祖》有「孫」字。碗，《藝文類聚》作「椀」，《太平御覽》作「盌」，「椀」、「盌」並「碗」之異體字。

〔二〕矢，《全芳備祖》作「屎」，「矢」、「屎」古今字。投，《全芳備祖》脫。

〔三〕藏，《藝文類聚》、《太平御覽》、《全芳備祖》無。

〔四〕之，《藝文類聚》無。

〔五〕此句，《藝文類聚》無，《太平御覽》作「且有油覆」，《全芳備祖》作「有油覆」。按：晉嵇含《南方草木狀》卷上載此事，亦作「油」。

〔六〕無，《事類備要》作「何」。「此」下，《太平御覽》有「也」字。

〔七〕此句上，《藝文類聚》有「若矢先在餳中，當濕。今矢中燥」十二字，當據補。於，《藝文類聚》、《太平御覽》、《全芳備祖》無。邪，《太平御覽》作「耶」，《全芳備祖》作「也」，三字通。

〔八〕吏，《太平御覽》無。

〔九〕嘗，《太平御覽》、《全芳備祖》作「常」，二字通。某，《太平御覽》作「臣」。席，《藝文類聚》、《太平御覽》作「蓆」，「蓆」爲「席」之異體字。

〔一〇〕宮席，《藝文類聚》、《太平御覽》無。此句，《全芳備祖》無。

〔一一〕以上兩句，《藝文類聚》作「問之具服」，《太平御覽》作「問具服即」，《全芳備祖》作「問之懼服」。又《藝文類聚》、《全芳備祖》引至此止。

〔一二〕「即」、「目」二字，《太平御覽》無。

〔一三〕此句，《太平御覽》作「斥外付」。

孫秀

皓大怒，追改秀姓曰厲。（《三國志·吳書·宗室傳》注。）

玉璽

案《漢獻帝起居注》云『天子從河上還，得玉璽於閣上』，又太康之初孫皓送金璽六枚，無有玉，明其僞也。（《三國志·吳書·孫破虜討逆傳》注。）

長鳴承露雞

南郡獻長鳴承露雞。（《藝文類聚》卷九十一。又見《太平御覽》卷九百一十八、《事類賦》卷十八。）

稗草化稻

孫亮五鳳元年〔一〕，交阯稗草化爲稻〔二〕。（《藝文類聚》卷八十五。又見《三國志·吳書·三嗣主傳》注、《編珠》卷四、《太平御覽》卷八百三十九。）

〔校記〕

〔一〕此句，《三國志》注作「是歲」。

〔二〕阯，《編珠》作「趾」，二字通。

木奴

甘橘曰木奴。（《書敘指南》卷九。按：《初學記》卷二十八引《襄陽記》云：「李衡臨終敕其子曰：『龍陽洲裏有千頭木奴。』及甘橘成，歲得絹數千匹。」「木奴」或即本此。）

九鬬山

項羽敗烏江〔一〕，取此山過〔二〕。漢遣灌嬰兵追羽至此〔三〕，一日九戰，因名九鬬山〔四〕。今石猶有磨刀礪鏃之跡。（《太平御覽》卷四十三。又見《史記·項羽本紀》正義、《太平寰宇記》卷一百二十六。）

〔校記〕

〔一〕「敗」下，《史記》正義有「至」字，《太平寰宇記》有「東走」二字。

〔二〕此句，《史記》正義無。

〔三〕此句，《史記》正義作「漢兵追羽至此」。

〔四〕九鬬山，《史記》正義無。又《史記》正義、《太平寰宇記》引至此止。

廩山

吳長沙桓王攻劉繇之，盡得邸閣糧穀，貯於此山。（《（嘉泰）吳興志》卷四。）

臨平湖

自漢末年吳郡臨平湖草塞不通，吳後主末忽然自開。故老相傳此湖開即太平。（《建康實錄》卷二十。按：原文引「《吳書》、《江表傳》云」，今《三國志·吳書·孫皓傳》有此事，云：「天璽元年，吳郡言臨平湖自漢末草穢壅塞，今更開通。長老相傳：『此湖塞，天下亂。此湖開，天下平。』」又《建康實錄》引此文下有「及

晉平吳，天下一統。永嘉初，又草穢。禎明初，又忽開通」一段文字，據引《吳志》，「及晉平吳，天下一統」亦許嵩自敘之語，非出《江表傳》也。)

姥

姥，婦人老稱也。(《一切經音義》卷八十一。按：此文似注諸葛恪論白頭鳥之事。)

存疑

司馬徽

司馬徽，字德操。人有臨蠶求簇者，徽便與之。自棄其蠶，或有難之者曰：「凡人有損己以贍人，謂彼事急、己事緩耳。今彼此正等，何為急之蠶以與人邪〔一〕？」徽曰：「人不當求耳人己求拒之〔二〕，將慙。何有以財貨令人慙者也。」(《太平御覽》卷四百七十七。按：此文承全琮條，「徽」上有「中闕」二字，四庫本《御覽》作「又曰」。今審其文，見《世說新語・言語》注引《司馬徽別傳》，不敢妄定，姑置此。)

〔校記〕

〔一〕「急」下，疑脫「己」字。

〔二〕此句有訛誤，《司馬徽別傳》作「人未嘗求己，求之不與」，較此為順，或當作「人不當求己耳，人求拒之」。

《竹林七賢論》　晉戴逵撰

《竹林七賢論》，晉戴逵撰。《太平御覽》卷七百一十作戴勝。戴逵，字安道，譙國人。少博學善屬文，能鼓琴，工書畫。後徙居會稽剡縣。孝武帝時，累徵散騎常侍、國子博士、國子祭酒，皆不就。太元末，復徵太子中庶子，會病卒。有《竹林七賢論》二卷，集十卷。《晉書》有傳。

是書，《隋書・經籍志》、兩《唐志》並題戴逵撰，兩卷。《史通・雜述》「若戴逵《竹林名士》，王粲《漢末英雄》」云云，是此書又或稱《竹林名士論》也。《太平御覽》尚有新條目出，《宋史・藝文志》則不見著錄，或南宋之時已不見存也。後世輯此書者，嚴可均《全晉文》有輯，凡輯 26 條，下注出處。今人韓格平亦有輯，見《〈竹林七賢論〉殘句輯注》，《古籍整理研究》1992 年第 6 期。凡輯 30 條，下注出處，復有按語，論校文字及注釋。

嵇康

嵇康非湯、武，薄周、孔，所以迕世。(《文選·顏延年〈五君詠〉》注。)

嵇康，字叔夜，與東平呂安少相知友，每一相思，輒千里命駕。(《太平御覽》卷四百○九。事又見《世說新語·簡傲》、《晉書·嵇康傳》。)

阮籍

阮籍，字嗣宗〔一〕，性樂酒，善嘯，聲聞百步〔二〕。箕踞嘯歌〔三〕，酣放自若。時蘇門山中忽有眞人在焉，籍親往尋，其人於巖巓〔四〕，遂登嶺從之，箕坐相對。籍乃商略終古以問之，仡然不應，籍因對之長嘯。有頃〔五〕，彼乃斷然嘆曰〔六〕：「可更作。」籍又嘯〔七〕，意盡退還半嶺，聞嶺巓嘈然有聲，若數部鼓吹。顧瞻，乃向人之嘯也〔八〕。(《太平御覽》卷二百九十二。又見《藝文類聚》卷十九。《類聚》卷十九兩引，其中首引至「百步」，次引首作「籍常箕踞嘯歌」，中間以「又曰」續之，審《世說新語·棲逸》之文，此「又曰」似不當有。《白氏六帖》卷十八引「阮籍性樂酒，善嘯，聲聞數百里」，云出《竹林七賢傳》。事又見《世說新語·棲逸》。)

〔校記〕

〔一〕此三字，《藝文類聚》無。

〔二〕「百」上，《藝文類聚》有「數」字。按：《世說新語·棲逸》及上《六帖》並有「數」字，此似脫之。

〔三〕「箕」上，《藝文類聚》有「籍常」二字。

〔四〕於，《藝文類聚》作「擁膝」，《世說新語》同，爲上。巓，《藝文類聚》作「顚」，二字通。

〔五〕頃，《藝文類聚》作「間」。

〔六〕斷然嘆曰，《藝文類聚》作「斳然笑曰」。按：《世說新語》作「笑曰」，以此審之，則《藝文類聚》是也。「斷」、「斳」形近，《集韻》：「斳，笑也。」「笑」字或作「㗛」（見北魏《寇憑墓誌》、《元融墓誌》、北周《張滿澤妻郝氏墓誌》），與「嘆」字亦形近。

〔七〕又，《藝文類聚》作「乃爲」。

〔八〕聞，《藝文類聚》無。

籍歸，遂著《大人先生論》，所言皆胸懷間本趣，大意謂先生與己不異也。觀其長嘯相和，亦近乎目擊道存矣。(《世說新語·棲逸》注。)

籍與伶共飲步兵廚中，並醉而死。(《世說新語·任誕》注。)

魏朝封文王，固讓公卿〔一〕，皆當喻旨。〔二〕司空鄭沖等馳使從阮籍求其文〔三〕，立待之〔四〕。籍時在袁孝尼家宿〔五〕，扶而起書〔六〕，几板為文，〔七〕無所治定〔八〕，乃寫付信〔九〕。（《太平御覽》卷七百一十。原云出戴勝《竹林七賢論》。又見《北堂書鈔》卷一百三十三、《事類賦》卷十四、《演繁露》卷二。事又見《世說新語・文學》。）

〔校記〕

〔一〕固讓，《事類賦》作「王辭」。

〔二〕以上兩句，《北堂書鈔》無。

〔三〕等，《事類賦》無。《世說新語》亦無「等」字。此句，《北堂書鈔》節作「鄭沖馳使阮籍求文」。

〔四〕此句，《北堂書鈔》無。

〔五〕《演繁露》自此句引起。籍時，《北堂書鈔》作「時阮籍」，《演繁露》作「阮籍」。「宿」上，《北堂書鈔》有「所」字。宿，《演繁露》無。

〔六〕「扶」上，《北堂書鈔》、《事類賦》有「醉」字。此句，《演繁露》作「醉起扶書」。按：《世說新語》亦有「醉」字，此蓋脫之。

〔七〕《演繁露》引至此止。

〔八〕治定，《北堂書鈔》作「定治」，《事類賦》作「竄定」。

〔九〕信，《事類賦》作「之」。

山濤

濤之處選，非望路絕，故貽是言。（《世說新語・政事》注。）

紹懼不自容，將解褐，故咨之於濤。（《世說新語・政事》注。）

咸寧中，吳既平，上將為桃林、華山之事，息役弭兵，示天下以大安。於是州郡悉去兵，大郡置武吏百人，小郡五十人。時京師猶講武，山濤因論孫、吳用兵本意。濤為人常簡默，蓋以為國者不可以忘戰，故及之。（《世說新語・識鑒》注。）

永寧之後，諸王構禍，狄虜㸒起，皆如濤言。（《世說新語・識鑒》注。）

山濤太始七年為侍中，詔曰：「清風淳履，思心通遠，宜侍帷幄。」（《初學記》卷十二。原云出戴逵《竹林七賢論》。事又見《太平御覽》卷二百一十九引《竹林七賢傳》。）

山濤與阮籍、嵇康皆一面而契若金蘭〔一〕。濤妻韓氏嘗以問濤〔二〕，濤曰〔三〕：「當年可為友者〔四〕，唯此二人耳〔五〕。」妻曰：「負羈之妻亦觀狐、趙

〔六〕，意欲一窺之，可乎？」濤曰：「可也。」二人至，妻勸濤留之宿〔七〕，其酒食〔八〕，夜穿牖而窺之〔九〕。濤入曰：「所見何如吾〔一○〕？」妻曰：「君才殊不如也〔一一〕，正當以識度相友〔一二〕。」濤曰：「然〔一三〕。伊輩亦當謂我識度勝〔一四〕。」（《太平御覽》卷四百四十四。又見《遊仙窟》注、《太平御覽》卷四百○九。《遊仙窟》注雖較此文爲詳，然多謬誤，故以此文爲底本校之。事又見《世説新語・賢媛》、《藝文類聚》卷二十一引《竹林七賢傳》。）

〔校記〕

〔一〕嵇，《遊仙窟》注作「稽」。

〔二〕以，《太平御覽》卷四百○九無。

〔三〕濤，《遊仙窟》注作「之」，《太平御覽》卷四百○九無。按：《遊仙窟》注作「之」者，頗疑乃重文符號之誤也。

〔四〕「當」上，《遊仙窟》注・《太平御覽》卷四百○九有「吾」字。按：《世説新語・賢媛》作「我」，此或脱之。友，《太平御覽》卷四百○九作「交」。按：《世説新語・賢媛》作「友」，《藝文類聚》引《竹林七賢傳》作「交」，二字形近，古多誤；然二字皆可，未詳孰是也。

〔五〕此句，《太平御覽》卷四百○九作「唯二人而已」，並引至此止。

〔六〕「之」上，《遊仙窟》注有「早人」二字，或爲衍文；或當作「曹人」，乃注「負羈」文字，然亦不當在此處。觀，《遊仙窟》注作「親」。狐，《遊仙窟》注作「孤」。按：《國語・晉語四》曹負羈之妻曰：「吾觀晉公子，賢人也；其從者，皆國相也。」從者，謂狐偃、趙衰等。《遊仙窟》注誤也。

〔七〕勸，《遊仙窟》注作「觀」，誤，形訛也。

〔八〕其，《遊仙窟》注作「具」，是也。

〔九〕牖，《遊仙窟》注作「墉」。按：作「牖」爲上。

〔一○〕吾，《遊仙窟》注無。

〔一一〕殊，《遊仙窟》注誤作「妹」。也，《遊仙窟》注無。

〔一二〕正，《遊仙窟》注作「君」。

〔一三〕「然」上，《遊仙窟》注有「所」字，或爲衍文，或「所」下復脱「言」一類詞。

〔一四〕識度勝，《遊仙窟》注作「友度爲勝也」，「友」或涉上「友」字而衍，復脱「識」字耳。

鬲令袁毅爲政貪濁，賂遺朝廷〔一〕，以營虚譽。遺山濤絲百斤〔二〕，眾人莫不受〔三〕，濤不欲爲異〔四〕，乃受之〔五〕，命內閣之梁上而不用也〔六〕。後毅事露，驗吏至濤所〔七〕。濤於梁上下絲〔八〕，已數年，塵埃黃黑〔九〕，封印如初，以付吏〔一○〕。（《太平御覽》卷八百一十四。又見《太平御覽》卷四百九十二。事又見《事類賦》卷十引《竹林七賢傳》。）

〔校記〕

〔一〕賂，《太平御覽》卷四百九十二作「饋」。

〔二〕「遺」上，《太平御覽》卷四百九十二有「嘗」字。

〔三〕此句，《太平御覽》卷四百九十二無。

〔四〕爲異，《太平御覽》卷四百九十二作「異眾」。

〔五〕乃，《太平御覽》卷四百九十二無。

〔六〕此句，《太平御覽》卷四百九十二節作「命懸之梁」。

〔七〕此句，《太平御覽》卷四百九十二作「案驗，眾官吏至」。

〔八〕下，《太平御覽》卷四百九十二作「得」。

〔九〕黃黑，《太平御覽》卷四百九十二無。

〔一○〕此句，《太平御覽》卷四百九十二無。

向秀

秀爲此義，讀之者無不超然，若已出塵埃而窺絕冥，始了視聽之表。有神德玄哲，能遺天下，外萬物。雖復使動競之人顧觀所徇，皆悵然自有振拔之情矣。（《世說新語・文學》注。按：《子略》卷二亦有此文，審其體例，當錄自《世說新語》，故不取校。）

純字長悌，位至侍中。悌字叔遜，位至御史中丞。（《世說新語・賞譽》注。）

劉伶

劉伶常病酒〔一〕，渴〔二〕，求酒於其妻〔三〕。妻捐酒毀器，泣而諫曰〔四〕：「君酒過〔五〕，非攝生之道也〔六〕。必宜斷之。」伶曰：「善〔七〕！吾不能自禁〔八〕，唯酒當禮鬼神〔九〕，自誓以斷之耳〔一○〕，便可具酒肉。」妻敬聞命〔一一〕，供酒肉於前〔一二〕，請伶祝誓。伶跪而祝曰：「天生劉伶，以酒爲名。一飲一斛，五斗解酲。婦人之言，愼不可聽。」仍引酒御肉〔一三〕，隗然而已復醉矣〔一四〕。（《太平御覽》卷四百八十。又見《世說新語・任誕》。按：《世說新語》乃正文，下注曰見《竹林七賢論》。事又見《晉書・劉伶傳》、《藝文類聚》卷七十二引《語林》。）

〔校記〕

〔一〕常，《世說新語》無。

〔二〕此句，《世說新語》作「渴甚」。

〔三〕此句，《世說新語》作「從婦求酒」。

〔四〕泣而，《世說新語》作「涕泣」。

〔五〕此句，《世說新語》作「君飲太過」。

〔六〕也，《世說新語》注無。

〔七〕此句，《世說新語》作「甚善」。

〔八〕吾，《世說新語》作「我」。

〔九〕此句，《世說新語》作「唯當祝鬼神」。

〔一〇〕以，《世說新語》無。

〔一一〕此句，《世說新語》作「婦曰敬聞命」。

〔一二〕「前」上，《世說新語》有「神」字。

〔一三〕此句，《世說新語》作「便引酒進肉」。

〔一四〕「而」、「復」二字，《世說新語》無。

　　伶處天地間，悠悠蕩蕩，無所用心。嘗與俗士相牾〔一〕，其人攘袂而起〔二〕，欲必辱之〔三〕。伶和其色曰〔四〕：「雞肋豈足以當尊拳〔五〕。」其人不覺，廢然而返。未嘗措意文章，終其世，凡著《酒德頌》一篇而已。其辭曰：「有大人先生者，以天地為一朝，萬期為須臾，日月為扃牖，八荒為庭衢。行無轍跡，居無室廬，幕天席地，縱意所如。行則操卮執瓢，動則挈榼提壺，唯酒是務，焉知其餘？有貴介公子，縉紳處士，聞吾風聲，議其所以。乃奮袂攘襟，怒目切齒，陳說禮法，是非鋒起。先生於是方捧罌承槽，銜杯漱醪，奮髯箕踞，枕麴藉糟，無思無慮，其樂陶陶。兀然而醉，慌爾而醒，靜聽不聞雷霆之聲，熟視不見太山之形，不覺寒暑之切肌，利欲之感情。俯觀萬物之擾擾，如江漢之載浮萍。二豪侍側焉，如蜾蠃之與螟蛉。」（《世說新語·文學》注。又見《太平御覽》卷三百七十一。事又見《晉書·劉伶傳》。）

　　〔校記〕

〔一〕《太平御覽》自此句引起，首句作「劉伶嘗醉，與俗人相忤」。

〔二〕起，《太平御覽》作「往」。

〔三〕此句，《太平御覽》作「必欲毆之」。

〔四〕此句，《太平御覽》作「伶顧而笑曰」。

〔五〕豈，《太平御覽》作「不」。當，《太平御覽》作「安」。又《太平御覽》引至此止。

王戎

　　王戎眸子洞徹〔一〕，視日而眼明不虧〔二〕。（《藝文類聚》卷十七。又見《緯略》卷七。事又見《晉書·王戎傳》、《太平御覽》卷三百六十六引《竹林七賢傳》。）

　　〔校記〕

〔一〕王，《緯略》無。

〔二〕明，《緯略》作「照」。

王戎幼而清秀〔一〕，魏明帝於宣武場上爲欄〔二〕，苞虎牙〔三〕，使力士祖褐，迸與之搏，〔四〕縱百姓觀之〔五〕。戎年七歲，亦往觀焉。虎乘間薄欄而吼，其聲震地，觀者無不辟易顛仆。戎亭然不動〔六〕。帝於門上見之〔七〕，使問姓名而異之〔八〕。(《水經注·穀水注》。又見《世說新語·雅量》注、《太平御覽》卷八百九十二、《事類賦》卷二十。事又見《世說新語·雅量》。按：《世說新語》注僅引「明帝自閣上望見，使人問戎姓名而異之」兩句，因前事已載，故不備錄也。事又見《晉書·王戎傳》。)

〔校記〕

〔一〕此句，《事類賦》無。

〔二〕明，《事類賦》誤作「文」。「於」上，《太平御覽》有「時」字。

〔三〕此句，《太平御覽》作「芫虎」，《事類賦》作「鬭虎」。按：《世說新語》作「斷虎爪」。虎之威猛在其牙嚙，爪雖斷，仍可以噬人。此疑當作依《水經注》爲上，《御覽》作「芫」，或即「苞」之形訛也。

〔四〕以上兩句，《太平御覽》、《事類賦》作「使力士逆與之搏」。

〔五〕百姓，《太平御覽》作「人」。此句，《事類賦》無。

〔六〕亭，《太平御覽》、《事類賦》作「安」。

〔七〕門，《太平御覽》、《事類賦》作「閣」，爲上。

〔八〕之，《太平御覽》、《事類賦》作「焉」。

戎報肇書，議者僉以爲譏，世祖患之，乃發口詔曰：「以戎之爲士，義豈懷私？」議者乃息，戎亦不謝。(《世說新語·雅量》注。)

王戎爲侍中，南郡太守劉肇遺戎筒中布五十端，戎不受，而厚報其書，議者以爲譏。世祖患之，爲發詔，議者乃息。(《太平御覽》卷八百二十。以上兩條本一事，然節取不同，今析爲兩條。事又見《晉書·王戎傳》。)

王戎女適裴氏，用匱，女爲貸錢一萬，久而不還。女歸，戎色不悅，遽還錢，乃懌。(《太平御覽》卷三百八十八。事又見《世說新語·儉嗇》、《晉書·王戎傳》、《太平御覽》卷八百三十六引《竹林七賢傳》。)

嵇紹入洛，或謂王戎曰：「昨於稠人中始見嵇紹，昂昂然若野鶴之在雞群。」(《藝文類聚》卷九十。事又見《晉書·嵇紹傳》。)

王戎簡脫〔一〕，不持儀形，好乘巴、驢馬，雖爲三司〔二〕，率爾私行，巡省園田〔三〕，不從一人，以手巾插腰〔四〕。戎故吏多至大官〔五〕，相逢，戎輒下道避之〔六〕。(《太平御覽》卷八百九十七。又見《太平御覽》卷七百一十六、《事

類賦》卷二十一、《記纂淵海》卷一百一十、《事類備要》前集卷三十九、《翰苑新書》前集卷六十二。事又見《橘山四六》卷三引《竹林七賢傳》。）

〔校記〕

〔一〕簡，《事類賦》作「穎」。

〔二〕《太平御覽》卷七百一十六自此句引起，「雖」上有「王戎」二字。

〔三〕園田，《事類賦》作「田園」。

〔四〕「以」上，《事類賦》有「自」字。又《事類賦》引至此止。

〔五〕《記纂淵海》、《事類備要》、《翰苑新書》自此引起，「戎」上皆有「王」字。至，《太平御覽》卷七百一十六無。

〔六〕戎，《太平御覽》卷七百一十六無。

　　王濟嘗解禊洛水〔一〕，明日或問王濟曰〔二〕：「昨日又有何議論〔三〕？」濟曰〔四〕：「張華善說《史》、《漢》，裴逸人敘前言往行〔五〕，袞袞可聽〔六〕。安豐侯道子房季札之間，超然玄箸。」（《藝文類聚》卷五十五。又見《世說新語·言語》注、《北堂書鈔》卷一百五十五、《藝文類聚》卷四、《初學記》卷四、《白氏六帖》卷一、《歲華紀麗》卷一、《太平御覽》卷三十、《事類賦》卷四、《歲時廣記》卷十八、《蘭亭考》卷十二。《初學記》云出戴逵《竹林七賢論》。事又見《世說新語·言語》、《晉書·王戎傳》。）

〔校記〕

〔一〕嘗，《歲華紀麗》作「常」，二字通。洛，《事類賦》誤作「谷」。此句，《世說新語》注、《蘭亭考》作「王濟諸人嘗至洛水解禊事」。又《北堂書鈔》、《初學記》僅引此一句。

〔二〕王，《世說新語》注、《事類賦》、《蘭亭考》無。濟，《藝文類聚》卷四、《太平御覽》、《歲時廣記》、《蘭亭考》無。此句，《白氏六帖》作「或問」，《歲華紀麗》作「明日或問」。

〔三〕此句，《世說新語》注、《藝文類聚》卷四、《蘭亭考》作「昨遊有何語議」，《白氏六帖》作「昨宵遊有何語議」，《歲華紀麗》、《太平御覽》、《歲時廣記》作「昨日遊有何語議」，《事類賦》作「昨日遊者何語」。

〔四〕濟，《白氏六帖》、《太平御覽》、《事類賦》、《歲時廣記》作「答」，《歲華紀麗》作「王」，《蘭亭考》無。又《世說新語》注作「濟云云」，因正文有之，故其下略之也。正文文句作「裴僕射善談名理，混混有雅致。張茂先論《史》、《漢》，靡靡可聽。我與王安豐說延陵、子房，亦超超玄箸」，非止文字有異，亦且順序不同也。

〔五〕人，《藝文類聚》卷四、《歲華紀麗》、《太平御覽》、《事類賦》、《歲時廣記》、《蘭亭考》作「民」。按：裴逸民即裴頠也，作「人」者，避唐太宗諱而改之。

〔六〕袞袞，《白氏六帖》、《歲華紀麗》作「歷歷」，《歲時廣記》作「滾滾」。又《藝文類聚》卷四、《白氏六帖》、《歲華紀麗》、《太平御覽》、《事類賦》、《歲時廣記》、《蘭亭考》引至此止。

俗傳若此。潁川庾爰之嘗以問其伯文康，文康云：「中朝所不聞，江左忽有此論，蓋好事者為之耳。」（《世說新語‧傷逝》注。按：據其「俗傳若此」一句，則《竹林七賢論》當有正文所載事也。）

阮咸

山濤之舉阮咸，固知上不能用，蓋惜曠世之儁，莫識其意故耳。夫以咸之所犯，方外之意，稱其清真寡欲，則跡外之意自見耳。（《世說新語‧賞譽》注。）

阮咸，字仲容，籍兄子也〔一〕。諸阮前世儒學〔二〕，善屋室〔三〕，內足於財〔四〕。唯籍一巷〔五〕，尚道業〔六〕，好酒而貧〔七〕。舊俗七月七日〔八〕，法當曝衣〔九〕，諸阮庭中爛然〔一○〕，莫非綈錦〔一一〕。咸時總角〔一二〕，乃豎長竿〔一三〕，摽大布犢鼻褌於庭中〔一四〕，曰〔一五〕：「未能免俗，聊復共爾〔一六〕。」（《太平御覽》卷三十一。又見《世說新語‧任誕》注、《玉燭寶典》卷七、《北堂書鈔》卷一百五十五、《藝文類聚》卷四、《初學記》卷四、《太平御覽》卷四百九十六、卷八百一十六、《事類賦》卷五、《事文類聚》前集卷十、《事類備要》前集卷十七、《歲時廣記》卷二十八。事又見《世說新語‧任誕》、《晉書‧阮咸傳》、《歲華紀麗》卷三等引《竹林七賢傳》。）

〔校記〕
〔一〕此句，《初學記》、《歲時廣記》無。
〔二〕《世說新語》注、《太平御覽》卷四百九十六、《事類賦》自此句引起。前世，《太平御覽》卷四百九十六無。「儒」上，《世說新語》注、《玉燭寶典》、《藝文類聚》、《太平御覽》卷四百九十六、《事文類聚》、《事類備要》有「皆」字，此疑脫之。前世儒學，《事類賦》無，「諸阮」連下讀。
〔三〕此句，《玉燭寶典》、《藝文類聚》、《事文類聚》、《事類備要》無。
〔四〕此句，《世說新語》注、《太平御覽》卷四百九十六無。
〔五〕此句，《世說新語》注作「唯咸一家」，《藝文類聚》作「唯籍一生」，《太平御覽》卷四百九十六作「唯阮咸」，《事文類聚》、《事類備要》作「唯咸一生」。
〔六〕此句，《世說新語》注、《藝文類聚》、《事文類聚》、《事類備要》作「尚道棄事」，《玉燭寶典》作「棄事」，《太平御覽》卷四百九十六、《事類賦》無。按：本文「業」字疑即「棄」之形訛，其下又脫「事」字。
〔七〕而，《藝文類聚》作「家」。《北堂書鈔》自此句引起，首句作「阮咸尚素好酒而貧」，「素」疑即「棄（業）」之形訛而復有脫也。又自「諸阮前世」至此，《初學記》無，《歲時廣記》作「與叔父籍居道南，諸阮居道北，北阮富，南阮貧」。
〔八〕舊，《北堂書鈔》、《初學記》、《太平御覽》卷四百九十六、《歲時廣記》無。俗，《初學記》、《歲時廣記》無。

〔九〕法當，《太平御覽》卷四百九十六無。曝，《世說新語》注、《玉燭寶典》、《北堂書鈔》、
　　《藝文類聚》、《太平御覽》卷八百一十六、《事文類聚》、《事類備要》無。此句，《初
　　學記》無。

〔一〇〕諸，《歲時廣記》作「北」。爛然，《太平御覽》卷四百九十六無。

〔一一〕莫非，《世說新語》注無，《太平御覽》卷四百九十六作「並列」。綈錦，《世說新
　　語》注作「錦綺」，《玉燭寶典》乙。以上兩句，《北堂書鈔》無。

〔一二〕「咸」上，《太平御覽》卷八百一十六有「阮」字，《事類賦》有「籍兄子」三字。
　　「時」下，《歲時廣記》有「方」字。此句，《太平御覽》卷四百九十六僅有一「咸」
　　字，屬下讀。

〔一三〕乃，《太平御覽》卷四百九十六無。豎，《太平御覽》卷四百九十六、《歲時廣記》
　　作「以」。

〔一四〕摽，《玉燭寶典》作「櫏」，《北堂書鈔》、《初學記》、《事類賦》、《事文類聚》、《事
　　類備要》作「標」，三字通，皆作舉解。褌，《玉燭寶典》、《北堂書鈔》、《藝文類
　　聚》、《太平御覽》卷八百一十六、《事文類聚》、《事類備要》無，《歲時廣記》作
　　「□」，當皆脫之也。「於」上，《事文類聚》、《事類備要》、《歲時廣記》有「曝」
　　字。此句，《世說新語》注作「挂犢鼻幝也」，《太平御覽》卷四百九十六作「掛
　　犢鼻布裙」。又《世說新語》注引至此止。

〔一五〕曰，《北堂書鈔》脫。「曰」上，《太平御覽》卷四百九十六有「人問之」三字，《歲
　　時廣記》有「或怪之，答」四字。

〔一六〕此句，《玉燭寶典》作「聊後共爾耳」，「後」即「復」之形訛；《北堂書鈔》、《藝
　　文類聚》、《初學記》、《太平御覽》卷四百九十六、《事文類聚》、《事類備要》作
　　「聊復爾耳」，《事類賦》作「聊復然耳」，《太平御覽》卷八百一十六僅有一「爾」
　　字，屬上讀。按：《世說新語》、《晉書》並作「聊復爾耳」。

　　咸既追婢，於是世議紛然。自魏末沈淪閭巷，逮晉咸寧中，始登王途。（《世
說新語・任誕》注。事又見《晉書・阮咸傳》。）

　　阮咸善彈琵琶〔一〕。（《藝文類聚》卷四十四。《北堂書鈔》卷一百一十。事又
見《晉書・阮咸傳》、《白氏六帖》卷十八引《竹林七賢傳》。）

〔校記〕
〔一〕阮，《北堂書鈔》無。

　　初，籍與戎父渾俱為尚書郎，每造渾，坐未安，輒曰：「與卿語不如與阿
戎語。」就戎，必日夕而返。籍長戎二十歲，相得如時輩。劉公榮通士，性
尤好酒。籍與戎酬酢終日，而公榮不蒙一杯，三人各自得也。戎為物論所先，
皆此類。（《世說新語・簡傲》。）

籍之抑渾，蓋以渾未識己之所以爲達也。後咸兄子簡〔一〕，亦以曠達自居。父喪，〔二〕行遇大雪〔三〕，寒凍，遂詣浚儀令。令爲它賓設黍臛〔四〕，簡食之〔五〕，以致清議，廢頓幾三十年〔六〕。是時，竹林諸賢之風雖高，而禮教尚峻。迨元康中，遂至放蕩越禮，樂廣譏之曰：「名教中自有樂地，何至於此？」樂令之言有旨哉！謂彼非玄心，徒利其縱恣而已。（《世說新語·任誕》注。又見《太平御覽》卷八百五十、《蒙求集注》卷上。）

〔校記〕

〔一〕《太平御覽》、《蒙求集注》皆自此句引起。此句，《太平御覽》作「阮咸兄子簡」，《蒙求集注》作「阮簡，咸之從子」，「從」蓋「兄」之音訛。

〔二〕以上兩句，《太平御覽》作「亦曠達，自居大喪」，《蒙求集注》作「亦以曠達聞，居父喪」。《御覽》「大」蓋「父」之形訛，《集注》「聞」或「自」之增誤。又或此句當作「亦以曠達聞，居父喪」，「自」則「聞」之脫訛也。

〔三〕遇，《蒙求集注》作「過」，形訛也。

〔四〕它，《太平御覽》、《蒙求集注》作「他」。臛，《蒙求集注》脫。

〔五〕「食」上，《太平御覽》有「又」字。

〔六〕幾，《太平御覽》無。三，《蒙求集注》作「二」。《太平御覽》、《蒙求集注》引至此止。

存疑

阮籍

若裴公之制弔，欲冥外以護內，有達意也，有弘防也。（《世說新語·任誕》注。按：此原引《名士傳》，其下曰「戴逵論之曰」，似當即《竹林七賢論》之文。此論裴公弔阮籍事，今姑置此。）

王戎

王戎晦默，於危亂之際，獲免憂禍，既明且哲，於是在矣。或曰：「大臣用心，豈其然乎？」逵曰：「運有險易，時有昏明，如子之言，則蘧瑗、季札之徒皆負責矣。自古而觀，豈一王戎也哉？」（《世說新語·儉嗇》注。按：此原引《晉諸公贊》，下「戴逵論之曰」云云，似當即此中文，今姑置此。）

《名士傳》 　晉袁宏撰

　　《名士傳》，晉袁宏撰。袁宏，字彥伯。祖父猷，晉侍中。父勖，臨汝令。宏少孤貧，有逸才，爲詠史詩，名聲日著。初爲尚參其軍事，後遷桓溫府記室。謝安爲揚州刺史，宏自吏部郎出爲東陽郡。太元初，卒於東陽，年四十九。著有《後漢紀》三十卷、《名士傳》三卷、詩賦誄表等雜文三百首。《晉書》有傳。

　　是書，《隋書·經籍志》題《正始名士傳》，三卷，袁敬仲撰。兩《唐志》並題《名士傳》，三卷，袁宏撰。《世說新語·文學》云：「袁伯彥作《名士傳》成，宏以夏侯太初、何平叔、王輔嗣爲正始名士，阮嗣宗、嵇叔夜、山巨源、向子期、劉伯倫、阮仲容、王濬仲爲竹林名士，裴叔則、樂彥輔、王夷甫、庾子嵩、王安期、阮千里、衛叔寶、謝幼輿爲中朝名士。」則是書三卷，蓋首卷爲正始名士，次卷爲竹林名士，末卷爲中朝名士。《隋志》作《正始名士傳》者，諸書引《竹林名士傳》者，皆取其中一卷爲名也。《玉海·藝文》云：「《正始名士傳》三卷，其中卷竹林名士三逸，上卷增荀粲，下卷增阮修。」觀《世說新語》注引《名士傳》已有阮修，則所增二人當甚早。「三逸」難解，未知言竹林名士逸三人否？是書，《崇文總目》、《遂初堂書目》並有著錄，《宋史·藝文志》作二卷，未知「二」爲「三」之誤，抑或南宋之時已有脫誤也。後世書目不見著錄，或元時已亡也。

　　今之所輯，略依《世說新語》注所言分爲三卷，卷一爲《正始名士傳》，卷二爲《竹林名士傳》，卷三爲《中朝名士傳》。其中有其人而無其文者，一併錄之。又《水經注·清水注》引袁彥伯《竹林七賢傳》，當即《竹林名士傳》也，今附嵇康條下。又宋陳應行《吟窗雜錄》卷四十七引《名士傳》林傑事，乃《閩川名士傳》之誤，茲不錄。

卷一　正始名士傳

夏侯玄

　　初，玄以鍾毓志趣不同，不與之交。玄被收時，毓爲廷尉，執玄手曰：「太初何至於此？」玄正色曰：「雖復刑餘之人，不可得交。」（《世說新語·方正》注。）

玄以鄉黨貴齒，本不論德位，年長者必爲拜。與陳本母前飲，騫來而出，其可得同，不可得而雜者也。（《世說新語·方正》注。）

何晏

是時曹爽輔政，識者慮有危機。晏有重名，與魏姻戚，內雖懷憂，而無復退也。著五言詩以言志曰：「鴻鵠比翼遊，群飛戲太清。常畏大網羅，憂禍一旦并。豈若集五湖，從流唼浮萍。永寧曠中懷，何爲怵惕驚。」蓋因輅言，懼而賦詩。（《世說新語·規箴》注。）

王弼

荀粲

卷二　竹林名士傳

嵇康

王烈服食養性，嵇康甚敬信之〔一〕，隨入山。烈嘗得石髓，柔滑如飴，即自服半，餘半取以與康〔二〕，皆凝而爲石〔三〕。（《文選·沈約〈遊沈道士館〉》注。原云出袁彥伯《竹林名士傳》。又見《風雅翼》卷八。）

〔校記〕

〔一〕嵇康，《風雅翼》無。

〔二〕半，《風雅翼》無。

〔三〕「康」上，《風雅翼》有「嵇」字。

嵇叔夜嘗採藥山澤，遇之於山，冬以被髮自覆，夏則編草爲裳，彈一絃琴而五聲和。（《水經注·清水注》。原云出袁彥伯《竹林七賢傳》，當即《竹林名士傳》也。事又見《三國志·魏書·王粲傳》注引《康集目錄》、《晉書·孫登傳》。）

阮籍

阮籍以步兵校尉缺，廚中有數斛酒，乃求爲校尉，大將軍甚奇愛之。（《文選·顏延年〈五君詠〉》注。原云出袁宏《竹林名士傳》。事又見《三國志·魏書·王粲傳》注等引《魏氏春秋》、《晉書·阮籍傳》、《太平御覽》卷一百八十六引《七賢傳》。）

山濤

山濤淳深慎嘿。（《文選·王儉〈褚淵碑文〉》注。原云出袁宏《竹林名士傳》。）

山濤莫見其際。(《文選・王儉〈褚淵碑文〉》注。原云出袁宏《竹林名士傳》。)

濤居魏晉之間，無所標明，嘗與尙書盧欽言及用兵本意，武帝聞之曰：「山少傅名言也。」(《世說新語・識鑒》注。)

王夷甫推嘆濤：「晻晻爲與道合，其深不可測。」(《世說新語・識鑒》注。)

山濤舉嵇紹爲秘書丞，紹語出處於濤曰：「爲君思之久矣！天地四時猶有消息，況於人乎？」(《職官分紀》卷十六。原云出袁彥伯《名士傳》。)

向秀

劉伶

劉伶爲建威參軍。(《文選・顏延年〈五君詠〉》注。原云出袁宏《竹林名士傳》。)

伶字伯倫，沛郡人。肆意放蕩，以宇宙爲狹。常乘鹿車，携一壺酒，使人荷鍤隨之，云：「死便掘地以埋。」土木形骸，遨遊一世。(《世說新語・文學》注。)

王戎

戎由是幼有神理之稱也。(《世說新語・雅量》注。按：此贊王戎不食路邊李事，《名士傳》原文當有此事。)

阮咸

阮咸，字仲容，籍之兄子也，與籍俱爲竹林之遊，官止始平太守。(《文選・顏延年〈五君詠〉》注。原云出袁宏《竹林名上傳》。)

咸字仲容，陳留人，籍兄子也。任達不拘，當世皆怪其所爲。及與之處，少嗜欲，哀樂至到〔一〕，過絕於人，然後皆忘其向議。爲散騎侍郎。山濤舉爲吏部，武帝不用。〔二〕太原郭弈見之心醉，不覺嘆服。〔三〕解音，好酒以卒。(《世說新語・賞譽》注。又見《文選・顏延年〈五君詠〉》注。)

〔校記〕

〔一〕《文選》注自此句引起，作「阮咸哀樂至」。

〔二〕自「然後」至此，《文選》注無。

〔三〕《文選》注引至此。

卷三　中朝名士傳

裴楷

楷行己取與，任心而動，毀譽雖至，處之晏然。（《世說新語・德行》注。）

楚王之難，李肇惡楷名重，收將害之。楷神色不變，舉動自若，諸人請救得免。（《世說新語・雅量》注。）

楷病困，詔遣黃門郎王夷甫省之，楷回眸屬夷甫云：「竟未相識。」夷甫還，亦歎其神儁。（《世說新語・容止》注。）

阮籍喪親，不率常禮，裴楷往弔之。遇籍方醉，散髮箕踞，旁若無人。楷哭泣盡哀而退，了無異色，其安同異如此。（《世說新語・任誕》注。事又見《晉書・阮籍》傳。按：此當是贊裴楷之語，今置於此。）

樂廣

王衍

夷甫天形奇特，明秀若神。（《世說新語・賞譽》注。）

子玄有儁才，能言《莊》、《老》。（《世說新語・賞譽》注。按：此條言郭象，《世說新語》於王衍贊郭象條下，故置於此。）

庾敳

郭象字子玄，自黃門郎爲太傅主簿，任事用勢，傾動一府。敳謂象曰：「卿自是當世大才，我疇昔之意，都已盡矣！」其伏理推心，皆此類也。（《世說新語・賞譽》注。事又見《晉書・裴敳傳》。）

敳不爲辨析之談，而舉其旨要，太尉王夷甫雅重之也。（《世說新語・賞譽》注。）

敳雖居職任，未嘗以事自嬰，從容博暢，寄通而已。是時天下多故，機事屢起，有爲者拔奇吐異，而禍福繼之。敳常默然，故憂喜不至也。（《世說新語・賞譽》注。）

敳頹然淵放，莫有動其聽者。（《世說新語・品藻》注。）

王承

　　王承，字安期，太原晉陽人。父湛，汝南太守。承沖淡寡欲，無所循尙。累遷東海內史，爲政清靜，吏民懷之。避亂渡江，是時道路寇盜，人懷憂懼。承每遇艱險，處之怡然。元皇爲鎭東，引爲從事中郎。（《世說新語・政事》注。）

　　承言理辯物，但明其旨要，不爲辭費，有識伏其約而能通。太尉王夷甫一世龍門，見而雅重之，以比南陽樂廣。（《世說新語・品藻》注。原云出《江左名士傳》。事又見《晉書・王承傳》。）

阮瞻

　　瞻字千里，夷任而少嗜欲，不脩名行，自得於懷。讀書不甚研求，而識其要。仕至太子舍人，年三十卒。（《世說新語・賞譽》注。）

衛玠

　　永和中，劉眞長、謝仁祖共商略中朝人士。或曰：「杜弘治清標令上，爲後來之美。又面如凝脂，眼如點漆，粗可得方諸衛玠。」（《世說新語・容止》注。又見《世說新語・賞譽》注、《施注蘇詩・》補遺卷上《贈僧》注，並原云出《江左名士傳》。《賞譽》注僅引「乂，清標令上也」六字，《施注蘇詩》僅引「杜弘治目如點漆」七字。）

　　劉眞長曰：「吾請評之，弘治膚清，叔寶神清。」論者謂爲知言。（《世說新語・品藻》注。原云出《江左名士傳》。事又見《晉書・衛玠傳》。）

謝鯤

　　鯤通簡有識，不脩威儀，好跡逸而心整，形濁而言清，居身若穢，動不累高。鄰家有女，嘗仕挑之。女方織，以梭投，折其兩齒。既歸，傲然長嘯曰：「猶不廢我嘯歌。」其不事形骸如此。（《世說新語・賞譽》注。原云出《江左名士傳》。事又見《晉書・謝鯤傳》。）

阮脩

　　阮脩字宣子，陳留尉氏人。好《老》、《易》，能言理，不喜見俗人。時誤相逢，即舍去，傲然無營，家無擔石之儲，晏如也。琅邪王處仲爲鴻臚卿，謂曰：「鴻臚丞差有有祿，卿常無食，能作不？」脩曰：「爲復可耳。」遂爲鴻臚丞、太子洗馬。（《世說新語・文學》注。）

　　脩性簡任。（《世說新語・任誕》注。）

《文士傳》 晉張隱撰

　　《文士傳》，《隋書・經籍志》云張隱撰，兩《唐志》作張騭，《三國志・魏書・荀彧傳》注作張衡，《太平御覽》卷四百三十八作張鄩，《玉海・藝文志》作張隲，《太平御覽經史圖書綱目》並收張隲《文士傳》，張隱《文士傳》，張鄩《文士傳》。章宗源以爲當作張隱見《隋書經籍志考證》，姚振宗以爲當作張騭見《隋書經籍志考證》，周勛初以爲當是張隱先撰、張騭增補而成見《張騭〈文士傳〉輯本》。今按：《三國志・魏書・管寧傳》注引《文士傳》何楨事後云：「司空文穆公充，憚之孫也，貴達至今。」云「貴達至今」者，即《文士傳》作者生活之時代。何充，永和二年（346 年）卒，贈司空，諡曰文穆，則其著作，必在永和二年後不久。丁國鈞《晉書藝文志補》卷二云：「隱爲廬江太守張夔子，見本書《陶侃傳》。」張隱生平不詳，《晉書・陶侃傳》曰：「侃旋於巴陵，因移鎮武昌。侃命張夔子隱爲參軍，范達子珧爲湘東太守。」事在咸和四年（330 年），與永和二年不過相去十六年，則丁國鈞之說近是。至於張騭增補之說，似不可從。周說據《玉海・藝文志》以爲南朝齊別有一張騭，又據《詩品序》「張騭《文士》，逢文即書」以爲齊張騭增補爲五十卷。今考《三國志》所引，《魏志・王粲志》注作張騭，《魏志・曹休傳》注作張隱，裴松之在張騭之前，不當引張騭書也。故張騭、張隱必有一誤。《隋書・經籍志》、《北堂書鈔》卷一百〇六、《初學記》卷十二（兩引）、卷十七、卷十八、卷二十、卷二十五（兩引）皆作張隱，則作「騭」者，恐即「隱」字之誤。「騭」字或書作「隲」（見北魏《辛祥墓誌》）、「隲」（見北周《匹婁歡墓誌》、《玉篇・馬部》）、「隲」（見隋《爾朱端墓誌》），「隱」字或書作「隱」（見魏《高舉墓碑》）、「隐」（見北魏《凝光寺彌勒頌碑》）、「隱」（見唐《杜孚墓誌》），兩字形近，故易誤也。然是書何以有謝靈運者？蓋後人有所增補也。然所增補，未必太多，今遺文勝記，凡六十餘人，其中屈原、張衡、趙壹、蔡邕、孔融、陳琳、阮瑀、王粲、阮籍、嵇康、王弼、張華、左思等諸人皆著述甚豐，若據《詩品序》「逢文即書」，則六十人之作，亦甚夥矣！復取未載之人作品，恐去五十卷不遠。且今考諸書所引，謝靈運之外，能明知卒年者，華譚卒於永昌元年（322 年），孔煒，與阮咸、孫放年代相近，亦晉明帝、成帝時人，或較華譚晚十餘載，然不能詳，故不計。皆卒於張隱之前，則是書所收，蓋皆西晉入東晉以前人物。若增補甚多，不當僅存謝氏一人也。

　　是書，《隋書・經籍志》著錄五十卷，兩《唐志》同。《遂初堂書目》著錄，未云卷數。《玉海・藝文志》云：「齊張隲《文士傳》五十卷，《文選》注引之。裴胐《續文士傳》十卷。開元中懷州司馬。《書目》：『《文士傳》五卷，載六國以來文人起楚芊原終魏阮瑀。』《崇文目》十卷，終宋謝靈運，已疑其不全，今又缺其半。《舊志》《文士傳》五十卷，張隱撰，傳於元帝，詔藏。」則北宋之時尚存十卷，歷兩宋戰火，復闕五卷。《宋史・藝文志》載五卷，或即王應麟所見五卷本也。陶宗儀《說郛》所載《文士傳》，多有非出是書者，當爲輯本，則其時必已亡。以此論之，五卷本《文士傳》當在元時亡佚也。

　　後世輯是書者，首爲陶宗儀《說郛》本，題張隱《文士傳》。凡輯十七人，未注出處，又或有誤輯者，若王肅條，見《三國志・魏書・王肅傳》，《初學記》卷引此，亦云出《魏志》；孫盛條，《初學記》、《太平御覽》、《翰苑新書》引此，俱云出何法盛《晉中興書》；蕭介條《說郛》原標作「武帝」，蕭介爲梁人，固非《文士傳》之文也。或爲誤輯，或出唐裴胐《續文士傳》。次《五朝小說大觀》本，與《說郛》同，當互有所本也。次黃奭《漢學堂叢書》本，題張隱《文士傳》，凡輯十二人，未注出處。黃奭輯本亦有王肅、孫盛條，此二條今《說郛》前諸書所引，今所見皆未云出《文士傳》者，所黃氏參考《說郛》，則不當晚出反較《說郛》爲少；若未參考，則未知何以俱錄兩則，其別有所據耶？次王仁俊《玉函山房輯佚書》本，凡輯張讚、阮瑀兩條，皆從《古謠諺》輯出，其注「《說郛》卷五十八列《文士傳》未載」云云，則王氏僅列《說郛》所未載者也。次吳曾祺《舊小說》本，題張隱《文士傳》，僅輯劉楨、桓驎兩條，未注出處。次魯迅輯本，題張隱《文士傳》見《魯迅輯錄古籍叢編》第三冊，凡輯五十七人，詳注出處，並有校文。次周勛初輯本見周勛初《魏晉南北朝文學論叢・張隲〈文士傳〉輯本》，凡六十八人，下列出處，並有淺校。審之諸書，以周勛初輯本爲最多，而魯迅輯本所校最詳也。

芊原

　　芊原。（《玉海・藝文志》引《中興書目》：「《文士傳》五卷，載六國以來文人，起楚芊原，終魏阮瑀。」芊原即屈原也，是知此書中當有屈原。）

張衡

張衡，字平子〔一〕，拜侍中，恒居帷幄〔二〕，從容諷議〔三〕，拾遺左右，〔四〕核和書作《周官解說》。衡不樂處，遷爲河間相。（《北堂書鈔》卷五十八。又見《藝文類聚》卷四十八、《初學記》卷十二、《太平御覽》卷二百一十九、《職官分紀》卷六。李德裕《請增諫議大夫等品秩狀》引《後漢書》有此文，今《後漢書》無，蓋是別家所撰。）

〔校記〕

〔一〕此三字，《藝文類聚》、《初學記》、《太平御覽》、《職官分紀》無。

〔二〕恒，《職官分紀》作「嘗」，「嘗」通「常」，「常」、「恒」義同，然諸早出書既皆作「恒」字，仍當從「恒」爲上。

〔三〕從，《藝文類聚》作「儀」。此作「從」字是，「從」字或書作「佟」（見《廣碑別字》引《魏司馬景和妻墓誌銘》）、「佟」（見《廣碑別字》引《齊天統劉陛造像》），左側、右上與「儀」字相近，因而致訛。《請增諫議大夫等品秩狀》、《唐六典》卷八、《白氏六帖》卷二十一並有此文，皆作「從」。

〔四〕《藝文類聚》、《初學記》、《太平御覽》、《職官分紀》引至此止。

張衡性精微，有□巧藝〔一〕，特留意於天文、陰陽、筭數〔二〕，由是遷太史令。（《太平御覽》卷二百三十五。又見《北堂書鈔》卷五十五。）

〔校記〕

〔一〕□，《北堂書鈔》作「功」。

〔二〕「於」、「陰陽」、「筭數」五字，《北堂書鈔》無。

張衡有巧藝〔一〕，嘗作木鳥，假以羽翮，腹中施機，能數里飛〔二〕。（《太平御覽》卷九百一十四。又見《太平御覽》卷七百五十二。）

〔校記〕

〔一〕「有巧藝」三字，《太平御覽》卷七百五十二無。

〔二〕此句，《太平御覽》卷七百五十二作「能飛數里」。

桓驎

桓驎，字元鳳〔一〕。伯父焉知名〔二〕，官至太尉。〔三〕精察好學，年十三四，〔四〕在焉坐〔五〕，有宿年客〔六〕，焉告之曰〔七〕：「吾此弟子頗有異才〔八〕，今已涉獵書傳〔九〕，殊能作詩賦〔一○〕，君試爲口賦試與之〔一一〕。」客乃爲詩曰：〔一二〕「甘羅十二，楊烏九齡。昔有二子，今則桓生〔一三〕。參差等蹤，異世齊名。」〔一四〕驎即答曰〔一五〕：「邈矣甘羅，超等絕倫。卓彼楊烏〔一六〕，命世稱賢〔一七〕。嗟予惷弱，殊才侔年〔一八〕。仰慙二子，俯愧過言。」（《太平

御覽》卷五百一十二。又見《藝文類聚》卷三十一、《太平御覽》卷三百八十五、《類要》卷二十二。）

〔校記〕

〔一〕此三字，《藝文類聚》無。此三字下，《太平御覽》卷三百八十五有「沛國龍亢人」五字。

〔二〕「知名」二字，《藝文類聚》無。

〔三〕以上四句，《類要》作「淵圣御名，驎伯文焉爲太尉」，「淵圣」或當「元鳳」之音訛，「御名」當作「知名」，「御」乃「知」之形訛，「文」爲「父」之形訛，「知名」二字當移「父」下。

〔四〕以上兩句，《藝文類聚》作「驎年十二」，《太平御覽》卷三百八十五作「驎精敏，年十三四」，《類要》作「年十二」。

〔五〕焉，《藝文類聚》無。

〔六〕年，《太平御覽》卷三百八十五無。「年」字似不當有，北周宇文逌《〈庚子山集〉序》有「桓驎十四之歲答宿客之詩魯連」句，即用此事，無「年」字。此句，《藝文類聚》、《類要》無。

〔七〕之，《藝文類聚》作「客」。此句，《類要》作「告客」。

〔八〕此，《類要》無。頗，《藝文類聚》作「知」，《類要》無。作「頗」者爲上，「知」或「頗」之形訛。

〔九〕此句，《藝文類聚》、《類要》無。

〔一〇〕殊，《類要》無。

〔一一〕此句，《藝文類聚》、《類要》無。

〔一二〕自「焉告之曰」以下至「客乃」三十三字，《太平御覽》卷三百八十五無。

〔一三〕桓，《類要》誤作「栢」。

〔一四〕「參差」、「異世」二句，《藝文類聚》、《類要》無。

〔一五〕「答」上，《藝文類聚》、《太平御覽》卷三百八十五、《類要》有「應聲」二字，此言桓驎反應敏捷，有「應聲」爲上。

〔一六〕卓，《藝文類聚》、《類要》作「伊」，作「卓」是，「卓」與「邈」對。

〔一七〕賢，《類要》誤作「矣」。

〔一八〕侔，《藝文類聚》、《類要》誤作「偉」，形訛也。

朱穆

世無絕交。（《後漢書·朱穆傳》注。）

朱穆，字公叔，作《鬱金賦》曰：「英熠爍以焜煌，似九日之普照。遠而望之，粲若星羅出雲嶠；近而觀之，曄若丹桂耀湘涯。」（《太平御覽》卷九百八十一。）

張讚

留侯七世孫張讚，字子卿，初居吳縣相人里，時人諺曰：「相里張，多賢良。積善應，子孫昌。」(《太平御覽》卷四百九十六。按：張讚生平無考，史載張綱爲張良七世孫，張綱爲順帝時人，讚或亦在此時。)

延篤

延篤爲京兆尹。桓帝時，梁冀專政，時皇太子疾，詔書發京兆，出牛黃。冀遣諸生齎書持牛黃詣篤賣〔一〕，篤以爲詐，論殺之。(《太平御覽》卷九百八十八。事又見《後漢書·延篤傳》。)

〔校記〕

〔一〕此句，《後漢書·延篤傳》作「大將軍梁冀遣客齎書詣京兆幷貨牛黃」，則此文「賣」字似當作「買」。

張升

張叔序〔一〕，字彥眞，遇黨錮去官。道逢其友人，相與語天下云：「嫉害忠良，豈但道之不行，恐將不免。」二人相向而泣。有老人過，嗟曰：「二大夫何泣之悲哉！龍不隱鱗，鳳不藏羽，羅網高懸，憂在機後。泣將何及？」二人欲與之語，不顧而去。(《太平御覽》卷四百八十八。事又見《後漢書·逸民列傳·陳留老父傳》。)

〔校記〕

〔一〕張叔序，《後漢書·文苑列傳》作「張升」，是也。叔，俗書作「𣏌」、「𣏌」，與「升」形近，古多互訛。「序」疑即「彥」之形訛，蓋「彥」訛作「序」，校者於其側注「彥」字，其後「彥」入正文，後人乃移「序」於前也。

劉梁

劉梁，字曼山，一名岑，漢宗室子孫。少有清才，以文學見貴。梁貧，恒賣書以供衣食。(《太平御覽》卷四百八十五。事又見《後漢書·文苑列傳·劉梁傳》。)

趙壹

趙壹肩高二尺，高自抗竦，爲鄉黨所擯。(《太平御覽》卷三百六十九。原云出《文傳》，蓋脱「士」字。事又見《後漢書·趙壹傳》。)

趙壹郡舉計吏，至京輦。是時袁陽爲司徒，宿聞其名，時延請之。〔一〕壹入閣〔二〕，揖而不拜。陽問曰〔三〕：「嘗聞下郡計吏見漢三公不爲禮者乎〔四〕？」

壹曰：「昔酈食其，高陽白衣也，而揖高祖。今壹，關西男子，其揖漢三公，不亦可乎？」〔五〕陽壯其言，接之甚厚。（《太平御覽》卷五百四十三。又見《北堂書鈔》卷八十五。）

〔校記〕

〔一〕以上五句，《北堂書鈔》作「袁逢聞趙壹名，特迎請之」。「陽」當爲「逢」之音訛。「時」當是「特」之形訛，此乃趙壹首見袁逢事，不當云「時」。

〔二〕「入閣」二字，《北堂書鈔》無。

〔三〕此三字，《北堂書鈔》作「逢曰」。

〔四〕此句，《北堂書鈔》作「小郡下吏見三公不禮，但舉手一揖」，有脫誤。

〔五〕以上趙壹之言，《北堂書鈔》作「高陽白衣，而入揖漢王，今壹揖三公，何不可者也」。《北堂書鈔》引至此止。

蔡邕

邕告吳人曰〔一〕：「吾昔嘗經會稽高遷亭〔二〕，見屋椽竹東閒第十六可以爲笛〔三〕。」取用，果有異聲。（《後漢書·蔡邕列傳》注。又見《北堂書鈔》卷一百一十、《藝文類聚》卷八十九、《太平御覽》卷五百八十、卷九百六十二、《事類賦》卷十一、《施注蘇詩·歐陽晦夫惠琴枕》、《事文類聚》後集卷二十四。《後漢書》注、《施注蘇詩》原云出張騭《文士傳》。事又見《搜神記》卷十三、《北堂書鈔》卷一百一十一引《蔡邕別傳》、《太平御覽》卷一百八十八、卷一百九十四引《續漢書》。）

〔校記〕

〔一〕「邕」上，《太平御覽》卷五百八十、《事類賦》有「蔡」字。

〔二〕嘗，《太平御覽》卷五百八十作「常」，「嘗」、「常」通。又以上兩句，除《太平御覽》卷五百八十、《事類賦》外，餘書並節引。《北堂書鈔》作「蔡邕嘗經會稽高遷亭」，《藝文類聚》、《太平御覽》卷九百六十二、《施注蘇詩》作「蔡邕經會稽高遷亭」，《事文類聚》作「蔡邕經會稽柯亭」。按：《搜神記》亦作「柯亭」，高遷亭，一名柯亭，又名千秋亭。宋陳暘《樂書·樂圖論》云：「昔蔡邕嘗經會稽柯亭，……《文士傳》柯亭爲高遷亭，誤矣。」則《文士傳》本作「高遷亭」也，《事文類聚》作「柯亭」，乃後人所改。

〔三〕此句，《北堂書鈔》作「見屋椽竹東間十六可以爲笛」，《藝文類聚》作「見椽竹可以爲笛」，《太平御覽》卷五百八十作「見屋椽竹東間第十六可爲笛」，《太平御覽》卷九百六十二作「見屋椽竹從東間數第十六可以爲籥」，《事類賦》作「見屋東間數第十六竹椽可爲笛」，《施注蘇詩》作「見屋椽竹東間第六可以爲笛」，《事文類聚》作「見椽竹可以爲籥」。「椽」、「柭」乃「椽」之形訛，「閒」乃「間」之異體字，《施注蘇詩》脫「十」字。「笛」、「籥」難明孰是，《搜神記》作「笛」，《蔡邕別傳》、《續漢書》作「籥」。

邊讓

邊讓，字文禮，陳留人，才儁辯逸。大將軍何進聞其名，召署令史，以禮見之。讓占對閑雅〔一〕，聲氣如流，坐客皆慕之。讓出就曹，時孔融、王朗等並前爲掾，共書刺從讓，讓平衡與交接。後爲九江太守，爲魏武帝所殺。（《世說新語‧言語》注。事又見《後漢書‧文苑列傳‧邊讓傳》、《北堂書鈔》卷六十一引《典略》。）

〔校記〕

〔一〕此句，《後漢書‧邊讓傳》作「讓善占射，能辭對」，此云談論風雅流暢，故坐客慕之，與「占射」無涉。「射」或即「對」字之訛。

應劭

字仲援。（《後漢書‧應劭傳》注。按：原注云：「謝承《書》、《應氏譜》並云字仲遠，《續漢書》、《文士傳》作仲援，《漢官儀》又作仲瑗，未知孰是。」）

嬀覽

嬀覽。（《元和姓纂》卷二十五。原云：「《文士傳》有嬀覽。」）

孔融

孔融年四歲，與諸兄食梨，輒取其小者〔一〕。人問其故，答曰：「我小兒〔二〕，法當取小者。」由此宗族奇之〔三〕。（《太平御覽》卷九百六十九。又見《藝文類聚》卷八十六、《事類賦》卷二十七。事又見《後漢書‧孔融傳》引《融家傳》。）

〔校記〕

〔一〕其，《事類賦》無。

〔二〕我，《藝文類聚》無。

〔三〕此句，《藝文類聚》、《事類賦》無。

高岱

高岱，字孔父〔一〕，少勵高操，年二十七，〔二〕郡將盛憲辟以爲上計吏〔三〕，岱辭不行，憲曰〔四〕：「卿懷書千卷〔五〕，隱光藏輝，〔六〕擇君而仕，太守今日屈行，誠不展志，然鳳凰舒翼，龍虎豹步而不獲己，君其勉之。」岱遂行，至京，稱病不出。（《北堂書鈔》卷七十八。又見《北堂書鈔》卷三十二。）

〔校記〕

〔一〕父，《三國志‧吳書‧孫策傳》引《吳錄》作「文」，《冊府元龜》亦作「文」，「父」當爲「文」之形訛。

〔二〕以上四句，《北堂書鈔》卷三十二作「高岱有操」。

〔三〕辟，《北堂書鈔》卷三十二無。

〔四〕此二字，《北堂書鈔》卷三十二作「謂司卿曰」。「卿」當在「曰」下，「司」乃衍文。

〔五〕卿，《北堂書鈔》卷三十二無。

〔六〕《北堂書鈔》引至此止。

侯瑾

侯瑾，字子瑜，家貧，晝傭賃〔一〕，暮輒燒柴〔二〕，如對尊賓〔三〕。（《北堂書鈔》卷第九十七。又見《九家集注杜詩》卷十四《故秘書少監武功蘇公源明》注。事又見《後漢書·文苑列傳·侯瑾傳》、《北堂書鈔》卷九十八引謝承《後漢書》、《太平御覽》卷八百二十九引《漢皇德頌》。又《藝文類聚》卷八十引《汝南先賢傳》蔡順事後，以「又曰」引此條，侯瑾乃敦煌人，此必非《汝南先賢傳》之文，或「又」乃「文」之誤，而脫「士傳」二字也。）

〔校記〕

〔一〕晝，《九家集注杜詩》無。

〔二〕輒，《九家集注杜詩》無。「柴」下，《九家集注杜詩》有「讀書」二字。按：《後漢書》、謝承《後漢書》、《漢黃德頌》並有「讀書」二字，此猶鑿壁偷光，言其讀書勤奮，若無「讀書」二字，則義缺然。

〔三〕此句，《九家集注杜詩》無。此句之前當有脫文，《後漢書》「讀書」下有「常以禮自牧，獨處一房，如對嚴賓焉」句。

棗袛

袛，本姓棘，先人避難，易為棗。〔一〕孫據，字道彥，晉冀州刺史；據子嵩，字臺產，散騎常侍；並有才名，多所著述。嵩兄腆，字玄方，襄陽太守，亦有文采。（《三國志·魏書·任峻傳》注。又見《元和姓纂》卷十、《廣韻·晧韻》、《姓解》卷三。又《資治通鑑釋文》卷七、卷八、《通鑑綱目》卷十三亦引《文士傳》，與《廣韻》同，今不錄。《通鑑綱目》云出《潁川文士傳》，《廣韻》「棗，又姓，出在潁川，《文士傳》」云云，蓋誤以「潁川」連下也。事又見《晉書·文苑列傳·棗據傳》。）

〔校記〕

〔一〕以上四句，《元和姓纂》作「棗袛，本姓棘。避仇改為棗」，《廣韻》作「棗氏本姓棘，避難改焉」，《姓解》作「棗據，本姓棘，衛大夫棘子成之後，避仇改姓棗」，蓋皆據《文士傳》而所取不同也。

阮瑀

阮瑀少有儁才，應機捷麗，就蔡邕學，歎曰〔一〕：「童子奇才，朗朗無雙。」（《太平御覽》卷三百八十五。按：《三國志‧魏書‧王粲傳》：「瑀少受學於蔡邕。」）

〔校記〕

〔一〕「歎」前，疑當有「邕」字。

太祖雅聞阮瑀名〔一〕，辟之，不應，連見逼促〔二〕，乃逃入山中〔三〕。太祖使人焚山得瑀〔四〕，送至，召入。〔五〕太祖時在長安〔六〕，大延賓客，怒不與語〔七〕，使就伎人列〔八〕。瑀善解音，能鼓琴，〔九〕遂撫弦而歌〔一〇〕，因造歌曲曰〔一一〕：「奕奕天門開，大魏應期運。青蓋巡九州，〔一二〕在西東人怨。士爲知己死，女爲悅己玩。恩義苟潛暢〔一三〕，他人焉能亂。」爲曲既捷，音聲殊妙，當時冠坐〔一四〕。太祖大悅，署爲記室〔一六〕。（《文選‧任昉〈齊竟陵文宣王行狀〉》注。又見《三國志‧魏書‧王粲傳》注、《北堂書鈔》卷一百〇六、《太平御覽》卷五百七十二。又《三國志》裴松之注以爲此事乃後人附議而成，不足取信。）

〔校記〕

〔一〕雅，《北堂書鈔》無。阮，《三國志》注無。名，《太平御覽》無。

〔二〕促，《太平御覽》無。此句，《北堂書鈔》無。

〔三〕此句，《北堂書鈔》作「及逃入山」，「及」或「乃」之形訛。

〔四〕「太祖使人」四字，《北堂書鈔》作「便」，《太平御覽》作「使人」。

〔五〕以上四字，《北堂書鈔》無。

〔六〕在，《三國志》注、《太平御覽》作「征」，是也，「在」即「征」之形訛。

〔七〕「怒」下，《三國志》注、《太平御覽》有「瑀」字，是也，若無，則有歧義。語，《太平御覽》作「言」。又自「太祖時在」以下三句，《北堂書鈔》節作「太祖怒不與語」。

〔八〕伎，《三國志》注作「技」。

〔九〕以上兩句，《北堂書鈔》節作「瑀取琴」。

〔一〇〕遂，《太平御覽》無。

〔一一〕「因造歌曲」四字，《北堂書鈔》、《太平御覽》無。

〔一二〕《北堂書鈔》引至此止。

〔一三〕潛，《三國志》注作「敷」。

〔一四〕此句，《太平御覽》無。

〔一五〕此句，《三國志》注、《太平御覽》無。

阮瑀舐筆操櫫立成，曹公索筆求改，卒無下筆處。（《事類賦》卷十五。）

禰衡

衡，不知先所出，逸才飄舉，少與孔融作爾汝之交。時衡未滿二十，融已五十，敬衡才秀，共結殷勤，不能相違。以建安初北遊，或勸其詣京師貴遊者，衡懷一刺，遂至漫滅，竟無所詣。融數與武帝牋，稱其才，帝傾心欲見。衡稱疾不肯往，而數有言論。帝甚忿之，以其才名不殺，圖欲辱之，乃令錄爲鼓吏。後至八月朝會，大閱試鼓節，作三重閣，列坐賓客。以帛絹製衣，作一岑牟、一單絞及小褌。鼓吏度者，皆當脫其故衣，著此新衣。次傳衡，衡擊鼓爲《漁陽》摻撾，蹋地來前，躡毀腳足，容態不常，鼓聲甚悲，音節殊妙。坐客莫不忼慨，知必衡也。既度，不肯易衣。吏呵之曰：「鼓吏何獨不易服？」衡便止。當武帝前，先脫褌，次脫餘衣，裸身而立。徐徐乃著岑牟，次箸單絞，後乃箸褌。畢，復擊鼓，摻槌而去，顏色無怍。武帝笑謂四坐曰：「本欲辱衡，衡反辱孤。」至今有《漁陽》摻撾，自衡造也。爲黃祖所殺。(《世說新語·言語》注。又見《後漢書·文苑列傳·禰衡傳》注〔兩引〕、《初學記》卷十八、《太平御覽》卷四百〇九。《初學記》、《太平御覽》卷四百〇九云出張隱《文士傳》。諸書皆節引，文差異較大，今附於下。又《太平御覽》卷三十注亦引此事，文有訛誤，且云出《後漢書》注引《文士傳》，今不復錄。事又見《後漢書·文苑列傳·禰衡傳》。)

附：《後漢書·文苑列傳·禰衡傳》注：魏太祖欲辱衡，乃令人錄用爲鼓史。後至八月朝普天閱試鼓節，作三重閣，列坐賓客，以帛絹制作衣，一岑牟，一單絞及小褌。〔「普天」二字，「普」當爲「會」字之訛，「天」當爲「大」字之訛，分屬上下爲句。〕

《後漢書·文苑列傳·禰衡傳》注：衡擊鼓作《漁陽》參撾，蹋地來前，蹋駁足腳，容態不常，鼓聲甚悲。易衣畢，復擊鼓參撾而去。至今有《漁陽》參撾，自衡始也。

《初學記》卷十八：禰衡有逸才，少與孔融交。時衡未滿二十，而融已五十，敬衡才秀，忘年殷勤。

《太平御覽》卷四百九：禰衡與孔融作爾汝之交。時衡未滿二十，融已五十，重衡才秀，忘年也。

孔融數薦衡于太祖，欲與相見，而衡疾惡之，意常憤懣，因狂疾不肯往，而數有言論。太祖聞其名，圖欲辱之，乃錄爲鼓吏。後至八月，朝，大宴，

賓客並會。時鼓吏擊鼓過，皆當脫其故服，易着新衣。次衡，衡擊爲《漁陽》參撾，容態不常，音節殊妙。坐上賓客聽之，莫不慷慨。過不易衣，吏呵之。衡乃當太祖前以次脫衣，裸身而立，徐徐乃著褌帽畢，復擊鼓參撾，而顏色不怍。太祖大笑，告四坐曰：「本欲辱衡，衡反辱孤。」至今有《漁陽》參撾，自衡造也。融深責數衡，并宣太祖意，欲令與太祖相見。衡許之，曰：「當爲卿往。」至十月，朝，融先見太祖，說衡欲求見。至日晏，衡著布單衣，疏巾履，坐太祖營門外，以杖捶地，數罵太祖。太祖敕外廐急具精馬三匹，并騎二人，謂融曰：「禰衡豎子，乃敢爾！孤殺之無異於雀鼠。顧此人素有虛名，遠近所聞。今日殺之，人將謂孤不能容。今送與劉表，視卒當何如？」乃令騎以衡置馬上，兩騎扶送至南陽。（《三國志·魏書·荀彧傳》注。此原云出張衡《文士傳》，「衡」當爲「隱」或「騭」之誤。）

黃祖世子射，賓客大會，有獻鸚鵡鳥。射舉卮酒於禰衡曰：「願先生爲之賦。」（《太平御覽》卷九百二十四。事又見《後漢書·文苑列傳·禰衡傳》、禰衡《鸚鵡賦》序、《藝文類聚》卷五十六引《禰衡別傳》。）

張秉

張秉自知短命，乃作《千年歌》詩以自傷。（《太平御覽》卷五百八十六。按：張秉事跡無聞，《三國志·吳書·顧邵傳》：「初，錢唐丁諝出於役伍，陽羨張秉生於庶民，烏程吳粲、雲陽殷禮起乎微賤，邵皆拔而友之，爲立聲譽。秉遭大喪，親爲制服結絰。」未知即一人否？）

陳琳

陳琳少有辨才，魏武帝以管記室，書、羽檄多琳所作。魏武帝使爲書，帝時苦頭風臥，省琳之書，翕然而起，曰：「善愈吾疾矣！」（《北堂書鈔》卷一百。事又見《三國志·魏書·王粲傳》注引《典略》。）

琳謝曰：「楚漢未分，蒯通進策於韓信；乾時之戰，管仲肆力於子糾。唯欲效計其主，取禍一時，故跖之客可使刺由，桀之犬可使吠堯也。今明公必能進賢於忿後，棄愚於愛前，四方革命，而英豪託心矣！唯明公裁之。」太祖愛才而不咎也。太祖以琳爲軍謀祭酒，管記室。（《群書治要》卷二十六引《三國志·魏書·王粲傳》注。事又見《長短經·詭順》。）

楊修

楊修字德祖，弘農人，太尉彪子，少有才學思幹。魏武爲丞相，辟爲主簿。〔一〕修常白事〔二〕，知必有反覆教〔三〕，豫爲答對數紙〔四〕，以次牒之而行〔五〕。敕守者曰〔六〕：「向白事，必教出相反覆〔七〕，若按此次第連答之〔八〕。」已而風吹紙次亂〔九〕，守者不別〔一○〕，而遂錯誤〔一一〕。公怒，推問，修懃懼〔一二〕，然以所白甚有理，終亦是修。〔一三〕後爲武帝所誅〔一四〕。（《世說新語·捷悟》注。又見《北堂書鈔》卷一百○四、《藝文類聚》卷五十八。）

〔校記〕

〔一〕以上數句，《北堂書鈔》、《藝文類聚》作「楊修爲魏武主簿」。

〔二〕修，《北堂書鈔》、《藝文類聚》無，此因二書前爲節文，主語已是楊修，故不復出「修」字。常，《藝文類聚》作「嘗」，「嘗」、「常」通。

〔二〕教，《北堂書鈔》無。

〔四〕豫，《北堂書鈔》作「預」，二字通。

〔五〕「而行」二字，《北堂書鈔》無。

〔六〕敕，《藝文類聚》作「告」，「告」下有「其」字。

〔七〕必，《藝文類聚》作「每有」。

〔八〕次，《藝文類聚》脱。又自「敕守者」以下二十一字，《北堂書鈔》無。

〔九〕「已而」二字，《北堂書鈔》無。「而」下，《藝文類聚》有「有」字。

〔一○〕此句，《北堂書鈔》、《藝文類聚》無。

〔一一〕而，《北堂書鈔》、《藝文類聚》無。

〔一二〕「懃懼」二字，《北堂書鈔》、《藝文類聚》無。

〔一三〕以上兩句，《北堂書鈔》、《藝文類聚》作「以實答」。

〔一四〕此句，《北堂書鈔》、《藝文類聚》無。

魏文帝愛楊修才〔一〕，修誅後，追憶修。〔二〕修曾以寶劍與文帝〔三〕，帝後佩之〔四〕，告左右曰〔五〕：「此楊修之劍也〔六〕。」（《藝文類聚》卷六十。又見《北堂書鈔》卷一百二十二、《太平御覽》卷三百四十三、《事類賦》卷十三、《玉海》卷一百五十一。事又見《三國志·魏書·陳思王植傳》注引《典略》。）

〔校記〕

〔一〕魏，《事類賦》無。

〔二〕以上兩句，《北堂書鈔》無。

〔三〕《玉海》自此句引起，「修」前有「楊」字。文帝，《事類賦》作「帝」，《玉海》作「魏文帝」。

〔四〕「帝」前，《太平御覽》有「文」字。帝，《北堂書鈔》無。後，《北堂書鈔》、《事類賦》、《玉海》無。

〔五〕「告左右」三字，《玉海》無。

〔六〕之，《太平御覽》、《事類賦》無。此句，《北堂書鈔》作「此楊修云王髦劍也」，後又有「乃召髦，賜穀帛」六字。《典略》云：「初修以所得王髦劍奉太子，太子常服之。及即尊位，在洛陽，從容出宮，追思修之過薄也，撫其劍，駐車顧左右曰：『此楊德祖昔所說王髦劍也。髦今焉在？』及召見之，賜髦穀帛。」以《北堂書鈔》所引觀之，《文士傳》亦原有王髦之事也，《藝文類聚》、《太平御覽》、《事類賦》諸書，蓋節引之。

王粲

粲說琮曰：「僕有愚計，願進之於將軍，可乎？」琮曰：「吾所願聞也。」粲曰：「天下大亂，豪傑並起，在倉卒之際，彊弱未分，故人各各有心耳。當此之時，家家欲為帝王，人人欲為公侯。觀古今之成敗，能先見事機者，則恒受其福。今將軍自度，何如曹公邪？」琮不能對。粲復曰：「如粲所聞，曹公故人傑也。雄略冠時，智謀出世，摧袁氏於官渡，驅孫權於江外，逐劉備於隴右，破烏丸於白登，其餘梟夷蕩定者，往往如神，不可勝計。今日之事，去就可知也。將軍能聽粲計，卷甲倒戈，應天順命，以歸曹公。曹公必重德將軍。保己全宗，長享福祚，垂之後嗣，此萬全之策也。粲遭亂流離，託命此州，蒙將軍父子重顧，敢不盡言。」琮納其言。（《三國志·魏書·王粲傳》注。裴注引此後辯云：「孫權自此以前，尚與中國和同，未嘗交兵，何云驅權於江外乎？魏武以十三年征荊州劉備，卻後數年，方入蜀，備身未嘗涉於關隴，而於征荊州之年，便云逐備於隴右，既已乖錯。又白登在平城，亦魏武所不經。北征烏丸與白登永不相豫，以此知張騭假偽之辭，而不覺其虛之自露也。凡騭虛偽妄作，不可覆疏，如此類者，不可勝紀。」云乃張騭所偽撰。按：此文雖虛，然未必張騭所偽撰。雜傳之撰，亦猶史傳之撰，必綜錯諸書所引，擇其精妙處而成文。此張騭所引，必有所自，乃前人所杜撰，而張氏錄之也。）

劉楨

楨父名梁，字曼山，一名恭。少有清才，以文學見貴，終於野王令。（《三國志·魏書·王粲傳》注。事又見《後漢書·文苑列傳·劉梁傳》。按：上「劉梁」條曰：「劉梁，字曼山，一名岑，漢宗室子孫。少有清才，以文學見貴。梁貧，恒賣書以供衣食。」此當與上為一事，惟末皆節引，所取不同也。）

劉楨，字公幹，年八歲能誦論及賦數萬言，性辯捷。文帝嘗請同好為主人，使甄夫人出，拜坐者皆伏，而楨獨平視如故。武帝使人觀之，見楨，大

怒，命收之。主者案禎大不恭，應死，減一等，輸作部使磨石。〔一〕武帝嘗輦至尚方，觀作者，〔二〕見禎故環坐正色〔三〕，磨石不仰〔四〕，武帝問曰〔五〕：「石何如〔六〕？」禎因得喻己自理〔七〕，跪對曰〔八〕：「石出自荊山玄巖之下〔九〕，外有五色之章〔一〇〕，內含卞氏之珍〔一一〕，磨之不加瑩，彫之不增文，〔一二〕稟氣堅貞〔一三〕，受茲自然〔一四〕，顧理枉屈紆繞，獨不得申。〔一五〕」武帝顧左右大笑，即日還宮，赦禎復署吏。〔一六〕（《太平御覽》卷四百六十四。又見《世說新語·言語》注、《水經注·穀水注》、《北堂書鈔》卷一百六十、《藝文類聚》卷八十三、《太平御覽》卷五十一、卷三百八十五、卷八百〇五、《事類賦》卷七。《北堂書鈔》云出張隱《文士傳》。又《太平御覽》卷三百八十五引此，因所取不同，故文有異，今附於下。審諸書所引，《世說新語》注、《北堂書鈔》、《藝文類聚》、《太平御覽》卷八百〇五所引文字相近，蓋爲一版本；《水經注》、《太平御覽》卷五十一、《事類賦》所引文字相近，當爲別一版本。）

〔校記〕

〔一〕自篇首至此，諸書皆節引，文差異較大，今總錄之。《世說新語》注作：「禎性辯捷，所問應聲而答。坐平視甄夫人，配輸作部，使磨石。」《水經注》作：「文帝之在東宮也，宴諸文學，酒酣，命甄后出拜，坐者咸伏，惟劉禎平視之，太祖以爲不敬，送徒隸簿。」《北堂書鈔》作：「魏文帝嘗請諸同好，爲主人，使甄夫人出拜，坐者皆伏，而劉禎獨平視如故，武帝大怒，命收之輸作部，使磨。」《藝文類聚》作：「劉禎嘗預魏文帝坐，見甄后不伏，武帝大怒，收付作部，使摩石。」《太平御覽》卷五十一作：「魏文帝之在東宮也，宴諸文學，酒酣，命甄后拜坐者，坐者咸伏，惟劉禎平仰觀之，太祖以爲不敬，送徒隸簿。」《太平御覽》卷八百〇五作：「劉禎，字公幹，少有才辯。常豫魏文帝座，見甄后不伏，武帝常怒，配上方。」《事類賦》作：「魏文在東宮宴諸文學，酒酣，命甄后出拜，眾皆伏，唯劉禎仰觀之。太祖聞之怒，罰令徒作。」禎，當作「楨」，《尚書·費誓》：「峙乃楨幹。」孔傳：「楨當墻兩端者也，幹在墻兩邊者也。」「楨」、「幹」義近，故以「幹」字之。後「禎」字同，不俱校。又《太平御覽》卷八百〇五「常怒」之「常」字亦誤，諸書作「大」。

〔二〕以上兩句，《世說新語》注作「武帝至尚方，觀作者」，《水經注》、《太平御覽》卷五十一作「後太祖乘步輦車，乘城降閣，簿作諸徒咸敬」，《北堂書鈔》作「武帝常輦至尚方，觀作」，《藝文類聚》作「武帝常輦至尚方，觀作者」，《太平御覽》卷八百〇五作「武帝輦至上方，觀作署」，《事類賦》作「後太祖閱諸徒，諸徒咸敬」。《北堂書鈔》「作」下脫「者」字。《藝文類聚》之「常」讀作「嘗」。《太平御覽》卷八百〇五「署」乃「者」之形訛。

〔三〕此句，《世說新語》注作「見楨匡坐正色」，《水經注》作「而楨拒坐」，《北堂書鈔》作「見禎故匡坐正色」，《藝文類聚》作「見楨」，《太平御覽》卷五十一作「而楨坐」，《太平御覽》卷八百〇五作「楨故匡坐正色」，《事類賦》作「而楨坐」。環，《世說

新語》注、《北堂書鈔》、《太平御覽》卷八百〇五作「匡」；《水經注》作「拒」，朱
謀瑋《箋》作「摳坐」，注云：「一作匡坐。」按：此作「匡」為上，《說文》：「匡，
正也。」《莊子・讓王》：「原憲居魯……匡坐而弦。」司馬彪注：「匡，正也。」「匡
坐」、「正色」皆言劉楨雖從事賤役，仍能恭禮不忘。《水經注》之「拒」、「摳」皆
「匡」之形訛。此作「環」者，或亦形訛，「環」通「圜」，若其漫漶，亦與「匡」
形近。《太平御覽》卷五十一與《水經注》文字相近，當出同一版本，其「坐」字上
脫一字也。

〔四〕「磨」前，《藝文類聚》有「楨」字。不仰，《世說新語》注無，《水經注》、《太平御
覽》卷五十一、《事類賦》作「不動」，此作「不仰」是，「動」者，「仰」之形訛。

〔五〕武，《藝文類聚》無。此句，《水經注》、《太平御覽》卷五十一作「太祖曰」，《事類
賦》作「太祖問」。

〔六〕此句之前，《水經注》、《太平御覽》卷五十一有「此非劉楨也」五字。此句，《北堂
書鈔》作「石如何」，《水經注》、《太平御覽》卷五十一、《事類賦》作「石如何性」。

〔七〕此句，《水經注》、《太平御覽》卷五十一、《事類賦》無。

〔八〕「跪」下，《世說新語》注有「而」字。此句，《水經注》、《太平御覽》卷五十一作「楨
曰」，《事類賦》作「楨對曰」。

〔九〕自，《世說新語》注、《水經注》、《太平御覽》卷五十一、《事類賦》無。玄巖，《世
說新語》注作「懸巖」，《藝文類聚》無，《事類賦》作「懸崖」。之下，《世說新語》
注、《太平御覽》卷八百〇五作「之巔」，《北堂書鈔》作「之顛」，《藝文類聚》無。

〔一〇〕有，《水經注》、《太平御覽》卷五十一作「炳」。此句，《事類賦》無。

〔一一〕含，《水經注》、《太平御覽》卷五十一作「秉」，《太平御覽》卷八百〇五作「有」。
卞氏，《水經注》、《太平御覽》卷五十一作「堅貞」，《藝文類聚》作「和氏」，《太
平御覽》卷八百〇五作「含和」。珎，《世說新語》注、《藝文類聚》作「珍」，「珎」
為「珍」之異體字；《水經注》、《太平御覽》卷五十一作「志」，《北堂書鈔》作
「性」。此句，《事類賦》無。

〔一二〕以上兩句，《水經注》、《太平御覽》卷五十一、《事類賦》互乙。磨，《太平御覽》
卷八百〇五作「摩」，「摩」、「磨」通。彫，《世說新語》注、《水經注》、《藝文類
聚》、《太平御覽》卷八百〇五作「雕」，「彫」為「雕」之異體字。增，《北堂書鈔》
作「加」。文，《太平御覽》卷八百〇五作「美」。

〔一三〕氣，《太平御覽》卷五十一作「質」。堅貞，《水經注》、《太平御覽》卷五十一作「貞
正」。此句，《事類賦》無。

〔一四〕受茲，《世說新語》注作「受之」，《水經注》、《太平御覽》卷五十一作「稟性」。
此句，《事類賦》無。

〔一五〕以上兩句，《世說新語》注作「顧其理枉屈紆繞，而不得申」，《北堂書鈔》作「顧
其理枉屈，行獨不得申」，《藝文類聚》作「顧其理枉屈紆繞，猶不得申」，《太平
御覽》卷八百〇五作「顧其理枉屈紆繞，猶不得中」，《水經注》、《太平御覽》卷

五十一、《事類賦》無。《北堂書鈔》「行」字當是「紆」之形訛，下又脫「繞」字。《太平御覽》卷八百○五「中」字當是「申」之形訛。

〔一六〕以上三句，《世說新語》注作「帝顧左右大笑，即日赦之」，《水經注》作「太祖曰：『名豈虛哉！』復爲文學」，《北堂書鈔》作「武帝顧左右大笑，即日赦楨復署吏」，《藝文類聚》作「武帝顧左右大笑，赦楨復署吏」，《太平御覽》卷五十一作「太祖曰：名豈虛哉」，《事類賦》作「太祖曰：名豈虛得也」。

附：《太平御覽》卷三百八十五：劉楨，字公幹，少以才學知名。年八九歲，能誦《論語》、詩論及篇賦數萬言，警悟辯捷，所問應聲而答，當其辭氣鋒烈，莫有折者。

劉楨在曹植坐〔一〕，廚人進瓜，楨爲賦立成。（《北堂書鈔》卷一百○二。又見《太平御覽》卷六百。事又見《初學記》卷十引劉楨《瓜賦序》。）

〔校記〕

〔一〕「在曹植」三字，《太平御覽》無。

陸績

績，字公紀，幼有儁朗才數，博學多通。龐士元年長於績，共爲交友。仕至鬱林太守。自知亡日，年三十二而卒。（《世說新語·品藻》注。事又見《三國志·吳書·陸績傳》。）

陸績，字公紀，作《渾天說》曰：「閏月無中氣，斗斜指二辰之間。」（《太平御覽》卷十七。按：陸績《渾天說》見《開元占經》卷二，今無此二句。）

丁廙

廙少有才姿，博學洽聞。初辟公府，建安中爲黃門侍郎。廙嘗從容謂太祖曰：「臨菑侯天性仁孝，發於自然，而聰明智達，其殆庶幾。至於博學淵識，文章絕倫。當今天下之賢才君子，不問少長，皆願從其遊而爲之死，實天所以鍾福於大魏，而永授無窮之祚也。」欲以勸動太祖。太祖答曰：「植，吾愛之，安能若卿言！吾欲立之爲嗣，何如？」廙曰：「此國家之所以興衰，天下之所以存亡，非愚劣瑣賤者所敢與及。廙聞知臣莫若於君，知子莫若於父。至於君不論明闇，父不問賢愚，而能常知其臣子者何？蓋由相知非一事一物，相盡非一旦一夕。況明公加之以聖哲，習之以人子。今發明達之命，吐永安之言，可謂上應天命，下合人心，得之於須臾，垂之於萬世者也。廙不避斧鉞之誅，敢不盡言！」太祖深納之。（《三國志·魏書·陳思王植傳》注。）

廙字敬禮，儀之弟也，爲黃門侍郎。(《文選・曹植〈贈丁廙〉》注。「儀之弟也」一句，以史書行文觀之，《文士傳》當有丁儀事，先敘丁儀，次敘丁廙，故「廙」、「儀」字前，皆不復出「丁」字。今諸書引皆無言丁儀事者，陳維崧《陳檢討四六・儋園賦》注雖有之，然恐誤引，不足信。詳見下「存疑」條。)

李康

李康〔一〕，字蕭遠，篤志好學，善屬文，辭藻清秀〔二〕，爇燒草〔三〕，火以讀書〔四〕。(《北堂書鈔》卷九十七。又見《太平御覽》卷六百一十四。)

〔校記〕

〔一〕康，《太平御覽》誤作「庸」。

〔二〕辭，《太平御覽》作「詞」。秀，《太平御覽》作「美」。

〔三〕爇，《太平御覽》作「燃」，爇，古「燃」字。「燃」前，《太平御覽》有「常」字。

〔四〕書，《太平御覽》作「之」。

李康清廉有志節，不能和俗，爲鄉里豪右之所共害，故官塗不進。作《遊山九吟》。辭曰：「蓋人生天地之間，若流電之過戶牖，輕塵之棲弱草矣？」〔一〕(《太平御覽》卷三百九十二。又見《藝文類聚》卷十九。事又見《文選・李康〈運命論〉》注引《集林》。)

〔校記〕

〔一〕「辭曰」以下二十三字，《藝文類聚》無。

華融

華融，字德蕤，廣陵江都人。祖父避亂，居山陰蕊山下。時皇象亦寓居山陰，吳郡張溫來就象學，欲得所舍。或告溫曰：「蕊山下有華德蕤者，雖年少，美有令志，可舍也。」溫遂止融家，朝夕談講。俄而溫爲選部尚書，乃擢融爲太子庶子，遂知名顯達。融子諝，黃門郎，與融并見害。次子譚，以才辯稱，晉祕書監。(《三國志・吳書・孫綝傳》注。)

張溫姐妹

溫姊妹三人皆有節行。爲溫事，已嫁者皆見錄奪。其中妹先適顧承，官以許嫁丁氏，成婚有日，遂飲藥而死。吳朝嘉歎，鄉人圖畫，爲之贊頌云。(《三國志・吳書・張溫傳》注。范成大《吳郡志》卷二十七載錄此事，云出《吳文安傳》，前作「張氏三女，吳人，皆有節行，兄溫爲孫權所囚，姊妹已嫁者皆見錄奪」，末則文同，疑即《文士傳》之誤。)

何楨

楨，字元幹，廬江人，有文學器幹，容貌甚偉。歷幽州刺史、廷尉，入晉爲尚書光祿大夫。楨子龕，後將軍；勖，車騎將軍；惲，豫州刺史；其餘多至大官。自後累世昌阜，司空文穆公充，惲之孫也，貴達至今。（《三國志‧魏書‧管寧傳》注。）

何楨，字元幹，青龍元年，天子特詔曰：「揚州別駕何楨有文章才識〔一〕，使作《許都賦》，成，封上〔二〕，不得令人見。」楨遂造賦封上。（《藝文類聚》卷五十六。又見《太平御覽》卷五百八十七。）

〔校記〕
〔一〕揚，《太平御覽》作「楊」，二字通，漢魏時皆作「楊」，後始出「揚」字。識，《太平御覽》誤作「試」。
〔二〕「封上」二字，《太平御覽》作「上甚異之」。

何禎爲《許都賦》〔一〕，封上，帝異之，下公車，特徵到用爲尚書郎，〔二〕詔用爲秘書丞〔三〕。主者繆以爲郎〔四〕。後月餘〔五〕，禎關事〔六〕，上問曰〔七〕：「吾本用禎爲丞〔八〕，何故爲郎？」案主者罪〔九〕，遂爲丞。（《職官分紀》卷十六。又見《增修埤雅廣要》卷三十六、《韻府群玉》卷七下。按：此條當本與上條相連。）

〔校記〕
〔一〕禎，《韻府群玉》作「楨」，是。然《韻府群玉》下仍作「禎」，作「楨」者恐誤刻也。
〔二〕「封上」以下至此，《增修埤雅廣要》、《韻府群玉》無。
〔三〕此句，《增修埤雅廣要》、《韻府群玉》作「帝詔爲祕書丞」。
〔四〕主，《韻府群玉》作「選」，下「主者」，《韻府群玉》仍作「主者」，則此「選」字誤。繆，《增修埤雅廣要》作「謬」，「繆」、「謬」通。
〔五〕後，《增修埤雅廣要》、《韻府群玉》無。
〔六〕關，《韻府群玉》作「□」。
〔七〕問，《增修埤雅廣要》、《韻府群玉》無。
〔八〕「本」、「禎」二字，《增修埤雅廣要》、《韻府群玉》無。
〔九〕案，《增修埤雅廣要》、《韻府群玉》作「按」，「案」、「按」通。

鄭胄

胄，字敬先，沛國人。父札，才學博達，權爲驃騎將軍，以札爲從事中郎，與張昭、孫邵共定朝儀。胄其少子，有文武姿局，少知名。舉賢良，稍遷建安太守。呂壹賓客於郡犯法，胄收付獄，考竟。壹懷恨，後密譖胄。權

大怒，召胄還。潘濬、陳表並爲請，得釋。後拜宣信校尉，往救公孫淵，已爲魏所破，還遷執金吾。子豐，字曼季，有文學操行。與陸雲善，與雲詩相往反。司空張華辟，未就卒。（《三國志·吳書·先主傳》注。元郝經《續後漢書·鄭胄傳》載此事，「司空張華」前有「吳亡入晉」四字，餘則全同，蓋襲自此也。）

殷基

禮子基，無難督，以才學知名，著《通語》數十篇。有三子。巨字元大，有才器，初爲吳偏將軍，統家部曲，城夏口。吳平後，爲蒼梧太守。少子佑，字慶元，吳郡太守。（《三國志·吳書·顧邵傳》注。又據首句所引，《文士傳》似當有殷禮，先敍殷禮，此敍其子，故以「禮子基」起句也。）

孫登

嘉平中，汲縣民共入山中，見一人，所居懸巖百仞，叢林鬱茂，而神明甚察，自云「孫姓，登名，字公和」。康聞，乃從遊三年。問其所圖，終不答。然神謀所存良妙，康每薾然歎息。將別，謂曰：「先生竟無言乎？」登乃曰：「子識火乎？生而有光，而不用其光，果然在於用光。人生有才〔一〕，而不用其才，果然在於用才。故用光在乎得薪，所以保其曜；用才在乎識物，所以全其年。今子才多識寡，難乎免於今之世矣。子無多求！」康不能用，及遭呂安事，在獄爲詩自責云：「昔慚下惠，今愧孫登。」（《世說新語·棲逸》注。事又見《神仙傳》卷七、《晉書·隱逸列傳·孫登傳》。）

〔校記〕

〔一〕「人生有才」與上「（火）生而有光」相對，「生」下當有「而」字，《搜神記》、《晉書·孫登傳》並有之。

阮籍

籍放誕有傲世情，不樂仕宦。〔一〕晉文帝親愛籍〔二〕，恒與談戲〔三〕，任其所欲，不迫以職事。籍常從容曰〔四〕：「平生曾遊東平〔五〕，樂其土風，願得爲東平太守。」文帝說〔六〕，從其意〔七〕。籍便騎驢徑到郡〔八〕，皆壞府舍諸壁障〔九〕，使內外相望〔一○〕，然後教令清寧〔一一〕。十餘日〔一二〕，便復騎驢去〔一三〕。後聞步兵廚中有酒三百石，忻然求爲校尉。於是入府舍，與劉伶酣飲。（《世說新語·任誕》注。又見《藝文類聚》卷九十四、《太平御覽》卷二百五十九、卷四百九十八。事又見《晉書·阮籍傳》、《太平御覽》卷九百○一引《晉陽春秋》。）

〔校記〕

〔一〕以上兩句，《藝文類聚》、《太平御覽》卷二百五十九無。

〔二〕此句，《藝文類聚》作「晉文帝大親阮籍」，《太平御覽》卷二百五十九作「文帝亦親阮籍」，「亦」、「大」形近，必有一誤，惜不能定。

〔三〕恒，《太平御覽》卷二百五十九作「常」，「恒」、「常」義同。

〔四〕常，《藝文類聚》在「從容」下。曰，《藝文類聚》、《太平御覽》卷二百五十九作「言」。又《太平御覽》卷四百九十八從此句引起，作「阮籍從容曰」。

〔五〕平生，《太平御覽》卷二百五十九作「昔」。「平」下，《太平御覽》卷四百九十八有「縣」字。

〔六〕「悅」上，《藝文類聚》、《太平御覽》卷二百五十九、卷四百九十八有「大」字。

〔七〕「從」上，《藝文類聚》、《太平御覽》卷二百五十九、卷四百九十八有「之」字。其意，《太平御覽》卷四百九十八作「之」。

〔八〕騎，《太平御覽》卷二百五十九作「乘」。徑到郡，《太平御覽》卷二百五十九作「往之」。

〔九〕「皆」上，《藝文類聚》、《太平御覽》卷四百九十八有「至」字，《太平御覽》卷二百五十九有「至郡」兩字。「府舍」二字，《太平御覽》卷四百九十八無。

〔一○〕使，《太平御覽》卷四百九十八無。

〔一一〕《藝文類聚》無「然」字，《太平御覽》卷二百五十九、卷四百九十八無「然後」二字，又三書所引皆無「寧」字。

〔一二〕「十」上，《藝文類聚》、《太平御覽》卷二百五十九、卷四百九十八有「當」字。

〔一三〕復，《藝文類聚》、《太平御覽》卷四百九十八無。騎，《藝文類聚》、《太平御覽》卷二百五十九作「乘」。「去」上，《太平御覽》卷二百五十九有「而」字，《太平御覽》卷四百九十八無「去」字。又三書皆引至此，無下四句。

嵇康

　　山巨源爲吏部郎，欲舉嵇康自代。康聞，與之書曰：〔一〕「譬猶禽鹿，少見馴育，則服教從制，長而見羈。雖飾以金鑣，饗以嘉肴，愈思長林，而志在豐草。（《太平御覽》卷三百五十八。事又見《與山巨源絕交書》。按：《與山巨源絕交書》與此文略異，《記纂淵海》卷八十二引此文，出處脫漏，作「□□□」，審其文字，自「譬猶禽鹿」下與此文全同，當即亦出《文士傳》也，因取以參校。）

〔校記〕

〔一〕以上四句，《記纂淵海》作「山巨源吝稽康自代，康曰」，「吝」乃誤字，或即「欲」字脫「欠」字，「谷」因誤爲「吝」，且脫「舉」字也。

康性絕巧〔一〕，能鍛鐵〔二〕。家有盛柳樹〔三〕，乃激水以圜之〔四〕。夏天甚清涼〔五〕，恒居其下傲戲〔六〕，乃身自鍛〔七〕。家雖貧〔八〕，有人說鍛者〔九〕，康不受直〔一〇〕。唯親舊以雞酒往，與共飲噉，清言而已。（《世說新語・簡傲》注。又見《藝文類聚》卷八十九、《太平御覽》卷三百八十九、卷八百三十三。事又見《晉書・嵇康傳》。）

〔**校記**〕

〔一〕「康」前，《藝文類聚》、《太平御覽》卷三百八十九、卷八百三十三有「嵇」字。絕，《太平御覽》卷八百三十三無。

〔二〕能，《太平御覽》卷三百八十九無。鐵，《藝文類聚》、《太平御覽》卷三百八十九、卷八百三十三無。

〔三〕盛，《藝文類聚》作「一」，《太平御覽》卷八百三十三無。

〔四〕以，《太平御覽》卷三百八十九無。圜，《太平御覽》卷八百三十三作「圍」，《晉書・嵇康傳》作「圓」，「圍」當是「圓」之形訛。

〔五〕天，《太平御覽》卷八百三十三作「月」。清，《藝文類聚》、《太平御覽》卷三百八十九無。

〔六〕恒，《藝文類聚》、《太平御覽》卷八百三十三無。傲，《藝文類聚》作「遨」，「傲」讀如「遨」。「傲戲」二字，《太平御覽》卷三百八十九無。

〔七〕此句，《藝文類聚》作「及鍛」，《太平御覽》卷三百八十九作「自鍛」，《太平御覽》卷八百三十三作「及自鍛」。以此審之，本文「乃」或當是「及」之形訛。若作「及」字，「傲戲」當屬下讀。又《藝文類聚》、《太平御覽》卷八百三十三引至此止。

〔八〕此句，《太平御覽》卷三百八十九無。

〔九〕說鍛者，《太平御覽》卷三百八十九作「就者」，「就」讀作「僦」，《說文》：「僦，賃也。」亦或「僦」之脫；「說」當是「僦」之形訛。

〔一〇〕「受」下，《太平御覽》卷三百八十九有「其」字。又《太平御覽》卷三百八十九引至此止。

呂安罹事，康詣獄以明之。鍾會庭論康曰：「今皇道開明，四海風靡，邊鄙無詭隨之民，街巷無異口之議。而康上不臣天子，下不事王侯，輕時傲世，不爲物用，無益於今，有敗於俗。昔太公誅華士，孔子戮少正卯，以其負才亂羣惑眾也。今不誅康，無以清潔王道。」於是錄康閉獄，臨死，而兄弟親族咸與共別。〔一〕康顏色不變〔二〕，問其兄曰〔三〕：「向以琴來不邪〔四〕？」兄曰：「以來〔五〕。」康取調之，爲《太平引》，曲成，歎曰〔六〕：「《太平引》於今絕也〔七〕！」（《世說新語・雅量》注。又見《文選・向秀〈思舊賦〉》注、《太平御覽》卷五百七十七。按：《三國志・魏書・王粲傳》注引《嵇康別傳》、《晉書・嵇康傳》皆載此事，惟《太平引》皆作《廣陵散》。）

〔校記〕

〔一〕以上諸句，《文選》注、《太平御覽》不錄鍾會一事，而以「嵇康臨死」起之。

〔二〕康，《文選》注、《太平御覽》無。此因前兩書以「嵇康臨死」起之，故不復出。

〔三〕問，《文選》注、《太平御覽》作「謂」；其，《文選》注無。

〔四〕邪，《文選》注、《太平御覽》無。「不」、「邪」皆疑問語氣詞，似不當復出，無「邪」字爲上。

〔五〕以，《文選》注、《太平御覽》作「已」，「以」、「已」通。

〔六〕「歎」下，《文選》注、《太平御覽》有「息」字。

〔七〕「於今絕」三字，《文選》注、《太平御覽》作「絕於近日」。也，《文選》注作「邪」，《太平御覽》作「耶」，「邪」讀作「耶」。

王弼

　　王弼字輔嗣，山陽高平人。幼聰達，年十餘歲便能誦《詩》、《書》，讀《莊》、《老》，善通其意。（《太平御覽》卷三百八十五。事又見《世說新語·文學》注引《王弼別傳》。）

張純、張儼、朱異

　　張惇子純與張儼及異俱童少〔一〕，往見驃騎將軍朱據。據聞三人才名，欲試之。告曰〔二〕：「老鄙相聞，飢渴甚矣。夫驥裹以迅驟爲功，鷹隼以輕疾爲妙，〔三〕其爲吾各賦一物〔四〕，然後乃坐〔五〕。」儼乃賦犬曰〔六〕：「守則有威，出則有獲。韓盧宋鵲，書名竹帛。」純賦席曰：「席以多設〔七〕，簟爲夏施。揖讓而坐，君子攸宜。」異賦弩曰：「南嶽之幹，鍾山之銅。應機命中，獲隼高墉。」三人各隨其目所見而賦之，皆成而後坐，〔八〕據大歡悅〔九〕。（《三國志·吳書·朱桓傳》注。又見《北堂書鈔》卷一百○二、《初學記》卷十七、卷二十五、《太平御覽》卷三百八十五、卷七百○九、《錦繡萬花谷》續集卷七。《初學記》卷十七、卷二十五、《錦繡萬花谷》並云出張隱《文士傳》。諸書所引，惟《太平御覽》卷三百八十五三賦並引之，餘則皆節引，爲便於省覽，今僅以《御覽》卷三八五參校，餘則附下。）

〔校記〕

〔一〕「張惇子純」四字，《太平御覽》卷三百八十五作「張惇，字子純」，《三國志·吳書·孫和傳》注引《吳書》：「張純，字元基，敦之子。」「敦」、「惇」通，是張純爲張惇子也，此衍「字」字。又審其行文，曰「張惇子純」者，必先敘張惇事，復引出張純事，則《文士傳》中當有張惇也。

〔二〕告，《太平御覽》卷三百八十五無。

〔三〕以上四句，《太平御覽》卷三百八十五無。

〔四〕「其」、「各」二字，《太平御覽》卷三百八十五無。

〔五〕乃，《太平御覽》卷三百八十五無。

〔六〕乃，《太平御覽》卷三百八十五無。

〔七〕以，《太平御覽》卷三百八十五作「爲」，審下《初學記》卷二十五、《太平御覽》卷七百〇九、《錦繡萬花谷》所引，皆作「爲」字，《文選・江淹〈別賦〉》注引張儼《席賦》、《藝文類聚》卷六十九引《雜記》亦皆作「爲」，則當作「爲」字是。

〔八〕以上兩句，《太平御覽》卷三百八十五無。

〔九〕歡，《太平御覽》卷三百八十五作「欣」。

附：《北堂書鈔》卷一百〇二：張儼、張純、朱異俱童少，往見朱璩，欲試之曰：「其爲吾各賦一物，然後乃坐。」儼賦犬，純賦席，異賦弩，三人各隨所見，賦成然後乃坐。〔「璩」當作「據」，形訛也。朱據，《三國志・吳書》有傳。〕

《初學記》卷十七：吳郡張純，少有令名。嘗謁驃騎將軍朱據，據令賦一物然後坐。純應聲便成，文不加點。

《初學記》卷二十五：張純與張儼、朱異俱少，往見驃騎將軍朱據。據聞三人才名，欲試之，告曰：「吾欲賦一物。」純乃賦席曰：「席爲多設，簞爲夏施。揖讓而坐，君子攸宜。」

《太平御覽》卷七百〇九：張儼、朱異、張純三人，共詣驃騎將軍朱據。聞三人才名，告各爲賦，然後乃坐。純席曰：「席爲多設，簞爲夏施。揖讓而坐，君子攸宜。」〔「席曰」之上，當有「賦」字。〕

《錦繡萬花谷》續集卷七：張純與張儼、朱異俱少，往見驃騎將軍朱據。據聞三人才名，欲試之，告曰：「吾欲賦一物。」純乃賦席曰：「席爲多設，簞爲夏施。揖遜而坐，君子攸宜。」

成公綏

成公綏口訥不能談論，嘿而內朗，人有劇問，以筆墨答之。（《太平御覽》卷四百六十四。按：《說郛》引此下有「見其深智」四字，陶氏輯《說郛》，多有臆補，不可盡信。）

張華

華爲人少威儀，多姿態。（《世說新語・排調》注。）

張華窮覽古今〔一〕，嘗徙居，有書三十乘。（《北堂書鈔》卷一百〇一「藏書」。又見《北堂書鈔》卷一百〇一「載書負書」、《太平御覽》卷六百一十二。）

〔校記〕

〔一〕「窮覽古今」四字，《北堂書鈔》卷一百〇一「載書負書」無。

張華薦成公綏曰：「竊見處士東郡成公綏，年二十五，字子安，體珪璋之質，資不器之量。知深慮明，足以妙見研恩篤好則仲舒之精引之世貞幹〔一〕，足以敦風篤俗；淵才達學，足以弘導世教。固逸倫之殊俊，搢紳之檢式也。」（《太平御覽》卷六百三十二。又見《北堂書鈔》卷三十三，乃節引，今附於下。）

〔校記〕

〔一〕此處有脫誤，《西晉文紀》於「引之」下注云「中缺」。據行文體例，自「知深慮明」至「足以弘導世教」，句式當皆爲「□□□□，足以□□□□」，十字成一句，今此句存十八字，知有脫誤也。

附：《北堂書鈔》卷三十三：張華《薦成公綏表》云：「竊見處士東郡成公綏，敦風篤俗，達學引道。」

張華以平吳之計，賜絹萬匹。（《白氏六帖》卷十四。）

王濟

王濟，字武子，少有俊才，起家爲中書郎。（《北堂書鈔》卷第五十七。事又見《世說新語·言語》注引《晉諸公贊》、《晉書·王濟傳》。）

夏侯湛

湛，字孝若，譙國人，魏征西將軍夏侯淵曾孫也。有盛才，文章巧思，善補雅詞，名亞潘岳。歷中書侍郎。（《世說新語·文學》注。）

華譚

華譚，字令思，年十四，舉秀才。入洛，會宣武場座有卞者嘲南人：「諸君，楚人亡國之餘，有何秀異，忽應斯舉。」眾無答。譚在下行，遙曰：「當今六合齊軌，異人並出，吾聞大禹出於東夷，文王生於西羌，賢聖之所在，豈常之有？昔武王伐紂，遷商頑民於洛邑，得無吾子是其苗裔？」時咸改視，辯者無以應也。（《太平御覽》卷四百六十四。事又見《晉書·華譚傳》。）

陸景

陸景母，張承女，諸葛恪外生〔一〕。恪誅，景母坐見黜。景少爲祖母所育養，及祖母亡，景爲之心喪三年。（《三國志·吳書·陸抗傳》注。）

〔校記〕

〔一〕「生」即「甥」字，元郝經《續後漢書》引此注正作「甥」。

陸景誡盈曰：「重臣貴戚，隆盛三族，莫不罹患搆禍，鮮以善終。大者破家，小者滅身，惟金、張子弟，世履忠篤，故能保貴持寵，祚鍾昆季。其餘禍敗，可爲痛心。」（《太平御覽》卷四百五十九。）

棗據

棗據嘲沙門于法龍曰〔一〕：「今大晉弘廣，天下爲家，何不全髮膚，去袈裟，捨故服，被綺羅，入滄浪，濯清波，隨太陽，耀春華，而獨上違父母之恩，下失夫婦之匹，雖受布施之名，而有乞丐之實乎。」（《藝文類聚》卷二十五。）

〔校記〕

〔一〕于，周輯本作「干」，《聖賢群輔錄》下「中朝八達」有沙門于法龍，即此人。梁釋僧佑《出三藏記集》卷十二有《難沙門子法龍》，唐釋道宣《大唐內典錄》卷十上作「難沙門于法龍」，是知作「干」、作「子」者，皆「于」之訛也。又《出三藏記集》下注云「釋道彥法龍答」，當有脫誤，據其行文，疑當作「棗道彥問，法龍答」。

孫楚

孫楚，字子荊，太原中都人也。（《世說新語·言語》注。事又見《晉書·孫楚傳》、《文選·孫楚〈征西官屬送于陟陽候作〉》注引臧榮緒《晉書》。）

摯虞

摯虞答策曰：「古之良臣受彤弓、雕戈之錫，銘之彝器，貺之後昆，曠世歷代以爲賓榮。豈無其物，貴殊品也。」（《太平御覽》卷三百五十一。原云出張騭《文士傳》。）

左思

左思，字太沖，貌惡不揚，口訥不能給談，默而心解。（《太平御覽》卷四百六十四。原云出張騭《文士傳》。事又見《晉書·左思傳》。）

左思初作《蜀都賦》曰：「鬼彈飛丸以礚礘〔一〕。」後又改易，無此語。（《太平御覽》卷八百八十四。事又見《世說新語·文學》注引《思別傳》。）

〔校記〕

〔一〕礚礘，《思別傳》作「礚礊」。此當作「礚礊」是，「礚」或作「礑」，郭璞《江賦》「駭崩浪而相礚」，李善注：「相礚，相擊也。」，亦作「雷」、「礨」、「礐」。「礊」借作「激」，激，本爲水激蕩之聲，此借爲飛丸擊打之聲。「礚」、「礊」義近。「礚礘」爲「礚礊」之訛。

賈謐

賈謐與愍懷太子博爭道，成都王厲聲曰：「皇太子，國之儲君，賈長淵何
得無禮！」(《太平御覽》卷一百四十八。事又見《宋書‧五行志一》、《晉書‧五行
志上》、《賈充傳》、《愍懷太子傳》。)

潘尼

尼，字正叔，滎陽人。祖勗，尚書左丞；父滿，平原太守，並以文學稱。
尼少有清才，文詞溫雅。初應州辟，終太常卿。(《世說新語‧政事》注。又見《三
國志‧魏書‧衛覬傳》引《尼別傳》、《文選‧潘尼〈贈陸機出爲吳王郎中令〉》注引
《文章志》、《職官分紀》卷十六引臧榮緒《晉書》、《晉書‧潘尼傳》。)

潘尼曾與同僚飲〔一〕，主人有流離椀〔二〕，使客賦之〔三〕，尼於坐立成〔四〕。
(《北堂書鈔》卷一百〇二。又見《藝文類聚》卷五十六、《太平御覽》卷六百、卷七
百六十。)

〔校記〕

〔一〕尼，《太平御覽》卷七百六十作「㞒」，「㞒」爲「尼」之俗字。下「尼」字同，不俱
　　校。曾，《太平御覽》卷七百六十無。

〔二〕流離椀，《藝文類聚》、《太平御覽》卷七百六十作「瑠璃椀」，《太平御覽》卷六百作
　　「流璃盆」，「流離」、「瑠璃」、「流璃」通，「盆」字誤，《說文》「碗」字作「盌」，
　　因誤作「盆」也。

〔三〕「使客」二字，《藝文類聚》誤乙。

〔四〕此句，《太平御覽》卷七百六十作「㞒於座立成於手」，「坐」、「座」通，「於手」二
　　字或衍。

郭象

象字子玄，河南人，少有才理，慕道好學，託志老、莊〔一〕。時人咸以爲
王弼之亞，辟司空掾、太傅主簿。(《世說新語‧文學》注。事又見《晉書‧郭象
傳》。按：高似孫《子略》錄《世說新語》並注文，文略有異，因取以爲校。)

〔校記〕

〔一〕託，《子略》作「篤」。

象作《莊子注》，最有清辭遒旨。(《世說新語‧文學》注。高似孫《子略》錄
《世說新語》並注文同。)

東海聞郭子玄才，用爲主簿。天性閑朗，事無疑滯，雖處衝要，閑習也。
(《北堂書鈔》卷六十九。)

陸機、陸雲

雲性弘靜，怡怡然爲士友所宗；機清厲有風格，爲鄉黨所憚。（《世說新語‧賞譽》注。）

棘嵩

棘嵩見陸雲作《逸民賦》〔一〕，嵩以爲丈夫出身不爲孝子則爲忠臣，必欲建功立策爲國宰輔，遂作《官人賦》以反雲之賦。（《太平御覽》卷五百八十七。）

〔校記〕

〔一〕「棘」疑當作「棗」，《晉書‧文苑列傳‧棗據傳》：「（棗據）弟嵩，字臺產，才藝尤美，爲太子中庶子、散騎常侍，爲石勒所殺。」棗嵩生平陸機、陸雲相近，當即此人。《棗據傳》前又云：「棗據，字道彥，潁川長社人也。本姓棘，其先避仇改焉。」雖本姓棘，然既已改爲棗，此不當仍稱棘。

鄭曹

鄭曹，字子曹，與盛彥、陸雲友。性不好酒，相得恒簞食瓢飲，清談極日。（《北堂書鈔》卷九十八。）

孫丞

丞好學〔一〕，有文章，作《螢火賦》行於世。爲黃門侍郎，與顧榮俱爲侍臣。歸命世內侍多得罪尤，惟榮、丞獨獲全。常使二人記事，丞答顧問，乃下詔曰：「自今已後，用侍郎皆當如今宗室丞、顧榮疇也。」吳平赴洛，爲范陽涿令，甚有稱績。永安中，陸機爲成都王大都督，請丞爲司馬，與機俱被害。（《三國志‧吳書‧孫桓傳》注。按：《太平御覽》卷二百二十引《吳志》有此事，文極相近，今《吳志》無此文，當是轉引自《吳志》所引《文士傳》也。）

〔校記〕

〔一〕丞，《太平御覽》卷二百二十引《吳志》作「承」，下《太平御覽》卷四百三十八引《文士傳》、卷四百二十引《十六國春秋》亦作「承」，《通典‧職官》注略引此事，作「丞」，《晉書‧孫拯傳》作「拯」，「丞」、「拯」、「承」三字通。

離火陰居內，故鑒之可映。（《初學記》卷二十五。又見《錦繡萬花谷》續集卷八。《錦繡萬花谷》云出張隱《文士傳》。周輯云：「此當是孫丞《螢火賦》中文字。」近是，今從之。）

陸機爲大都督，請孫承爲司馬。成都王既害機兄弟，收承付刺奸獄〔一〕。考掠千餘，兩踝骨見，終不自誣。獄吏知承烈士，諫承曰：「二陸之痛，誰不

知枉？君何不惜身乎？」承乃仰而歎曰：「吾亡不能濟，死而相誣，非吾徒也。」
獄吏作承服辭謀反狀。成都乃下令〔二〕，夷承三族。（《太平御覽》卷四百三十八。
原云出張騭《文士傳》。事又見《晉書・孫拯傳》、《太平御覽》卷四百二十引《十六
國春秋》。）

〔校記〕

〔一〕「奸」當作「犴」，「犴」即「獄」也，「奸」爲「奸」之異體字。

〔二〕「成都」下，疑脫「王」字。

束晳

　　晳〔一〕，字廣微，陽平元城人〔二〕，漢太子太傅疎廣後也〔三〕。王莽末，
廣曾孫孟達自東海避難元城〔四〕，改姓，去「疎」之足以爲束氏〔五〕。晳博學
多識，問無不對。元康中，有人自嵩高山下得竹簡一枚〔六〕，上兩行科斗書〔七〕，
司空張華以問晳〔八〕。晳曰〔九〕：「此明帝顯節陵中策文也〔一〇〕。」檢校果然
〔一一〕。曾爲《勵賦》諸文，文甚俳諧。三十九歲卒，元城爲之廢市。（《世説
新語・雅量》注。又見《北堂書鈔》卷九十七、卷一百〇四、《文選・任昉〈爲蕭揚
州薦士表〉》注、《漢簡》略敘目錄第七、《太平御覽》卷三百六十二、六百〇六、《緯
略》卷九。《文選》注原云出張騭《文士傳》，《漢簡》云出張隱《文士傳》。《文選》
注原云出張騭《文士傳》。諸書徵引此事，皆節引，《太平御覽》卷三百六十二引改姓
事，餘書則徵引識辨科斗文事。事又見《異苑》卷二、《後漢書・儀禮志下》注、《晉
書・束晳傳》。）

〔校記〕

〔一〕「晳」上，《太平御覽》卷三百六十二有「束」字。

〔二〕此句，《太平御覽》卷三百六十二無。

〔三〕「漢太子太傅」五字，《太平御覽》卷三百六十二無。

〔四〕達，《太平御覽》卷三百六十二誤作「造」。「難」下，《太平御覽》卷三百六十二有
　　　「歸」字。元，《太平御覽》卷三百六十二誤作「蕪」，蓋「元」誤作「无」，後人因
　　　改作「蕪」耳。

〔五〕以，《太平御覽》卷三百六十二無。又《太平御覽》卷三百六十二引至此止。

〔六〕《北堂書鈔》卷九十七、卷一百〇四、《漢簡》、《太平御覽》卷六百〇六、《緯略》皆
　　　自此句引起。《漢簡》前補「束晳少游太學」一句，「晳」乃「晳」之誤。此句，《北
　　　堂書鈔》卷九十七作「有於嵩山下得竹簡一枚」，卷一百〇四作「有人嵩高山下得竹
　　　簡一枝」，《漢簡》作「時人有崧山下得竹簡一板」，《太平御覽》卷六百〇六作「人
　　　有嵩山下得竹簡一版」，《緯略》作「人於嵩山下得竹簡一版」。嵩高山，《異苑》、《後
　　　漢書・儀禮志下》注、《晉書・束晳傳》同，嵩高山即嵩山，「嵩」、「崧」通。枚，

或作「枚」，或作「版」，據下，此乃顯節陵中文，當非一枝竹簡所能容納，當作「版」
為上，「版」同「板」，作「枚」、作「枝」者，或皆「板」之形訛。

〔七〕「上」下，諸書下並有「有」字，此蓋脫。書，《北堂書鈔》卷九十七、《漢簡》作「文
字」，《北堂書鈔》卷一百○四作「書蠹」；「書」上，《太平御覽》卷六百○六、《緯
略》有「之」字。

〔八〕此句之上，《北堂書鈔》卷九十七有「內外莫識」四字，卷一百○四有「中外傳以相
示，莫能知者」十字，《漢簡》有「莫有知者」四字，《太平御覽》卷六百○六有「中
外傳示，莫能知」七字。《異苑》、《後漢書·儀禮志下》注、《晉書·束皙傳》皆有
中外傳示、莫能知者之句，此蓋脫之。司空，《北堂書鈔》卷九十七、《漢簡》、《太
平御覽》卷六百○六、《緯略》無。以，《漢簡》無。「問」下，《北堂書鈔》卷九十
七、卷一百○四、《太平御覽》卷六百○六、《緯略》有「束」字。

〔九〕皙，《漢簡》無。「皙」下，《北堂書鈔》卷九十七有「對」字。

〔一○〕此，《漢簡》無。「明帝」前，《北堂書鈔》卷九十七、《漢簡》有「漢」字。中，《漢
簡》無。策文，《緯略》作「竹簡」。也，《北堂書鈔》卷九十七、《漢簡》、《緯略》
無。

〔一一〕此句，《北堂書鈔》卷九十七作「驗之果然」，《漢簡》作「檢而驗之，皆伏博識」，
《太平御覽》卷六百○六作「驗校果然」，《緯略》無。又諸書引至此止。

束皙，太康中大旱，皙乃令邑人躬共請雨，三日水三尺，百姓為之歌曰：
「束先生，通神明，請天三日甘雨零。我黍以育，我稷以生，何以酬之，報
束長生。」（《藝文類聚》卷十九。事又見《晉書·束皙傳》、《太平御覽》卷十一引
王隱《晉書》。）

束皙元康四年晚應司空，辟入府。〔一〕匝月〔二〕，除佐著作郎〔三〕，著作
西觀，造《晉書》〔四〕，草創《三帝紀》〔五〕。（《北堂書鈔》卷五十八。又見《初
學記》卷十二、《白氏六帖》卷二十一、《太平御覽》卷二百三十四、《事類備要》後
集卷三十七、《翰苑新書》前集卷二十四。《初學記》云出張隱《文士傳》。事又見《晉
書·束皙傳》。）

〔校記〕

〔一〕以上兩句，《初學記》作「束皙元康四年晚應司空府」，《太平御覽》作「束皙晚應司
空辟」，《翰苑新書》作「束皙元康四年晚應司空府辟」。「皙」乃「皙」之訛。

〔二〕此句，《初學記》作「入月餘」，《太平御覽》作「入府六日」，《翰苑新書》作「八月
餘」。《翰苑新書》「八」當為「入」之訛。「匝月」即「月餘」，《太平御覽》作「六
日」，與諸書不同，「六日」或「匝月」之形訛。又自篇首至此句，《事類備要》節作
「晉束皙元康四年」。「皙」乃「皙」之訛。

〔三〕「除」上，《初學記》、《翰苑新書》有「亦」字。「佐著作郎」四字，《初學記》、《太
平御覽》作「著作佐郎」，「事類備要」脫「佐」字，《翰苑新書》全脫。此作「佐著

作郎」是，魏明帝時稱史官爲著作郎，晉時改稱大著作，並增設佐著作郎，宋以後，改佐著作郎爲著作佐郎，束晳晉人，當爲佐著作郎，《晉書・束晳傳》亦作「佐著作郎」。又《白氏六帖》首句作「束晳除著作西觀」，當自此句引起而脫「佐著作郎」四字。

〔四〕造，《初學記》、《太平御覽》、《事類備要》作「撰」。

〔五〕「草創」二字，《初學記》、《事類備要》無。

張載

　　張載作《濛汜賦》〔一〕，太僕傅玄見賦〔二〕，歎息稱善，以車迎載，言談終日。玄深貴重載，〔三〕遂知名〔四〕，起家徵爲佐著作郎〔五〕。（《太平御覽》卷二百三十四。又見《類要》卷三十一、《職官分紀》卷十六。《類要》、《職官分紀》云出張隲《文士傳》。事又見《晉書・張載傳》。）

〔校記〕

〔一〕張，《類要》無。

〔二〕見，《類要》作「名才」，疑即「見」字之誤分。

〔三〕以上兩句，《職官分紀》無。

〔四〕遂，《職官分紀》作「由此」。又《類要》引至此止。

〔五〕佐著作郎，《職官分紀》作「著作佐郎」，誤，見「束晳」條注。

曹攄

　　肇孫攄〔一〕，字顏遠，少屬志操〔二〕，博學有才藻。仕晉，辟公府，歷洛陽令，有能名。〔三〕大司馬齊王冏輔政，攄與齊人左思俱爲記室督。〔四〕從中郎出爲襄陽太守、征南司馬。值天下亂，攄討賊向吳〔五〕，戰敗死。（《三國志・魏書・曹休傳》注。原云出張隲《文士傳》。又見《北堂書鈔》卷六十九。事又見《文選・曹攄〈思友人〉》注引臧榮緒《晉書》、《晉書・良吏列傳・曹攄傳》。）

〔校記〕

〔一〕「肇孫」二字，《北堂書鈔》無。

〔二〕屬，《北堂書鈔》作「勵」，「屬」、「勵」通。

〔三〕「仕晉」以下四句，《北堂書鈔》無。

〔四〕以上兩句，《北堂書鈔》作「大司馬冏辟爲記室」，並引至此止。

〔五〕「向吳」二字難通，《晉書・曹攄傳》云：「永嘉二年，高密王簡鎮襄陽，以攄爲征南司馬。其年，流人王逌等聚眾屯冠軍，寇掠城邑。」又云：「攄獨與逌戰於酈縣，軍敗死之。」時曹攄爲襄陽太守，戰敗之地乃酈縣，乃楚地，非吳地，不得云「向吳」。「向」或即「逌」之形訛，「吳」或即「等」之形訛，「等」或書作「芋」（《齊張龍伯造象記》）、「芋」（《隋王遠等三十八人造象碑》），與「吳」形略近也。

江統

江統，字應元，召補洗馬〔一〕，每有疑滯大事，章表奏議，輒爲同官所推，常爲之作草。〔二〕（《太平御覽》卷二百四十六。又見《北堂書鈔》卷六十六、《職官分紀》卷二十八、《事文類聚》外集卷二。）

〔校記〕

〔一〕此句，《北堂書鈔》作「補太子洗馬」。

〔二〕以上四句，《北堂書鈔》僅有「同官所推」四字。

江應元，時人諺曰：「嶷然希言江應元。」（《太平御覽》卷四百九十六。事又見《晉書·江統傳》。）

杜育

杜育童孺奇才，博學能著文章，心解性達，無所不綜，一時稱爲「舞陽杜孔子」。（《太平御覽》卷三百八十五。）

張翰

張翰，字季鷹。父儼，吳大鴻臚。翰有清才美望，博學善屬文，造次立成，辭義清新。大司馬齊王冏辟爲東曹掾。〔一〕翰謂同郡顧榮曰〔二〕：「天下紛紛未已，夫有四海之名者，求退良難〔三〕。吾本山林間人，無望於時久矣〔四〕。子善以明防前，以智慮後。」榮捉其手，愴然曰〔五〕：「吾亦與子採南山蕨〔六〕，飲三江水爾〔七〕！」翰以疾歸〔八〕，府以輒去除吏名〔九〕。性至孝，遭母艱，哀毀過禮。自以年宿，不營當世，以疾終於家。（《世說新語·識鑒》注。又見《太平御覽》卷四百八十九。事又見《晉書·文苑列傳·張翰傳》。）

〔校記〕

〔一〕以上諸句，《太平御覽》節作「張翰到京師時，齊王冏擅權」。

〔二〕「郡」下，《太平御覽》有「人」字。

〔三〕良，《太平御覽》無。《晉書·張翰傳》有之，有「良」字爲上。

〔四〕久，《太平御覽》作「去」，此作「久」字爲上。

〔五〕「曰」上，《太平御覽》有「嘆」字。

〔六〕與子，《太平御覽》作「思汝」。按：《晉書·張翰傳》亦作「與子」，作「與子」者，言顧榮與張翰同歸也，然顧榮實未歸耳，疑此當作「思與子（汝）」，或脫「與」字，或脫「思」字。「思與子（汝）」者，但思而未施行耳。

〔七〕爾，《太平御覽》作「耳」，「爾」、「耳」通。

〔八〕此句，《太平御覽》作「翰遂稱疾徑歸」。

〔九〕「以」下，《太平御覽》有「翰」字，文綴。又《太平御覽》引至此句止。

翰任性自適，無求當世，時人貴其曠達。(《世說新語·任誕》注。《晉書·張翰傳》曰:「有清才，善屬文，而縱任不拘，時人號爲江東步兵。」文即一類，則此文或原當在「辭義清新」之下。)

顧榮

榮，字彥先，吳郡人。其先越王勾踐之支庶，封於顧邑，子孫遂氏焉，世爲吳著姓。大父雍，吳丞相。父穆，宜都太守。榮少朗俊機警，風穎標徹，歷廷尉正。曾在省與同僚共飲，見行炙者有異於常僕，乃割炙以噉之。後趙王倫篡位，其子爲中領軍，逼用榮爲長史。及倫誅，榮亦被執。凡受戮等輩十有餘人。或有救榮者，問其故。曰:「某省中受炙臣也。」榮乃悟而歎曰:「一餐之惠，恩今不忘，古人豈虛言哉!」(《世說新語·德行》注。事又見《世說新語·德行》、《晉書·顧榮傳》、《建康實錄》卷五。)

顧榮兼侍中，安慰河北，以前後功封嘉興伯。榮觀中國日弊〔一〕，乃併求急還南〔二〕。既造江渚，欣然自得。(《初學記》卷二十。原云出張隱《文士傳》。又見《太平御覽》卷六百三十四。)

〔校記〕

〔一〕此句，《太平御覽》無。

〔二〕「乃併」二字，《太平御覽》無。

孔煒

孔煒字正忠，解音律，彈琵琶。(《太平御覽》卷五百八十三。按:孔煒史書無載，《晉書·郭默傳》云:「僑人蓋肫先略取祖煥所殺孔煒女爲妻，煒家求之，張滿等使還其家。」此孔煒約在晉明帝、成帝之時。又《白氏六帖》卷十八:「孫放、孔偉、阮咸並善彈琵琶。」《續談助》卷一載《琵琶錄》:「范曄、石苞、謝奕、孫放、孔偉、阮咸皆善此。」云善談琵琶，則孔偉即孔煒也。其人與石苞、謝奕、孫放、阮咸諸人同時〔此范曄非著《後漢書》之范曄，事跡無聞〕，亦約在明帝、成帝之時，二人當是一人。)

孔輝

孔輝善彈琵琶，吳歸命恒使爲樂。(《太平御覽》卷五百八十三。)

謝靈運

謝靈運。(《玉海·藝文志》云《文士傳》一書，「《崇文目》十卷，終宋謝靈運」，是知此書中有謝氏也。)

存疑

司馬徽

司馬徽，字德操，潁川人，有大度，不說人之短長，所諮請，莫問吉凶，悉稱好，終不言惡。有鄉人往見徽，徽問：「安否？」鄉人云：「子死。」徽曰：「好。」其妻責之：「以君有鄉人故語問之云，何聞人死知其好？」〔一〕徽答曰：「如卿之言亦好。」（《類林雜說》卷三。事又見《世說新語·言語》注引《司馬徽別傳》。此文，《增修埤雅廣要》卷三十五、《蒙求集注》卷上、《記纂淵海》卷四十四皆載之，《增修埤雅廣要》云出《世說》，《記纂淵海》云出「段苑□□」，俱不云出《文士傳》。《類林雜說》爲金人王朋壽所撰，其時《文士傳》或已佚，然此書乃王氏據唐宰相于志寧之子于立政所撰《類林》增廣而成，或別有所據，今姑置此。）

〔校記〕

〔一〕其妻責之之語當有誤，《蒙求集注》作「人以君有德，故相告，何忽聞人子死便言好」，義較順達。「有」下或脫「德」字，「鄉人」當爲衍文，「之云」當在「其妻責」之下，而誤衍一「之」字也。

丁儀、丁廙

丁儀字正禮，魏武辟爲掾；弟廙，字敬禮，爲黃門侍郎。曹植有異才，而儀、廙爲之羽翼。（陳維崧《陳檢討四六·憺園賦》注。按：《三國志·魏書·陳思王植傳》注引《文士傳》「廙少有才姿，博學洽聞。初辟公府，建安中爲黃門侍郎」，《文選·曹植〈贈丁廙〉》注引《文士傳》「廙字敬禮，儀之弟也，爲黃門侍郎」，即「弟廙，字敬禮，爲黃門侍郎」一段文字，然「丁儀」事、爲曹植羽翼事諸書皆未有言。此注「連枝則何樹，非瓊雙丁詎擬」一句，《四庫全書總目·陳檢討四六》云：「《憺園賦》『雙丁詎擬』句自用梁武帝賜到漑詩『漢世重雙丁』語，而但引《文士傳》丁儀兄弟事，皆知其一不知其二。」蓋此本但化用梁武帝「魏世重雙丁，晉朝稱二陸」首句，而與《文士傳》無涉；陳氏既以《文士傳》注之，雖知是書只見丁廙事，爲補足「雙丁」，而復加丁儀爲之也。末雙丁爲曹植羽翼事，亦陳氏自構也。）

王肅

王肅對明帝曰：「司馬遷記事，不虛美，不隱惡。劉向、揚雄服其敘事有良史之才，謂之實錄。」（《說郛》卷五十八、《漢學堂叢書·子史鉤沉》。此見《三國志·魏書·王肅傳》，乃正文，非注文。《初學記》卷二十一引此，亦云出《魏志》，不云出《文士傳》也。陶氏之時是書已佚，未審取自何書。今姑置此。）

孫盛

孫盛爲祕書監，篤尚好學，自少長，常手不釋卷。既居史官，乃著《三國陽秋》。(《說郭》卷五十八、《漢學堂叢書·子史鈎沉》。《初學記》卷十二、《太平御覽》卷二百三十二、《翰苑新書》前集卷二十四俱云出何法盛《晉中興書》。)

蕭介

初，武帝延後進二十餘人，置酒賦詩。不成，罰酒一斗。臧盾飲盡，顏色不變，言笑自若。蕭介染翰便成，文無加點。帝兩美之，曰：「臧盾之飲，蕭介之文，即席之美。」(《說郭》卷五十八。按：此事見《南史·蕭介傳》、《梁書·蕭介傳》。《太平御覽》卷六百、卷八百四十四、《記纂淵海》卷一百六十八、《事類賦》卷十七引此，或云出《南史》，或云出《梁書》，未云出《文士傳》者也。且觀上諸書所引《文士傳》，至遲爲西晉入東晉人物〔謝靈運除外〕，蕭介爲梁人，相去近二百年，必非《文士傳》之文也。)

江統

江統爲洗馬，太子頗好遊宴，或闕朝侍，統以五事諫之。(《職官分紀》卷二十八。按：此條原未注出處，其上條爲《文士傳》江統作草事。今審《太平御覽》卷二百四十六引此文，云出《晉書》，與此相較，隻字不差，或亦《晉書》之文也。〔江統以五事諫太子事見《晉書·江統傳》，然《御覽》所引當非今本《晉書》。今《晉書》文作「在東宮累年，甚被親禮。太子頗闕朝覲，又奢費過度，多諸禁忌，統上書諫曰」云云，與此不同。又《御覽》引江統事下又引「解系兄弟，少連、叔連各清身潔己，仕皆爲洗馬」，今本《晉書》未載解系少連、弟解結叔連爲太子洗馬，僅載弟解育稚連此官，亦知其非今本《晉書》。據《北堂書鈔》卷六十引解系兄弟事，當乃王隱《晉書》文。〕)

《高士傳》　　晉虞盤佑撰

《高士傳》，虞盤佑撰。虞盤佑，《經典釋文》云：「虞槃佑，字弘猷，高平人，東晉處士。」言處士，則未嘗出仕也。《隋書·經籍志》、兩《唐志》並作虞盤佐，云兩卷。《太平御覽經史圖書綱目》有著錄，《太平御覽》亦多徵引，則北宋之時尚存也。其所疑者，有《記纂淵海》所錄兩則，以及至清始見者四則，其所錄六人，皆虛妄不能定其實者；而《御覽》所錄，

以魏晉人物爲主，皆班班可考者。且其六人，又多見袁淑《眞隱傳》，頗疑是書兩宋之交即亡，後世有以袁淑《傳》僞託於虞書者，今別置存疑中。

何點

何點常躡草屬，時乘柴車。（《文選・任昉〈齊竟陵文宣王行狀〉》注。）

宋少文

宋少文，博學善屬文，清心簡務。宋高祖領荊州，辟爲主簿，少文不應。高祖乃徹衛，率爾從之遊，延登第樹，聽其高談，歎曰：「不知禮，乃覺心明。」（《太平御覽》卷四百七十四。）

皇甫謐

皇甫士安少執沖素，以耕稼爲業，專心好學。每改服以行，兼日而食，得風痺。或多勸修名，士安答曰：「居畎畝之中，亦可以樂堯、舜之道，何必崇勢利而後名乎？」詔以爲太子中庶子、著作郎，並不應也。（《太平御覽》卷五百一十。事又見《晉書・皇甫謐傳》。）

朱沖

朱沖，字臣容，南安人。少有德行，閑靜寡欲，好學而貧。鄰牛犯種，擔蒭送牛。牛主人大慙，乃不復暴。晉咸寧二年，詔曰：「處士朱沖，履行高潔，經學修明，徵爲博士及太子中庶子。」沖每聞徵書至，輒逃入深山以免。居近夷俗，羌戎奉事若君也。（《太平御覽》卷五百一十。事又見《晉書・朱沖傳》、《太平御覽》卷八百三十就引臧榮緒《晉書》、卷八百九十八引王隱《晉書》。）

劉兆

劉兆，字延世，公府五辟三徵，皆不就。安貧慕道，潛志述作，數十年不出門，凡是述十餘萬言。（《太平御覽》卷五百一十。事又見《晉書・劉兆傳》、《太平御覽》卷六百一十引王隱《晉書》。）

伍朝

伍朝，字世明，好學該博，顯命屢加，不就。鎮南將軍劉弘上請補零陵太守，主者以非選，竟不聽。尚書郎胡濟言：「朝守靜衡門，志道日新，誠江南之良才，丘園之逸老也。且白衣爲郡，前漢有舊，貢於家食，近代所崇，

事可行也。」朝竟不就。後卒於家。（《太平御覽》卷五百一十。按：文後原有注云：「王隱《晉書》亦同。」事又見《晉書・吳朝傳》。）

郭文舉

郭文舉，河內軹縣人。年十三，有懷隱志。每行山林，旬日忘歸。父母喪終，辭家不娶。入陸渾嵩山少室，乃隱華陰之崖，以觀石室之石函。洛下將沒，步擔入吳興餘杭大辟山窮谷無人之地，倚木於樹，苫覆其上，亦無壁部。時多虎暴，而文獨宿，積十餘年，恒著鹿皮裘、葛巾。司徒王公迎置果園中，眾人問文曰：「飢而思食，壯而思室，自然之性，先生安獨無情乎？」文曰：「情由意生，意息則無情。」又問：「先生獨處窮山，若疾病遭命，終則為鳥鳥所食，顧不酷乎？」文曰：「藏埋者亦為螻蟻所食，復何異哉？」又曰：「狼虎害人，先生獨不畏乎？」文曰：「人無害獸之心，獸亦不害人耳。」居園七年，逃歸餘杭。（《太平御覽》卷五百一十。事又見《北堂書鈔》卷一百六十引《郭文舉別傳》、《太平御覽》卷六百〇九引《晉中興書》。）

存疑

鬼谷子

鬼谷先生曰：「子不見河邊之樹乎？僕御折之其枝，風浪蕩其根，此木豈與天地有仇怨，所居然也。子不見嵩岱之松栢乎？上枝與青雲，下根通於九泉，千秋百歲，不逢斧斤之患，此木豈與天地有骨肉，所居然也？」（《記纂淵海》卷九。原作「虞般祐」。事又見《藝文類聚》卷三十六引袁淑《真隱傳》。）

范雎、孔子

周有砥厄，宋有結綠，梁有縣黎，楚有和璞，此四寶者，工之所失也，而為天下名器。□□□。石可破也，而不可奪其堅。□□□□。良珠度寸，雖有百仞之水，不能掩其輝。□□□□□□玉徑尺，雖千仞之土，不能掩其光。明珠度寸，雖有函丈之石，不能戢其曜。（《記纂淵海》卷三十。按：此分三事，前事見《戰國策・秦策三》、《史記・范雎蔡澤列傳》，為范雎與王稽語。次事見《呂氏春秋・誠廉》。後事見《韓詩外傳》卷四、《太平御覽》卷五百一十引袁淑《真隱傳》，為孔子與顏淵語。三事本不相屬，疑首三空格或即「戰國策」三字，次四空格或即「呂氏春秋」四字。然不敢妄定，今姑並錄之。）

河上丈人

河上丈人，家貧編蕭自給。其子沒泉，得千金之珠，丈人曰：「取石來鍛之，夫千金之珠必在九重之泉、驪龍項下，子能得其珠者，遇其睡也。使龍而寤，子其靡粉矣。」（《歷代不知姓名錄》卷五。事又見《莊子·列禦寇》。）

衛國丈夫

衛國一丈夫，負缶入井灌韭，終一日一區。鄧析下車教之，爲機，後重前輕，且曰：「終日灌韭，百區不倦。」丈夫曰：「吾師所言，有機智之心矣。我非不知，不欲也。」（《歷代不知姓名錄》卷五。事又見《說苑·反質》。）

鶡冠子

鶡冠子，或曰楚人，隱居幽山，衣敝履穿，以鶡爲冠，莫測其名，因服成號。著書言道家事，馮煖常師事之。煖後顯趙，鶡冠子懼其薦己，乃與煖絕。（《歷代不知姓名錄》卷八。又見錢謙益注《杜詩》卷十五、《駢字類編》卷一百十八、蔣超伯《南滑梏語·讀鶡冠子》。事又見《太平御覽》卷五百一十引袁淑《眞隱傳》。）

南公

南公者，楚人，埋名藏用，世莫能識。居國南鄙，因以爲號，著書言陰陽事。（《錢注杜詩·奉贈李八丈判官曛》卷八。事又見《太平御覽》卷五百一十引袁淑《眞隱傳》。）

《孝子傳》　晉虞盤佑撰

《孝子傳》，晉虞盤佑撰。虞盤佑事跡見上《高士傳》。是書今僅存兩條，並見《太平御覽》，則北宋之時尚存也。其後書目未見著錄，亦未見徵引，或南宋之時即已亡佚。茆泮林《十種古逸書》曾輯是書，《龍溪精舍叢書》、《叢書集成初編》錄之。凡兩條，下注出處。

曾子

曾子以藜蒸不熟遣妻。（《太平御覽》卷九百九十八。事又見《越絕書·越絕篇敍外傳記》、《孔子家語·弟子解》。）

華光

　　華光，字榮祖，彭城人。父亡六日，年四歲，問父所在。母辛，送光至父塚。光再拜伏哭，欲留塚下。母抱歸，悲咽三日不食。至年十歲，欲見父像，雇畫師畫其父像，朝夕拜謁如父。（《太平御覽》卷四百一十三。又見《太平御覽》卷三百八十五。按：二書節引不同，今別爲一條。）

　　華光，字榮祖，彭城人。年七歲，欲見父像，永畫其父形像，朝夕拜謁。母有病，輒呼天禱祠，母即瘳愈。每得珍甘，置父像前。（《太平御覽》卷三百八十五。）

《孝子傳》　晉蕭廣濟撰

　　《孝子傳》，晉蕭廣濟撰。《隋書‧經籍志》、兩《唐志》並云十五卷，《隋志》云其人爲晉輔國將軍，事跡不詳。今觀其文，郭世道、郭原平、朱百世、何子平爲宋人，何炯爲梁人，疑當後人有所增補也。今將此四人置存疑條。是書，《職官分紀》所引兩人許武、何炯兩人，不見他書，《職官分紀》作者孫逢吉爲南宋人，則是書南宋之時當尙存也。《宋史‧藝文志》未見著錄，則是書或亡於宋元之際。後世輯此書者，有茆泮林、黃奭、陶方琦。茆氏輯本見《十種古逸書》，凡輯 29 人 31 事。茆氏分申屠勳、鄧展、展勤爲三人。黃氏輯本見《漢學堂叢書》，條目與茆本同，當迻錄自茆本也。陶氏輯本見《漢孳室文鈔》，較茆本少伍襲、郭世道、展勤三人，而多獺一條。《廣弘明集》卷二十九載梁武帝《孝思賦》「每讀《孝子傳》」云云，「王祥黃雀入帳，隗通橫石特起，盛彥之開母目，邢渠之生父齒」云云，王祥、隗通、邢渠皆見蕭廣濟《孝子傳》，而隗通、邢渠事不見他人《孝子傳》，則梁武帝所讀，或即蕭廣濟《孝子傳》也。盛彥事見《搜神記》，而諸書不云出《孝子傳》，則蕭廣濟《孝子傳》或錄此人也。

閔損、曾參

　　閔損與曾參，門徒之中最有孝稱，今言者莫不本之曾閔。（《初學記》卷十七。按：此段頗似序文。）

施延

施延，字君子，少盡色養之道。赤眉之際，將母到吳郡海鹽，賃爲半路亭，每取卒月直以供養。督郵馮敷知其賢，與飲食論道，餉錢並不受。（《太平御覽》卷四百一十四。事又見《後漢書‧郭陳列傳》注引謝承《後漢書》。）

伏恭

伏恭，字叔齊，琅邪東武人也。伯父大司徒湛，孝謹敦睦，世號「伏不鬥」。恭事後母著孝，建武初累遷太僕。上臨辟雍，於萬人中拜司空，眾以恭孝行，故光之。（《太平御覽》卷四百一十三。）

許武

許武爲湖陰令，永平中大蝗經湖陰界，飛去不入。（《職官分紀》卷四十二。）

辛繕

辛繕，字幼文。母喪，精廬旁有大鳥，頭高五尺，雞首燕領，魚尾蛇頸，備五色而青，棲於門樹。（《太平御覽》卷四百一十一。事又見《三輔決錄》。）

嬀皓

嬀皓，字元起，吳郡餘杭人。父昆，〔一〕南郡太守，被劾入重罪〔二〕。皓年十六，髡頭詣闕，通章不省。皓不飲食，懷石腰中，但詣公卿〔三〕。及行路時〔四〕，輒出石置地，叩頭流血覆面，莫不傷懷，遂奏理昆罪。（《太平御覽》卷四百一十三。又見《藝文類聚》卷二十。事又見《北堂書鈔》卷六十九引謝承《後漢書》。）

〔校記〕

〔一〕以上數句，《藝文類聚》節作「嬀皓父昆」。
〔二〕重罪，《藝文類聚》作「臺」。
〔三〕但，《藝文類聚》無。
〔四〕此句，《藝文類聚》無。

隗通

隗通，字君相，母好飲江水，常乘舟樾置之，深浚艱辛。忽有橫石特起，直趨江脊。後取水，無復勞劇。（《太平御覽》卷四百一十一。）

王修

王修，字叔治，北海人。年十歲喪母，母以社日亡，來年社日，修哀感悲號，鄰人爲之罷社。（《太平御覽》卷五百六十二。事又見《三國志·魏書·王修傳》、《顏氏家訓·風操》。）

王祥

祥後母忽欲黃雀炙〔一〕，祥念難卒致〔二〕。須臾〔三〕，有數十黃雀飛入其幕〔四〕。母之所須，必自奔走，無不得焉。其誠至如此。（《世說新語·德行》注。又見《編珠》卷三《補遺》、《北堂書鈔》卷一百四十五、《藝文類聚》卷九十二、《太平御覽》卷九百二十二。事又見《搜神記》卷十一、《晉書·王祥傳》。）

〔校記〕

〔一〕此句，《編珠》、《北堂書鈔》作「王祥後母病，欲黃雀炙」，《藝文類聚》、《太平御覽》作「王祥後母病，欲得黃雀炙」。

〔二〕「念」上，《藝文類聚》有「自」字，《太平御覽》有「思」字。難卒致，《藝文類聚》、《太平御覽》作「卒難致」。此句，《編珠》、《北堂書鈔》無。

〔三〕此二字，《編珠》無。

〔四〕「有」上，《藝文類聚》、《太平御覽》有「忽」字。此句，《編珠》作「乃有黃雀數十飛入幕內」，《北堂書鈔》作「有數十飛來入幕內」。又《北堂書鈔》、《藝文類聚》、《太平御覽》引至此止。此句下，《編珠》有「因以供母」四字，並至此止。

王祥後母庭中有柰樹〔一〕，始著子〔二〕，使祥守視〔三〕，晝驅鳥雀〔四〕，夜驚蟲鼠〔五〕。時雨忽至〔六〕，祥抱樹至曙〔七〕，母見之惻然〔八〕。（《藝文類聚》卷八十六。又見《世說新語·德行》注、《太平御覽》卷九百七十。事又見《晉書·王祥傳》。）

〔校記〕

〔一〕王，《世說新語》注無。中，《太平御覽》無。柰，《世說新語》注作「李」，《太平御覽》作「樑」。按：《晉書》本傳作「丹柰」。樹，《世說新語》注無。

〔二〕著，《世說新語》注作「結」。

〔三〕祥，《太平御覽》在「視」下，屬下句讀。守視，《世說新語》注無。

〔四〕驅，《世說新語》注作「視」，《太平御覽》作「駈」，「駈」爲「軀」之異體字。

〔五〕此句，《世說新語》注作「夜則趨鼠」，《太平御覽》作「夜則驚鼠」。

〔六〕此句，《世說新語》注作「一夜風雨大至」。

〔七〕樹，《世說新語》注作「泣」。曙，《世說新語》注作「曉」。

〔八〕之，《太平御覽》無。

桑虞

桑虞，字子綱〔一〕，魏郡黎陽人，晉黃郎沖之子。喪父，虞年十四，毀瘠過禮，日食百粒，以糁藜藿。（《太平御覽》卷四百一十三。事又見《晉書·孝友列傳·桑虞傳》、《十六國春秋·前秦錄十》、《北堂書鈔》卷一百四十四引宋躬《孝子傳》。）

〔校記〕

〔一〕字子綱，《晉書·桑虞傳》、《十六國春秋》、《白氏六帖》卷十三、《藝文類聚》卷八十七並作「字子深」，「綱」當即「深」之形訛。

蕭國

蕭國遭喪，有鵠遊其庭，至暮而去。麕暮入其門，與犬馬旅，至旦而去。（《藝文類聚》卷九十五。又見《太平御覽》卷九百○七。事又見《法苑珠林》卷六十二引鄭緝之《孝子傳》，蕭國作蕭固。）

蕭芝

蕭芝至孝〔一〕，除尚書郎，有雉數千頭〔二〕，飲啄宿止。當上直，送至岐路，及下直入門〔三〕，飛鳴車前〔四〕。（《蒙求集注》卷上。又見《藝文類聚》卷九十、《太平御覽》卷九百一十七、《九家集注杜詩》卷三十三《夏夜李尚書筵送宇文石首赴縣聯句》注、卷三十六《奉贈蕭二十使君》注。事又見《法苑珠林》卷六十二引鄭緝之《孝子傳》。）

〔校記〕

〔一〕至，《太平御覽》作「忠」。

〔二〕千，《藝文類聚》、《太平御覽》、《夏夜李尚書筵送宇文石首赴縣聯句》注、《奉贈蕭二十使君》注作「十」。按：鄭緝之《孝子傳》亦作「十」，「千」當「十」之誤。頭，《夏夜李尚書筵送宇文石首赴縣聯句》注無。

〔三〕及，《藝文類聚》、《太平御覽》、《奉贈蕭二十使君》注無。入，《太平御覽》作「及」。又自「飲啄宿止」至此，《夏夜李尚書筵送宇文石首赴縣聯句》注無。

〔四〕前，《藝文類聚》、《太平御覽》作「側」。

文讓

文讓養母至孝，及喪〔一〕，不用僮僕之力，兄弟二人營築其墳。〔二〕暫歸取糧，群鳥數千銜壤，俄而成墳。〔三〕（《太平御覽》卷四百一十一。又見《白氏六帖》卷八。按：《太平御覽》卷三十七亦載此事，然文字大不同，今別爲一條。）

〔校記〕

〔一〕此二字，《白氏六帖》作「母亡」。

〔二〕以上兩句，《白氏六帖》作「兄弟二人役力葬，不用僮僕之力葬」。

〔三〕以上三句，《白氏六帖》作「葬日，群烏數千銜土壤，助而成墳也」。

巴郡文讓母死，墳土未足，耕一畝地爲壤，群烏數千，銜所作壤以著墳上。（《太平御覽》卷三十七）

杜孝

杜孝，巴郡人也〔一〕。少失父，與母居〔二〕，至孝稱〔三〕，役在成都〔四〕。母喜食生魚〔五〕，孝於蜀截大竹筒〔六〕，盛魚二頭〔七〕，塞之以草〔八〕，祝曰〔九〕：「我母必得此〔一〇〕。」因投中流〔一一〕。婦出汲〔一二〕，乃見筒橫來觸岸〔一三〕，異而取視〔一四〕，有二魚〔一五〕。含笑曰〔一六〕：「必我壻所寄〔一七〕。」熟而進之〔一八〕。聞者歎駭〔一九〕。（《初學記》卷十七。又見《藝文類聚》卷九十六、《太平御覽》卷四百一十一、卷九百三十五、《太平寰宇記》卷七十二、《事類賦》卷二十九、《錦繡萬花谷》後集卷十五、《事類備要》前集卷二十五、《類林雜說》卷一。）

〔校記〕

〔一〕也，《類林雜說》無。

〔二〕此句，《太平寰宇記》作「養母」。

〔三〕「至」上，《太平寰宇記》、《錦繡萬花谷》、《事類備要》有「以」字，爲上。稱，《太平御覽》卷四百一十一、《類林雜說》無。又自篇首至此，《藝文類聚》、《太平御覽》卷九百三十五、《事類賦》僅「巴郡杜孝」四字。

〔四〕「役」上，《太平御覽》卷四百一十一有「充」字，《類林雜說》有「應」字。役，《太平御覽》卷九百三十五、《錦繡萬花谷》、《事類備要》作「後」，疑「後」爲「役」之形訛。在，《類林雜說》無。成，《藝文類聚》作「城」。

〔五〕魚，《事類賦》作「鮮」。又以上兩句，《太平寰宇記》乙作「母喜魚，孝曾役在成都」。

〔六〕此句，《藝文類聚》作「於官得生鱗，截竹」，《太平御覽》卷九百三十五作「孝於官得生鮮截竹銅」，《太平寰宇記》作「因截一竹筒」，《事類賦》作「截竹商」，「商」乃「筒」之形訛。

〔七〕二，《太平御覽》卷九百三十五作「一」。

〔八〕此句，《藝文類聚》、《事類賦》作「沉水中」，《太平御覽》卷九百三十五作「置江中」。

〔九〕祝，《藝文類聚》、《事類賦》無，《錦繡萬花谷》作「咒」，《事類備要》、《類林雜說》作「呪」。

〔一〇〕必，《藝文類聚》作「如」。「此」下，《事類賦》有「魚」字。

〔一一〕中流，《類林雜說》作「江中」。

〔一二〕此句，《太平御覽》卷四百一十一作「婦出渚」，《太平寰宇記》作「婦因出渚汲」，《錦繡萬花谷》、《事類備要》作「婦出」，《類林雜說》作「婦出」。

〔一三〕乃，《太平寰宇記》、《錦繡萬花谷》、《事類備要》無，《類林雜說》作「因」。「筒」上，《太平寰宇記》有「竹」字。

〔一四〕「視」下，《太平寰宇記》有「之」字。

〔一五〕有，《太平寰宇記》作「見」。又自「祝曰」以下至此，《太平御覽》卷九百三十五無。自「因投中流」以下至此，《藝文類聚》節作「妻出渚得之」，《事類賦》節作「其婦出渚得之」。

〔一六〕含，《藝文類聚》、《太平御覽》卷九百三十五、《太平寰宇記》無。笑，《太平寰宇記》無，《類林雜說》誤作「哭」。

〔一七〕此句，《藝文類聚》、《太平御覽》卷九百三十五作「是我壻寄」，《錦繡萬花谷》、《事類備要》作「此我夫所寄也」。又以上兩句，《事類賦》無。

〔一八〕此句，《藝文類聚》、《太平御覽》卷九百三十五作「乃以進母」，《太平寰宇記》作「熟進姑」，《事類賦》作「以進母」，《類林雜說》作「取而進之」。又《藝文類聚》、《太平御覽》卷九百三十五、《事類賦》引至此止。

〔一九〕此句，《太平寰宇記》作「聞者歎其至感」，《類林雜說》作「聞者皆駭然」。

杜牙

杜牙至孝，母卒，傭力營墳，結苫墓側。牙病，實嘗有一鹿衝哺之〔一〕，及牙卒，乃掘地埋之。（《白氏六帖》卷二十九。按：原云出蕭廣《孝子傳》，蓋脫「濟」字。）

〔校記〕

〔一〕此句不辭，疑「實」當作「篤」，屬上讀；「衝」當作「銜」。

陳玄

陳玄，字子元〔一〕，陳侯太子〔二〕。七歲喪母，父更娶周氏，有子曰昭。周氏讒玄，侯將殺玄。昭欲先死，玄不聽，引白羊誓曰：「孝者羊血逆上一丈三尺。」一如誓。〔三〕後又讒之，侯怒，令玄自殺。玄投遼水，〔四〕有大魚負之〔五〕。玄曰：「我罪人也。」魚乃去〔六〕。昭從後來，問漁者，云：「投水死矣。」昭氣絕良久，曰：「吾兄也。」又投水而死。（《太平御覽》卷四百一十六。又見《藝文類聚》卷九十六、《太平御覽》卷九百三十五。）

〔校記〕

〔一〕此句，《藝文類聚》、《太平御覽》卷九百三十五無。

〔二〕此句，《藝文類聚》作「太子也」，《太平御覽》卷九百三十五作「陳太子也」。

〔三〕自「七歲喪母」至此，《藝文類聚》、《太平御覽》卷九百三十五無。

〔四〕自「後又讒之」至此，《藝文類聚》作「後母謗之，陳侯令玄自殺，玄投遼水」，《太平御覽》卷九百三十五作「後母譖之，陳侯令自投遼水」。又《太平御覽》卷九百三十五引與《藝文類聚》版本相似，疑「令」下脫「玄自殺玄」四字。

〔五〕此句，《藝文類聚》、《太平御覽》卷九百三十五作「魚負之以出」。

〔六〕此句上，《藝文類聚》、《太平御覽》卷九百三十五有「故求死耳」四字。又《藝文類聚》、《太平御覽》卷九百三十五引至此止。

申屠勳

申屠勳，字君遊，河內汲人。少失父，〔一〕與母〔二〕，孤貧〔三〕，傭作供養。夏天多蚊子〔四〕，臥母床下，以身遮之〔五〕。（《太平御覽》卷四百一十三。又見《藝文類聚》卷四百一十三。）

〔校記〕

〔一〕以上四句，《藝文類聚》節作「展勤少失父」，「展」乃「屠」之形訛，「勤」乃「勳」之形訛。又申屠乃姓，則《類聚》必脫「申」字也。

〔二〕「母」下，《藝文類聚》有「居」字，是也。下條亦有「居」字，當補。

〔三〕此二字，《藝文類聚》無。

〔四〕「夏」、「子」二字，《藝文類聚》無。

〔五〕遮，《藝文類聚》作「當」，爲上。

申屠勳，字君遊，少失父，與母居，家貧傭力供養。作壽器，用漆五六斛，十年乃成。（《太平御覽》卷七百六十六。）

鄧展

鄧展父母在牖下臥，多蚊，展伏牀下，以自當之。（《太平御覽》卷九百四十五。按：此事與上事極相似，上《御覽》之申屠勳，《類聚》誤作展勤，此又作鄧展，「鄧」與「勳」亦形近也。然上言父早亡，此言父母牖下臥，似又不同。）

殷揮

殷揮生而謹愿〔一〕，七歲喪父，哀號毀悴，不爲戲弄。得瓜果可啖之物，懷持進母〔二〕，未嘗先食。（《初學記》卷十七。又見《類林雜說》卷一。事又見《太平御覽》卷四百一十四引《汝南先賢傳》，殷揮作殷煇。）

〔校記〕

〔一〕揮，《類林雜說》作「渾」。《太平御覽》卷四百一十四引《汝南先賢傳》又作殷煇，三人俱不詳，《晉書》有殷渾，晉初人，未知爲一人否。

〔二〕持，《類林雜說》誤作「待」。

魏陽

魏陽，不知何處人，獨與父居。父有刀戟，市南少年求之，陽曰：「老父所服，不敢相許。」少年怒，道逢陽父，打傷，叩頭請罪。父沒，陽斷少年頭，以謝父冢前。（《太平御覽》卷三百五十二。按：《太平御覽》卷四百八十二引《孝子傳》亦載此事，魏陽作魏湯，其文較此爲詳。）

邢渠

邢渠失母，與父仲居，性至孝。貧無子，傭以給父。父老齒落，不能食，渠常自哺之，專專然代其喘息。仲遂康休，齒落更生，百餘歲乃卒也。（《太平御覽》卷四百一十一。）

宿倉舒

宿倉舒，陳留尉氏人也。年七歲遭荒，父母飢苦。倉舒求自賣與穎川王氏，得大麥九斛。後王氏免之，累官除上黨太守。後尋覓父母，經太原南郭，忽見母，遂還舊居。母卒，悲號而死。（《太平御覽》卷四百一十三。）

王驚

王驚，廬陵石陽人。父喪未葬，假瘞宅後，野火熛燎，驚力不能救，投火而死。（《太平御覽》卷四百一十三。）

伍襲

伍襲，字世公，丁父憂。廬墓側有一鹿，每襲哭，輒踞墳而悲鳴。（《太平御覽》卷九百〇六。事又見《太平御覽》卷四百一十一引宋躬《孝子傳》。）

三洲人

三洲人者，各一州人，皆孤單煢獨，三人闇會樹下息，因相訪問。老者曰：「寧可合爲斷金之業邪？」二人曰：「諾。」即相約爲父子。因命二人於大澤中作舍，且欲成，父曰：「此不如河邊。」二人曰：「諾。」河邊舍幾成，父曰：「又不如河中。」二人復塡河，二旬不立。有一書生過之，爲縛兩土胐投河中，會父往呼止之，曰：「嘗見河可塡耶？觀汝行耳。」相將而去。明日俱至河邊，望見河中土高丈餘。（《太平御覽》卷六十一。事又見《太平廣記》卷一百六十一引《孝子傳》。）

五郡孝子

五郡孝子者，中山、常山、魏郡、鉅鹿、趙國人也。少去鄉里，孤無父母相隨，於衛國因結兄弟，長元重，次仲重，次叔仲，次季仲，次稚重，期夕相事，財三千萬。於空城中見一老姥，兄弟下車再拜曰：「願爲母。」母許焉。積二十四年，母得病，口不能言，五子乃仰天歎：「願使我母語。」即便得語，謂五子曰：「吾太原董陽猛女，嫁同縣張文賢，死亡。我男兒名焉，遺七歲，值亂亡失，心前有七星，右足有黑識。」語未竟而卒。五子送喪，會朝歌長晨出，亡其記囊，疑五子所竊，收得三重。詣河內告枉，具言始末，太守號哭曰：「生不識父，與母相失，痛不自聊，知近爲五子所養。」馳使放三重。（《太平御覽》卷三百七十二。事又見《太平寰宇記》卷五十七引孫盛《雜語》。）

獺

獺，水獸也，似拘而瘠，腳青黑色，立春則群捕魚，聚其所穫，陳列於地，一縱一橫，對之而伏也。（《玉燭寶典》卷一。按：此若果爲《孝子傳》文，則似是序文也。）

存疑

許武

許武爲湖陰令，愛民如子。（《職官分紀》卷四十二。按：此條並下條劉矩事並在上文「許武」條下，然此兩條未明云出處。《職官分紀》所引多有不標注出處者，或承上而省，或別引一書。其二人，皆有孝化之事，不敢遽定是非，今姑置此。）

劉矩

劉矩，字淑文，除雍丘縣，教其子弟，時有訟民，不加刑，密呼曉諭。縣人各自勉勵，境內大治，競修操行，咸相約束，曰：「遇人如子，何可犯之？」悉改從新。（《職官分紀》卷四十二。）

郭世道

郭世道，會稽永興人。年十四喪父，事後母，勤身供養。婦生男，夫婦共議養此兒所廢者大，乃瘞之。母亡服竟，追思未嘗釋衣。（《太平御覽》卷四百一十三。事又見《宋書·隱逸列傳·郭世道傳》。）

郭原平

郭原平墓下有數十畝田〔一〕，不屬原平。每至農月〔二〕，耕者恒裸袒〔三〕。原平不欲使慢其墳墓，乃貨家資買此田〔四〕。三農之月，輒束帶垂泣，躬自耕墾之〔五〕。（《太平御覽》卷八百二十一。又見《藝文類聚》卷六十五。事又見《宋書·孝義列傳·郭世道傳》。）

〔校記〕

〔一〕郭，《藝文類聚》無。

〔二〕至，《藝文類聚》無。

〔三〕袒，《藝文類聚》無。

〔四〕貨，《藝文類聚》作「歸賣」。

〔五〕之，《藝文類聚》無。

朱百年

朱百年，會稽山陰人。家貧，母以冬月亡，無絮，自此不衣緜帛。與同縣孔凱善，時寒月，就孔宿，飲酒醉眠，孔以臥具覆之。百年覺，引去，謂孔子曰：「縣定意溫。」因流涕悲慟。（《太平御覽》卷四百一十三。事又見《宋書·隱逸列傳·朱百年傳》。）

何子平

何子平，廬江灊人。事母至孝，爲楊州從事，月俸得白米輒貨市粟麥。人或問之，答曰：「尊老不辦，常得生米，何容得食白粲？」有贈鮭者，不可寄家則不肯受。母喪，年將六十，有孺子之慕。宋大明末，飢荒，八年不得營葬，晝夜號叫。居屋不蔽雨日，兄子伯與爲葺治，子平曰：「我情事未申，天地一罪人，屋何宜覆？」（《太平御覽》卷四百一十三。事又見《宋書·孝義列傳·何子平傳》、《藝文類聚》卷二十引宋躬《孝子傳》。）

何炯

何炯遷治書御史，以父疾陳辭。（《職官分紀》卷四十九。事又見《南史·何炯傳》、《梁書·何炯傳》。）

《竹林七賢傳》　北魏孟仲暉撰

　　《竹林七賢傳》，《隋書‧經籍志》、兩《唐志》皆作《七賢傳》，五卷。《隋志》、《唐日本國見在書目》題孟氏撰，兩《唐志》作孟仲暉撰。《洛陽伽藍記》卷四載：「時有奉朝請孟仲暉者，武城人也。父賓，金城太守。暉志性聰明，學兼釋氏，四諦之義，窮其旨歸。恒來造第，與沙門論議，時號爲玄宗先生。暉遂造人中夾貯像一軀，相好端嚴，希世所有，置皓前廳，須臾彌寶坐。」

　　是書，《宋史‧藝文志》已不見著錄，或亡於宋元之交也。今觀諸書所引，頗有與《竹林七賢論》重出者，二書雖同記竹林七賢，故當有重複者；然較其文字，似有即《竹林七賢論》之誤者，惜不能別，今並逐錄。又諸書單云《七賢傳》者，又有《太平御覽》卷一百五十九引陳翼事，卷七百六十三引文黨事，卷八百九十七引陳眾事，皆《廬江七賢傳》也。又《水經注‧清水注》引有袁彥伯《竹林七賢傳》，即《竹林名士傳》也。今並不錄。

嵇康

　　嵇康臨死〔一〕，顧視日影，索琴彈之，曰：「袁孝尼嘗從吾學《廣陵散》，吾無惜〔二〕，固不與，《廣陵散》於是絕矣。」（《太平御覽》卷五百七十九。又見《事類賦》卷十一。事又見《三國志‧魏書‧王粲傳》注引《康別傳》、《世說新語‧雅量》、《晉書‧嵇康傳》。）

　　〔校記〕
　　〔一〕死，《事類賦》作「刑」。
　　〔二〕無惜，《事類賦》作「每靳」。按：此處「無」當讀作「憮」，《說文》：「憮，愛也。」靳，《集韻》：「吝也。」兩說並通。

阮籍

　　阮籍，字嗣宗，高貴鄉公以爲散騎常侍〔一〕，非其好也。（《北堂書鈔》卷五十八。又見《藝文類聚》卷四十八、《白氏六帖》卷二十一、《職官分紀》卷六。《藝文類聚》、《白氏六帖》云出《七賢傳》。）

　　〔校記〕
　　〔一〕公，《藝文類聚》脫。「以」上，《職官分紀》有「立」字。以上三句，《白氏六帖》作「高貴鄉公以阮籍爲散騎常侍」。

阮籍性樂酒，善嘯，聲聞數百里。（《白氏六帖》卷十八。事又見《世説新語‧棲逸》、《藝文類聚》卷十九等引《竹林七賢論》。）

蘇門山中忽有眞人在焉，阮籍往尋，與語不應，籍乃長嘯。有傾，笑曰：「可更作。」又爲嘯，遂還半嶺。嶺□□然有聲〔一〕，若數部鼓吹，乃向人之爲嘯。（《白氏六帖》卷十八。原云出《七賢傳》。事又見《世説新語‧棲逸》、《藝文類聚》卷十九等引《竹林七賢論》。）

〔校記〕

〔一〕據上《竹林七賢論》，此兩字當作「巔喈」。

阮籍，字嗣宗，爲太傅司馬宣王參軍，遷景王大將軍從事中郎。（《太平御覽》卷二百三十八。事又見《晉書‧阮籍傳》。）

阮籍以步兵廚中有美酒，求爲步兵校尉。（《太平御覽》卷一百八十六。原云出《七賢傳》。事又見《三國志‧魏書‧王粲傳》注等引《魏氏春秋》、《晉書‧阮籍傳》。）

阮籍有奇才異質，或閉戶讀書連月不出，或遊行丘林經日不返。（《太平御覽》卷六百一十一。原云出《七賢傳》。）

山濤

山濤與阮籍、嵇康，皆一面契若金蘭，濤語妻曰：「吾當年可爲交者，唯此二人耳。」（《藝文類聚》卷二十一。又見《書敍指南》卷七、《翰苑新書》前集卷六十二。《書敍指南》僅引「契若金蘭」四字，《翰苑新書》僅引「一面契若金蘭」六字。事又見《世説新語‧賢媛》、《太平御覽》卷四百○四引《竹林七賢論》。）

山濤，太始七年爲侍中，詔書曰：「濤清風淳履，思心通遠，宜侍幃幄，盡規左右。」（《藝文類聚》卷四十八。原云出《七賢傳》。又見《藝文類聚》卷二百一十九。事又見《初學記》卷十二引《竹林七賢論》。）

鬲令袁毅賄遺朝廷，以營虛譽，遺山濤絲百斤。濤不欲爲異，乃受之，命內閣之梁上。後毅事露，吏驗至濤所，濤於梁上下絲，絲已數年，塵埃黃黑，封印如初，以付吏。（《事類賦》卷十。事又見《太平御覽》卷八百一十四等引《竹林七賢論》。）

王戎

王戎眸子洞徹，視日而眼照不虧。(《太平御覽》卷三百六十六。事又見《晉書·王戎傳》、《藝文類聚》卷十七等引《竹林七賢論》。)

王戎女適裴氏，乏用，遣女爲貸錢數萬文，而未還〔一〕。女歸，戎色不悅，女遽還錢，乃懌。(《太平御覽》卷八百三十六。事又見《世說新語·儉嗇》、《晉書·王戎傳》、《太平御覽》卷三百八十八引《竹林七賢論》。)

〔校記〕

〔一〕「而」上，《太平御覽》卷三百八十八引《竹林七賢論》有「久」字，爲上。

王戎故吏多至大官。(《橘山四六》卷三。事又見《太平御覽》卷八百九十七等引《竹林七賢論》。)

阮咸

七月七日，諸阮庭中鋪陳，莫非錦繡。阮咸時總角，乃豎長竿，標大犢鼻裩於庭，曰：「未能免俗，聊復共爾〔一〕。」(《歲華紀麗》卷三。又見《白氏六帖》卷一、《錦繡萬花谷》後集卷四、《九家集注杜詩》卷十二《牽牛織女》注。事又見《世說新語·任誕》、《晉書·阮咸傳》、《太平御覽》卷三十一等引《竹林七賢論》。)

〔校記〕

〔一〕此句，《白氏六帖》、《錦繡萬花谷》無。又《九家集注杜詩》引作：「舊俗以七月七日曝衣，時南阮富，所曝皆錦繡；北阮貧，乃立長竿標大布犢鼻於庭中，曰：『未能免俗。』」與三書引皆大不同。

阮咸善琵琶〔一〕，荀勗雅解音律，自以遠不及也。(《太平御覽》卷五百八十三。又見《白氏六帖》卷十八、《事類備要》外集卷十五。事又見《晉書·阮咸傳》、《藝文類聚》卷十四引《竹林七賢論》。)

〔校記〕

〔一〕《白氏六帖》、《事類備要》僅引此一句，作「阮咸善彈琵琶」。按：「善彈」與「雅解」相對爲文，《晉書·阮咸傳》、《北堂書鈔》卷一百一十、《藝文類聚》卷四十四引《竹林七賢論》並有「彈」字，此蓋脫之。

《孝子傳》　宋王韶之撰

《孝子傳》，王韶之撰。諸書或作王韶，或作王歆，「歆」乃「韶」之形訛。

王韶之，字休泰，琅邪臨沂人也。曾祖廙，晉驃騎將軍。祖羨之，鎮軍掾。父偉之，本國郎中令。韶之嘗私撰《晉安帝陽秋》，既成，除著作佐郎，遷尚書祠部郎。義熙十一年，劉裕以韶之博學有文詞，補通直郎，領西省事，轉中書侍郎。恭帝即位，遷黃門侍郎，領著作郎，西省如故。劉裕受禪，加驍騎將軍，本郡中正，黃門如故。後坐璽封謬誤，免黃門。元嘉十年，徵為祠部尚書，加給事中。坐去郡長取送，故免官。十二年，又出為吳興太守，其年卒，時年五十六。事詳《宋書·王韶之傳》。

　　《南史》本傳載其「撰《孝傳》三卷」，當即此。《隋書·經籍志》作「《孝子傳讚》三卷」，《舊唐書·經籍志》則云「《孝子傳讚》十五卷」，《新唐書·藝文志》云「《孝子傳》十五卷，又《讚》三卷」，或云《孝子傳》，或云《孝子傳讚》，或云三卷，或云十五卷，相去甚遠。按：《隋志》有劉向《列女傳》十五卷，劉歆《列女傳頌》一卷，後人乃將劉歆《頌》附於劉向《傳》後，仍為十五卷本。《新唐書·藝文志》唯有劉向《列女傳》十五卷，即合本。此書或亦當此類，蓋王氏所撰者，《讚》也，非《傳》也，然讚為傳作，必需合而傳之。今審《隋志》，十五卷本《孝子傳》僅有蕭廣濟一家，蕭氏乃晉人，王氏乃宋人，相去不遠，或即承此。《南史》、《隋志》所云，乃其《讚》也；《舊志》所云，則是如《列女傳》之合本；《新志》所云，則是《傳》、《讚》分列而並存之也。是書，《太平御覽經史圖書綱目》錄之，《御覽》引周青事、吳逵事不見他書引《孝子傳》，則是書北宋之時尚見存。南宋書目、《宋史·藝文志》不見著錄，則或南宋之時即已亡佚。章宗源《隋經籍志考證》、茆泮林《十種古逸書》皆錄周青、李陶、竺彌三人，茆氏書又有王歆《孝子傳》，錄竺禰一條，非也。並未錄吳逵也。

竺禰

　　竺禰〔一〕，字道緼〔二〕。父生時畏雷〔三〕，每至天陰〔四〕，輒馳至墓〔五〕，伏墳哭〔六〕。有白兔在其左右，〔七〕遂憂卒。（《初學記》卷一。又見《北堂書鈔》卷一百五十二、《藝文類聚》卷二、《白氏六帖》卷一、《太平御覽》卷十三。王韶之，《初學記》、《太平御覽》作「王歆」，《藝文類聚》、《白氏六帖》作「王韶」。《北堂書鈔》原作「《晉陽秋》云王祥《孝子傳》云」，《晉陽秋》為孫盛所作，孫盛早於王韶之，其書固不當引王作也。《晉陽秋》或為衍文。「祥」或為「韶」之誤，或有脫文，其下錄孝子王祥事。）

〔校記〕

〔一〕禰,《北堂書鈔》、《藝文類聚》、《太平御覽》作「彌」,《白氏六帖》作「珍」。按:
　　　下條《書鈔》所引亦作「彌」,或是。《周易·繫辭上》「彌綸天地之道」,故字道綸
　　　也。「彌」或作「弥」,與「珎」(即「珍」字)形似,故《六帖》誤作「珍」也。

〔二〕綸,《白氏六帖》作「倫」,據《周易·繫辭上》,則「綸」是也。此句,《北堂書鈔》、
　　　《藝文類聚》無。

〔三〕此句,《北堂書鈔》作「父畏雷」。

〔四〕此句,《北堂書鈔》作「每天雷」。

〔五〕輒,《北堂書鈔》無。弛,《藝文類聚》、《白氏六帖》無。至,《白氏六帖》無。墓,
　　　《北堂書鈔》、《白氏六帖》無。又《北堂書鈔》引至此止。

〔六〕哭,《藝文類聚》作「悲哭」,《白氏六帖》作「而泣」。又《白氏六帖》引至此止。

〔七〕《藝文類聚》、《太平御覽》引至此止。

竺彌,字道倫〔一〕,本外國人,居吳興,遂為民,父母亡,道倫癠毀,冬
不服襦袴。(《北堂書鈔》卷一百二十九。)

〔校記〕

〔一〕據上,「倫」似當作「綸」。

李陶

李陶,交阯人。母終,陶居於墓側,躬自治墓,不受鄰人助。群烏銜塊,
助成墳。(《藝文類聚》卷九十二。按:《白氏六帖》卷八引蕭廣濟《孝子傳》後,以
「又」字引起,即引此事,然《白氏六帖》「又」字前後引文未必出一書也。此條不
敢遽定其亦見蕭書。)

周青

周青,東郡人〔一〕。母疾積年〔二〕,青扶持左右〔三〕,四體羸瘦〔四〕。村
里乃歛錢營助湯藥,母痊,許嫁同郡周少君〔五〕。少君疾病〔六〕,未獲成禮,
乃求青。母見青,〔七〕囑託其父母〔八〕,青許之,俄而命終。青供為務十餘年
中〔九〕,公姑感之,勸令更嫁,青誓以《匪石》。後公姑並自殺〔一○〕。女姑告
青害殺,縣收栲捶〔一一〕,遂以誣款,七月刑青於市,青謂監殺曰〔一二〕:「乞
樹長竿,擊白幡。青若殺公姑〔一三〕,血入泉;不殺者〔一四〕,血上天。」血
乃緣幡竿上天〔一五〕。(《太平御覽》卷四百一十五。又見《太平御覽》卷六百四十
六。事又見《搜神記》卷十一。)

〔校記〕

〔一〕「人」下,《太平御覽》卷六百四十六有「也」字。

〔二〕疾，《太平御覽》卷六百四十六作「患」。

〔三〕持，《太平御覽》卷六百四十六作「侍」，爲上。

〔四〕四，《太平御覽》卷六百四十六作「五」。

〔五〕少，《太平御覽》卷六百四十六作「小」，下同，不出校。

〔六〕病，《太平御覽》卷六百四十六無。

〔七〕以上兩句，《太平御覽》卷六百四十六作「求見青」，於句爲順。

〔八〕此句，《太平御覽》卷六百四十六作「屬累父母」。

〔九〕「供」下，《太平御覽》卷六百四十六有「養」字。餘，《太平御覽》卷六百四十六無。

〔一〇〕後，《太平御覽》卷六百四十六無。公，《太平御覽》卷六百四十六作「翁」。

〔一一〕此句，《太平御覽》卷六百四十六作「收考」。

〔一二〕「殺」下，《太平御覽》卷六百四十六有「者」字。

〔一三〕公，《太平御覽》卷六百四十六作「翁」。

〔一四〕「殺」下，《太平御覽》卷六百四十六有「者」字。

〔一五〕此句上，《太平御覽》卷六百四十六有「既斬」二字。幡，《太平御覽》卷六百四十六無。

吳逵

　　吳逵，吳興烏程人，經荒饉，繼以疾病，父母兄弟嫂及郡羣從小功之親男女死者十三人，唯逵夫妻獲全。家徒四壁立，冬無被袴，晝則傭賃，夜則伐木燒磚，妻亦同逵此誠。期年中，成七墓十三棺。(《太平御覽》卷五百五十五。按：此原引沈約《宋書》，下注云「亦出《中興書》、王韶《孝子傳》。」事又見《宋書·孝義列傳·吳逵傳》、《南史·孝義列傳·吳逵傳》、《晉書·忠義列傳·吳逵傳》、《法苑珠林》卷六十二引鄭緝之《孝子傳》。)

《孝子傳》　　宋鄭緝之撰

　　《孝子傳》，宋鄭緝之撰。鄭緝之其人未詳，《隋志》云其爲宋員外郎，《舊唐志》又載有《東陽記》一卷，《太平御覽》卷六十六又載有其人《永嘉記》。是書，《隋書·經籍志》云十卷，兩《唐志》作《孝子傳贊》，並十卷。宋代書目未見徵引，《宋史·藝文志》亦未見著錄，或宋代已亡也。章宗源《隋經籍志考證》據《世說》、《法苑珠林》錄吳隱之、丁蘭、吳逵、蕭固四人，茆泮林《十種古逸書》則僅輯吳隱之一人，王仁俊《玉函山房輯佚書續編》所錄與章氏同，諸家皆未輯董永也。

吳隱之

隱之，字處默，少有孝行，遭母喪，哀毀過禮。時與太常韓康伯鄰居，康伯母揚州刺史殷浩之妹，聰明婦人也。隱之每哭，康伯母輒輟事流涕，悲不自勝，終其喪如此。謂康伯曰：「汝後若居銓衡，當用此輩人。」後康伯為吏部尚書，乃進用之。(《世說新語·德行》注。事又見《太平御覽》卷四百一十二引王隱《晉書》。)

丁蘭

蘭妻誤燒母面，即夢見母痛。人有求索許不先白母，鄰人曰：「枯木何知。」遂用刀斫木，母流血。蘭還，號，造服行喪，廷尉以木滅死。宣帝嘉之，拜太中大夫也者。(《法苑珠林》卷六十二。事又見《初學記》卷十七引孫盛《逸人傳》、《法苑珠林》卷六十二引劉向《孝子傳》。按：此非全文也。《法苑珠林》引此，先引劉向《孝子傳》，而此鄰人斫木事不見劉向《孝子傳》，故引此以補之。此文之前，必當有丁蘭刻木為母之文。)

董永

永是千乘人。(《法苑珠林》卷六十二。按：《法苑珠林》引此句以注劉向《孝子傳》也。此書所載之事當與劉向《孝子傳》相近，惟劉向書無「千乘人」文字，故單引此也。)

吳逵

吳逵，吳興人也。孫恩亂後，兄弟嫂從有十三喪，家貧壁立，冬無被袴，晝則傭書，夜還作磚，夫妻執事，無食自暇。期年，辦七墓十三棺，逆取傭直，以供葬事。鄰人乃悉折以為賻，一無所取，躬耕償之。晉義熙三年，太守張崇禮辟之。(《法苑珠林》卷六十二。事又見《宋書·孝義列傳·吳逵傳》、《南史·孝義列傳·吳逵傳》、《晉書·忠義列傳·吳逵傳》、《太平御覽》卷五百五十五引王韶之《孝子傳》。)

蕭固

蕭固，字秀異，東海蘭陵人。何十四世孫，舊居沛，何倍長陵，因家關中。少有孝謹，遭喪六年，雉鵲遊狎其〔一〕，麕鹿入其門牆。徵聘不就。固子芝，字英髦，孝心醇至，除尚書郎，有雉數十餘喙宿其上〔二〕。嘗上直，送至

路，雉飛鳴車側。（《法苑珠林》卷六十二。事又見蕭廣濟《孝子傳》。按：原云出鄭緝之《傳》，當即《孝子傳》也。）

〔校記〕

〔一〕「其」下，當脫一字。

〔二〕此句有誤，《蒙求集注》卷上引蕭廣濟《孝子傳》作「有雉數千頭，飲啄宿止」，「餘」或「飲」之形訛，「喙」當即「啄」之形訛，「上」當即「止」之形訛，「其」字則衍文也。

《孝子傳》 宋師覺授撰

《孝子傳》，宋師覺授撰。師覺授，字覺授，《元和姓纂》作帥覺授，一云名暠。云「本姓師氏，避晉景王諱，改爲帥氏」。南陽涅陽人也。與外兄宗炳並有素業，以琴書自娛。宋臨川王劉義慶辟爲州祭酒、主簿，並不就。乃表薦之，會卒。撰《孝子傳》八卷。事見《南史・孝義列傳・師覺授傳》。

是書，《南史》云八卷，《隋書・經籍志》、兩《唐志》同。《太平御覽經史圖書綱目》著錄，《太平御覽》亦多徵引，則北宋之時尙存。南宋書目、《宋史・藝文志》不見著錄，或南宋之時即已亡佚也。章宗源《隋經籍志考證》、茆泮林《十種古逸書》有輯，所錄人物同。

老萊子

老萊子者，楚人。行年七十，父母俱存，至孝烝烝。常著班蘭之衣，爲親取飲。上堂腳跌，恐傷父母之心，因僵仆爲嬰兒啼。孔子曰：「父母老，常言不稱老，爲其傷老也。若老萊子，可謂不失孺子之心矣。」（《太平御覽》卷四百一十三。事又見《列女傳》。）

閔損

閔損，字子騫，魯人，孔子弟子也。以德行稱，早失母，後母遇之甚酷，損事之彌謹。損衣皆藁枲爲絮，其子則綿纊重厚。父使損御，冬寒失轡，後母子御則不然。父怒詰之，損默然而已。後視二子衣，乃知其故。將欲遣妻，諫曰：「大人有一寒子，猶尙垂心。若遣母，有二寒子也。」父感其言，乃止。（《太平御覽》卷四百一十三。事又見《藝文類聚》卷二十四引《說苑》及諸書引《孝子傳》。）

仲子崔

仲子崔者，仲由之子也。初〔一〕，子路仕衛，赴蒯聵之亂。衛人狐黶，時守門，殺子路。〔二〕子崔既長，告孔子〔三〕，欲報父讎。夫子曰：「行矣。」子崔即行。〔四〕黶知之，於城西決戰〔五〕。其日，黶持蒲弓木戟與子崔戰而死〔六〕。（《太平御覽》卷四百八十二。又見《太平御覽》卷三百五十二。）

〔校記〕

〔一〕初，《太平御覽》卷三百五十二無。

〔二〕以上三句，《太平御覽》卷三百五十二作「衛人于黶遂殺之」。

〔三〕此句，《太平御覽》卷三百五十二無。

〔四〕「夫子」下至此，《太平御覽》卷三百五十二無。

〔五〕此句，《太平御覽》卷三百五十二作「曰：夫君子不掩人之不備，須後日於城西決戰」，當補之。

〔六〕子，《太平御覽》卷三百五十二脫。

北宮氏女嬰兒子

北宮氏女嬰兒子者，齊人也。無兄弟而父母老，遂撤其環瑱，誓不適人，以奉養父母。國人聞之，莫不相率以孝請女。爲趙王后齊使侯問，使者曰：「北宮氏女嬰兒子無恙耶？撤其環瑱，至老不嫁，以養父母，此助王率民出於孝者也。」齊王聞之，表其門以顯異焉。（《太平御覽》卷四百一十五。其中「爲趙王后齊使侯問」一句頗不辭，疑有誤。）

程曾

程曾，字孝孫，桂陽人。〔一〕年七歲喪母，哀號哭泣，不異常人〔二〕。祖母憐之，嚼肉食之，覺有味，便吐去。（《太平御覽》卷一百四十五。又見《藝文類聚》卷二十。事又見《北堂書鈔》卷一百四十五引《桂陽先賢畫贊》。）

〔校記〕

〔一〕以上兩句，《藝文類聚》無。

〔二〕常，《藝文類聚》作「成」。按：此作「成」爲上，若作「不異常人」，則文辭褊狹，境界且小矣。

魏連

魏連，事父至孝，和帝時，拜昌邑令，百姓不忍欺，大蝗連熟。（《藝文類聚》卷一百。）

趙狗

趙狗幼有孝性〔一〕，年五六歲時，得甘美之物，未嘗敢獨食〔二〕，必先以哺父。出輒待還而後食，過時不還，則倚門啼以俟父〔三〕。至數年父沒，狗思慕羸悴，不異成人；哭泣哀號，居於冢側。鄉族嗟稱，名聞流著〔四〕。漢安帝時，官至侍中。（《初學記》卷十七。又見《太平御覽》卷四百一十四。《錦繡萬花谷》後集卷十五亦引此，單云出《孝子傳》。）

〔校記〕

〔一〕狗，《太平御覽》作「狥」，下同，不俱校。按：《錦繡萬花谷》引《孝子傳》作「恂」。「狗」即「狥」俗字，「狥」、「恂」通。泰山大汶口東漢墓畫像有孝子趙苟，蓋「苟」或寫作「狗」，又轉誤作「狥」、「恂」、「狥」。

〔二〕嘗，《太平御覽》作「常」，二字通。

〔三〕俟，《太平御覽》作「候」，二字俱通。

〔四〕聞流，《太平御覽》乙。

王祥

王祥少有德行，早失母〔一〕，後母憎而譖之，祥孝彌謹。盛寒，河水堅冰〔二〕，網罟不施。母欲得生魚，祥解褐，叩冰求之。忽冰小開〔三〕，有雙魚出游〔四〕，祥垂綸而獲之。時人謂之至孝所致也〔五〕。（《太平御覽》卷二十六。又見《初學記》卷三。二書原但作師覺《孝子傳》，脫「授」字。事又見《搜神記》卷十一、《世說新語·德行》注引《晉陽秋》、《晉書·王祥列傳》。）

〔校記〕

〔一〕早，《初學記》無。

〔二〕「水堅」二字，《初學記》無。

〔三〕小，《初學記》作「少」。

〔四〕魚，《初學記》作「鯉」。

〔五〕「時」上，《初學記》有「于」字。

吳叔和

吳叔和，性至孝，母沒，負土成墳，有赤烏巢門，甘露降戶。（《藝文類聚》卷九十二。）

《孝子傳》　宋宗躬撰

　　《孝子傳》，宗躬撰。宗躬，諸書或作宋躬，《隋志》作宋躬，兩《唐志》作宗躬，諸書引《孝子傳》則「宗」、「宋」雜出，《白氏六帖》卷十九誤作宗窮。姚振宗曰：「《南齊書·孔稚圭傳》：『永明中世祖留心法令，詔獄官詳正舊注，使兼監臣宋躬兼平臣王植等抄撰同異。』又《南史·袁象傳》有江陵令宗躬，又本志別集類有齊平西諮議《宗躬集》十三卷，然則躬在南齊時爲廷尉監、江陵令、平西將軍府諮議參軍者也。」按：《宋書·隱逸列傳·宗炳傳》云：「宗炳，字少文，南陽涅陽人也。……炳外弟師覺授亦有素業，以琴書自娛。」又是書收有宗承，《世說新語·方正》注引《楚國先賢傳》云：「宗承，字世林，南陽安眾人。父資，有美譽。」頗疑宗躬當即南陽宗氏一脈，其家與師氏有舊，宗躬既睹師覺授《孝子傳》，乃亦仿之也。則其姓當以作「宗」爲上，作「宋」者，形訛也。今審其所錄人物，以宋人爲主，何子平、王虛之、陳遺、丘傑、韋俊、張景胤、賈恩、華寶、孫棘、韓靈珍、夏侯詡皆宋人也。其生平可考知者，至晚爲華寶、《藝文類聚》載其義熙中年八歲，後記其六十歲不冠娶，已至大明末。孫棘，《太平御覽》載其事在大明五年。約宋末人，則所記止於宋末也。

　　是書，《隋書·經籍志》、《新唐書·藝文志》作二十卷，《舊唐書·經籍志》作十卷。《太平御覽經史圖書綱目》錄是書，且《御覽》徵引，多有不見他書者，則是書北宋之時尚見存也。南宋典籍雖偶有徵引，皆已前見；南宋書目、《宋史·藝文志》皆未著錄，或南宋時即已亡佚也。後世輯此者，章宗源《隋經籍志考證》錄二十人，單云人物，不錄事跡，其中《法苑珠林》吳中書郎咸沖事，乃出祖臺之《志怪》；又分王虛之爲二人也。又茆泮林《十種古逸書》輯十八人，其人略以時間爲序排列，排列多有謬誤。下注出處。又王仁俊《玉函山房輯佚書續編》輯有兩條，王氏曾見茆氏書，所以復輯者，首條陳遺事取自《法苑珠林》，與茆氏不同；次條王虛之事，王氏以爲茆氏作王靈之誤，故重錄之。

郭巨

　　郭巨，河內溫人也。妻生男，謀曰〔一〕：「養子則不得營業，妨於供養，

當殺而埋焉。」鍤入地，有黃金一釜，上有鐵券曰：「黃金一釜，賜孝子郭巨。」
（《初學記》卷二十七。又見《太平御覽》卷八百一十一、《事類賦》卷九。事又見《搜
神記》卷十一、《法苑珠林》卷六十二引劉向《孝子傳》。）

〔校記〕
〔一〕曰，《事類賦》脫。

伍襲

伍襲，字世長，武陵人。父沒羌中，乃學羌語言、衣服，與賓客入搆羌，
諸令相攻。襲乘羌〔一〕，負喪而歸。葬畢，因居墓所。每哭輒有鹿踞墳而鳴。
漢法，死事之孤，皆拜郎中，而襲不忍受。吏迫之，乃掘室逃其中，吏不知
處。（《太平御覽》卷四百四十一。事又見《太平御覽》卷九百○六引蕭廣濟《孝子傳》。）

〔校記〕
〔一〕「乘」下，原有「其仇戎讎」四小字，未審何解。

繆斐

繆斐，字文雅〔一〕，東海蘭陵人。父忽得患〔二〕，醫藥不給。斐晝夜叩頭
〔三〕，不寢不食，氣息將盡。至三更中，忽有二神引鑕而至，求哀曰〔四〕：「尊
府君昔經見侵，故有怒報〔五〕。君至孝所感，昨為天曹所攝〔六〕，鑕銀鐺〔七〕。」
斐驚〔八〕，視父已差。父云：「吾病，恒見二人見持，向來忽不見。」斐乃具
說。〔九〕父曰：「吾曾過五子胥廟〔一○〕，引二神像置地，當此是也〔一一〕。」（《太
平御覽》卷六百四十四。又見《太平御覽》卷四百一十一。）

〔校記〕
〔一〕此三字，《太平御覽》卷四百一十一無。
〔二〕得，《太平御覽》卷四百一十一無。
〔三〕晝，《太平御覽》卷四百一十一脫。
〔四〕哀，《太平御覽》卷四百一十一作「斐」。
〔五〕怒，《太平御覽》卷四百一十一作「怨」，為上。
〔六〕所，《太平御覽》卷四百一十一無。
〔七〕此句，《太平御覽》卷四百一十一作「錄」。
〔八〕「驚」下，《太平御覽》卷四百一十一有「起」字。
〔九〕自「父云」以下至此，《太平御覽》卷四百一十一無。
〔一○〕曾，《太平御覽》卷四百一十一作「昔」。五，《太平御覽》卷四百一十一作「伍」。
〔一一〕也，《太平御覽》卷四百一十一作「耳」。

紀邁

紀邁，廬江人，本姓舒，以五月五日生，母棄之，村人紀淳妻趙氏養之。年六歲，本父母時來看，語曰：「汝是我生。」邁泣涕告趙，趙乃具言始末。及年十歲，傭力所得，輒分二母各半。淳亡無子，邁乃斬衰三年；本父母繼亡，又並齊衰心喪三年。趙欲爲娶，齎酒米往婚家，道值醉人打趙，體悶。忽有一狗直至，銜邁衣若此者三。邁心動，走赴婚家，逢醉人適共舉酌於草中。邁乃以擔煞二醉人。趙歸得平，乃詣縣首，令宥之。乃誓不娶。後邁嘗寢，忽有一女言姓衛，昨忽暴死，天神矜愍君無妻，故使相報。邁具說其狀，母子至衛門外，果如言。送喪上車，牛不肯動，趙乃與主人具敘說之。主人開柩，女有氣息，至曉便復蘇語，具說始末，如趙所言，遂爲夫婦。趙卒，邁絕復蘇者日數四。邁年五十，嘗病幾死，夢神曰：「君行至孝，延曆將得百歲。」果九十七而卒。（《太平御覽》卷四百一十一。《太平御覽》卷三十一引紀邁事，甚略，但云出《孝子傳》。）

宗承

宋承〔一〕，字世林，父資喪〔二〕，葬舊塋，負土作墳，不役僮僕。一夕間〔三〕，土壤自高五尺〔四〕，松竹生焉。（《太平御覽》卷四百一十一。又見《白氏六帖》卷十九、《太平御覽》卷三十七。《白氏六帖》「躬」誤作「窮」。）

〔校記〕

〔一〕宋，《白氏六帖》、《太平御覽》卷三十七並作「宗」。按：《白氏六帖》卷八引《孝子傳》亦作「宗」。《世說新語・方正》注引《楚國先賢傳》云：「宗承，字世林，南陽安眾人。父資，有美譽。」則作「宗」是。

〔二〕資喪，《白氏六帖》無，「父」字屬下讀。

〔三〕「間」上，《白氏六帖》有「之」字。

〔四〕自，《太平御覽》卷三十七無。

桑虞

桑虞喪父，年十四〔一〕，毀瘠過禮〔二〕，日食百粒，以糝藜藿〔三〕。（《藝文類聚》卷二十。又見《北堂書鈔》卷一百四十四、《太平御覽》卷八百五十九。事又見《十六國春秋・前秦錄十》、《晉書・桑虞傳》。）

〔校記〕

〔一〕年，《太平御覽》無。此句，《北堂書鈔》無。

〔二〕此句，《太平御覽》無。

〔三〕以，《太平御覽》無。

吳坦之

吳坦之，隱之兄也，母葬夕，設九飯祭。坦之每臨一祭，輒號慟斷絕，至七祭，吐血而死。（《藝文類聚》卷二十。事又見《初學記》卷十七引《孝子傳》。又《世說新語·德行》篇云「大吳不免哀制」，即言此事。）

何子平

何子平事母至孝，爲楊州從事，月俸得白米，輒貨市粟麥。人或問之，答曰：「尊老在東，不辦常得米，何容獨食白粲？」〔一〕母喪，〔二〕年將六十〔三〕，有孺子之慕，晝夜號叫〔四〕，暑避清涼〔五〕，冬不衣絮。（《藝文類聚》卷二十。又見《太平御覽》卷二十二、卷二十六、《事類賦》卷四。事又見《宋書·孝義列傳·何子平傳》、《南史·孝義列傳·何子平傳》。）

〔校記〕

〔一〕自「爲楊州從事」下至此，《太平御覽》卷二十二、卷二十六無。

〔二〕自「爲楊州從事」下至此，《事類賦》無。

〔三〕將，《太平御覽》卷二十二、卷二十六、《事類賦》無。

〔四〕此句，《太平御覽》卷二十二、卷二十六、《事類賦》無。

〔五〕暑，《太平御覽》卷二十二、卷二十六、《事類賦》作「夏」。又《太平御覽》卷二十二、《事類賦》引至此止。

王虛之

王虛之〔一〕，廬陵西昌人〔二〕。年十三喪母〔三〕，三十喪父〔四〕，二十年鹽酢不入口〔五〕。病著牀〔六〕，忽有一人來問病〔七〕，謂之曰：「君病尋差〔八〕。」俄而不見〔九〕。又所住屋〔一○〕，夜有光。〔一一〕庭中橘樹〔一二〕，隆冬生實〔一三〕，病果尋愈〔一四〕。咸以至孝所感〔一五〕。（《法苑珠林》卷六十二。又見《藝文類聚》卷八十六、《太平御覽》卷四百一十一、卷九百六十六、《事類賦》卷二十七。《太平廣記》卷一百六十二引此，單云出《孝子傳》。事又見《南史·孝義列傳·王虛之傳》。）

〔校記〕

〔一〕虛，《太平御覽》卷四百一十一、卷九百六十六、《事類賦》作「靈」。按：《南史·王虛之傳》、《太平廣記》引《孝子傳》並作「虛」。據《南史》，王虛之字文靜，《老子》十六章云「致虛極，守靜篤」，《荀子·解蔽》篇云「虛壹而靜」，《莊子·天道》篇云「虛則靜」，則或作「虛」字爲上。「靈」字古或書作「靈」（見《帝堯碑》）、「𤫊」（見敦煌卷子《雙恩記》），與「虛」字形近，因而致訛也。

〔二〕此句，《藝文類聚》、《太平御覽》卷四百一十一無。

〔三〕年，《藝文類聚》無。

〔四〕三十，《藝文類聚》作「三十三」，與《南史》同，此疑當脫「三」字。又以上兩句，
《太平御覽》卷四百一十一作「年十三喪父」，中間蓋有脫文；《太平御覽》卷九百
六十六、《事類賦》作「喪父母」，屬下讀。

〔五〕酢，《藝文類聚》、《太平御覽》卷四百一十一作「醋」，二字通。「入」下，《太平御
覽》卷九百六十六、《事類賦》有「其」字。

〔六〕「病」上，《太平御覽》卷四百一十一有「被」字。

〔七〕忽，《藝文類聚》作「或」，《南史・王虛之傳》、《太平廣記》引《孝子傳》並作「忽」。
按：作「忽」字爲上。或，胡國切；忽，呼骨切，惟末元音之有無，「或」疑「忽」
之音訛。病，《藝文類聚》、《太平御覽》卷四百一十一作「疾」。

〔八〕病，《藝文類聚》無。此句，《太平御覽》卷四百一十一作「餐橘當差」。

〔九〕「見」下，《太平御覽》卷四百一十一有「之」字。又自「病著牀」至此，《太平御
覽》卷九百六十六無。

〔一〇〕又，《太平御覽》卷九百六十六無。

〔一一〕以上兩句，《藝文類聚》、《太平御覽》卷四百一十一無。又自「病著牀」至此，《事
類賦》無。

〔一二〕庭，《太平御覽》卷九百六十六作「廷」。

〔一三〕生，《藝文類聚》作「而」，《太平御覽》卷四百一十一、卷九百六十六、《事類賦》
作「三」。按：《南史・王虛之傳》、《太平廣記》引《孝子傳》並作「三」，「生」
或「三」之形訛。「三」上，《太平御覽》卷四百一十一有「乃有」二字。又《太
平御覽》卷九百六十六、《事類賦》引至此止。

〔一四〕此句，《太平御覽》卷四百一十一作「食之病尋愈」。

〔一五〕「以」下，《藝文類聚》有「爲」字。

陳遺

陳遺，吳郡人〔一〕。少爲郡吏，〔二〕母好鐺底燋飯〔二〕，遺在役常帶一囊
〔四〕，每煮食，輒錄其燋以貽母〔五〕。後孫恩亂，聚得數升，常帶自隨〔六〕。
及逃竄〔七〕，多有餓死〔八〕，遺食此得活〔九〕。母晝夜泣涕〔一〇〕，目爲失明，
耳無所聞〔一一〕。遺還入戶〔一二〕，再拜號咽〔一三〕，母豁然有聞見〔一四〕。（《太
平御覽》卷四百一十一。又見《初學記》卷二十六、《法苑珠林》卷六十二、《職官分
紀》卷四十二。按：《法苑珠林》「躬」誤作「射」。事又見《南史・孝義列傳・陳遺
傳》、《太平廣記》卷一百六十二引《孝子傳》。）

〔校記〕

〔一〕郡，《法苑珠林》無。

〔二〕以上三句，《初學記》作「吳人陳遺爲郡吏」，《職官分紀》作「陳遺少爲吏」。

〔三〕「好」下，《法苑珠林》有「食」字。鐺，《初學記》作「鍋」。按：《南史·陳遺傳》作「鎗」，《六書故》：「鎗，三足鬴也。俗作鐺。」是「鎗」、「鐺」同。「鍋」、「鐺」形制不同。燋，《初學記》、《法苑珠林》作「焦」，二字通。

〔四〕常，《初學記》、《法苑珠林》作「恒」。疑此字本作「恒」，避宋眞宗趙恒諱而作「常」也。一，《法苑珠林》、《職官分紀》無。

〔五〕此句，《初學記》作「取焦者以貽母」，《法苑珠林》作「錄其焦貽母」，《職官分紀》作「錄其燋貽母」。又《初學記》引至此止。

〔六〕常，《法苑珠林》作「恒」。

〔七〕逃竄，《法苑珠林》作「敗」。

〔八〕「死」下，《法苑珠林》有「者」字。

〔九〕食此，《法苑珠林》無。以上五句，《職官分紀》作「與母相失，帶囊自隨，故得無餓死，遺得活」。

〔一〇〕此句，《法苑珠林》、《職官分紀》作「母晝夜泣，憶遺」。

〔一一〕此句，《法苑珠林》、《職官分紀》作「耳爲無聞」。

〔一二〕戶，《法苑珠林》、《職官分紀》無。

〔一三〕再，《職官分紀》無。咽，《法苑珠林》、《職官分紀》作「泣」。

〔一四〕此句，《法苑珠林》作「母目豁明」，《職官分紀》作「母豁明」。

丘傑

丘傑，字偉跱，吳興烏程人也。遭母喪，以熟菜有味，不嘗於口。病歲餘，忽夢見母曰：「死正是分別耳，何事乃爾茶苦！汝噉生菜，遇蝦蟆毒，靈牀前有甌，甌中三丸藥可取服之。」傑驚起，果得甌，甌中有藥，服之，下科斗子數升。丘氏世寶此甌，宋大明七年，災火焚失之。（《太平御覽》卷四百一十一。事又見《南史·孝義列傳·丘傑傳》。）

韋俊

韋俊，字文高，京兆杜陵人。嘗與其父共有所之，夜宿逆旅。時多虎，將曉，虎遶屋號吼，俊乃出戶當之。虎弭耳屈膝伏而不動，俊跪曰：「汝飢可食我，不宜驚吾親。」老虎逡巡而退，屋人皆安全。（《太平御覽》卷四百一十一。）

張景胤

張景胤六歲喪母，母遺物悉散施，唯留一畫扇，每感思，輒開匣流涕。父邵爲吳興太守，暴疾，報至，天雪水涸，便徒跣上岸，左右捉履靸逐，發都，晝夜三日半至郡，入郭奉諱，氣絕吐血，久乃蘇。（《藝文類聚》卷二十。事又見《宋書·孝義列傳·張敷傳》、《南史·孝義列傳·張敷傳》。）

賈恩

賈恩，會稽諸暨人也。母亡在殯，爲災火所燒，恩及妻伯號哭赴火。火不及去，鄰近救助，棺器得免。恩、伯二人髮膚燋烈，須臾俱死。元嘉四年，牓門曰「孝」，蠲役三世。（《太平御覽》卷四百一十五。事又見《宋書・孝義列傳・賈恩傳》、《南史・孝義列傳・賈恩傳》。）

華寶

華寶八歲，義熙中，父從軍，語寶曰：「吾還，當營婚冠。」值咸陽喪亂，吉凶兩絕，寶年六十，遂不冠娶，舉言流涕。（《藝文類聚》卷二十。事又見《南齊書・孝義列傳・華寶傳》、《南史・孝義列傳・華寶傳》。）

孫棘

孫棘，彭城人，事母至孝。母臨亡，以小兒薩屬棘，特深友愛。宋大明五年，上募軍件，薩求代棘。及後軍期應死，棘、薩爭死。妻許氏又遙屬棘曰：「君當門戶，豈可委罪小郎！且大家臨終，以小郎屬君，竟未有妻息。君已二兒，死復何恨！」太守張岱表聞，詔牓門。宋世祖感其悌友，乃普增諸弟封秩。（《太平御覽》卷四百一十六。事又見《宋書・孝義列傳・孫棘傳》、《南史・孝義列傳・孫棘傳》。）

韓靈珍

韓靈珍，東海郯人。喪母三年，貧無所葬，與弟靈敏共種瓜半畝，欲以營殯。及瓜熟採賣，每朝取，暮復生，大小如初，遂得充葬。（《太平御覽》卷四百一十一。事又見《南齊書・孝義列傳・韓靈敏傳》、《南史・孝義列傳・韓靈敏傳》、《太平御覽》卷九百七十八引沈約《齊紀》。）

夏侯訢

夏侯訢，字長況，梁國寧陵人也。母疾，屢經危困，訢衣不釋帶二年。母不忍見其辛苦，使出便寢息。訢出便臥，忽夢見其父來曰：「汝母病源深痼，天常矜汝至孝，賜藥在屋後桑樹上。」訢乃驚起，如言得藥，而取水和進之，便得痊差。（《太平御覽》卷四百一十一。）

《孝子傳》 周景式撰

《孝子傳》，周景式撰。周景式，其人未詳。《齊民要術》卷四引有周景式《廬山記》，《水經注·廬江水注》亦有周景式曰云云，言廬山匡俗事，當亦出《廬山記》。文中有綏安縣，綏安縣本漢揭陽舊地，晉義熙九年（413）始置，則其人當生活於宋齊時。是書諸家書目皆未載，《太平御覽經史圖書綱目》錄之，則北宋之時尚見存也。

猴母負子

余嘗至綏安縣，逢徒逐猴，猴母負子沒水。水雖深而清，乃以戟刺之，自脅以下中斷，脊尚連。抄著舡中，子隨其傍，以手捫子而死。（《太平御覽》卷九百一十。按：此文似序文。）

管寧

管寧避地遼東，經海遇風〔一〕，船人危懼〔二〕，皆叩頭思過。寧思惟無諐〔三〕，念常如廁不冠〔四〕，即便悔過〔五〕，海風尋止〔六〕。（《太平御覽》卷一百八十六。又見《藝文類聚》卷八、《白氏六帖》卷二、《太平御覽》卷六十、《事類賦》卷六。事又見《異苑》卷十、《太平御覽》卷八百六十九引《傅子》。）

〔校記〕

〔一〕經海，《太平御覽》卷六十無，《事類賦》作「嘗」。
〔二〕船，《白氏六帖》作「舩」，《太平御覽》卷六十作「舡」，「舩」、「舡」皆「船」之異體字。
〔三〕此句，《藝文類聚》作「寧思諐」，《白氏六帖》作「寧自思保言」，「保言」即「諐」之分訛；《太平御覽》作「寧息惟諐咎」，「息」當「思」之形訛；《事類賦》作「寧思惟諐咎」，「諐」或即「諐」之形訛。
〔四〕「常」上，《白氏六帖》有「失」字，不辭，當衍。常，《藝文類聚》作「向曾」，《太平御覽》卷六十、《事類賦》作「嘗」，「常」、「嘗」通。冠，《白氏六帖》誤作「衬」，形訛也。「冠」下，《太平御覽》卷六十、《事類賦》有「而已」二字。
〔五〕此句，《藝文類聚》作「即便稽首」，《白氏六帖》作「即便悔首」，「悔」當即「稽」之誤；《太平御覽》卷六十、《事類賦》作「向天叩頭」。
〔六〕此句，《藝文類聚》、《白氏六帖》、《太平御覽》卷六十、《事類賦》作「風亦尋靜」。

古兄弟

古有兄弟，忽欲分異〔一〕，出門見三荊同株〔二〕，接葉連陰〔三〕，歎曰：「木猶欲聚〔四〕，況我兄弟，而欲殊哉！〔五〕」遂還〔六〕，相爲雍和矣〔七〕。（《太平御覽》卷四百一十六。又見《藝文類聚》卷八十九、《初學記》卷十七、《太平御覽》卷九百五十九、《九家集注杜詩》卷三《得舍弟消息》注、《集千家注杜詩》卷四《得舍弟消息》注。）

〔校記〕

〔一〕忽，《初學記》作「意」，《九家集注杜詩》作「出」，《集千家注杜詩》作「忩」，「忩」乃「忽」之形訛。

〔二〕門，《初學記》無。株，《初學記》作「根」。

〔三〕接，《九家集注杜詩》誤作「枝」，形訛也。

〔四〕欲，《藝文類聚》、《初學記》、《太平御覽》卷九百五十九、《九家集注杜詩》、《集千家注杜詩》作「欣」，或是。「聚」上，《太平御覽》卷九百五十九有「然」字。

〔五〕以上兩句，《藝文類聚》、《太平御覽》卷九百五十九、《九家集注杜詩》、《集千家注杜詩》作「況我而殊哉」，《初學記》作「況我而珠哉」。又《九家集注杜詩》、《集千家注杜詩》引至此止。

〔六〕遂，《藝文類聚》、《初學記》無。

〔七〕「相」、「矣」二字，《藝文類聚》、《初學記》、《太平御覽》卷九百五十九無。

蝯

蝯，寓屬也〔一〕，或黃黑〔二〕，通臂，輕巢善緣，能於空輪轉〔三〕，好吟。雌爲人所得，終不徒生。（《初學記》卷二十九。按：是書原題周索氏《孝子傳》，「索氏」當即「景式」之形訛也，「氏」又或「式」之音訛。《白氏六帖》卷二十九、《太平御覽》卷九百一十引此，單云出《孝子傳》。）

〔校記〕

〔一〕寓，《白氏六帖》引《孝子傳》作「禹」，《太平御覽》引《孝子傳》作「萬」。按：《說文》：「蝯，善援，禺屬。」「寓」、「禹」、「萬」皆當作「禺」。

〔二〕「黑」上，《白氏六帖》、《太平御覽》引《孝子傳》俱有「或」字，爲上，當據補。

〔三〕巢，《白氏六帖》引《孝子傳》作「身」，《太平御覽》引《孝子傳》作「勦」。按：作「勦」是，《廣韻》：「勦，輕捷也。」

存疑

田真兄弟

田眞兄弟欲分，其夜庭前三荊便枯。兄弟歎之卻合，樹還榮茂。（《九家集

注杜詩》卷三《得舍弟消息》注。事又見《續齊諧記》。按：《九家集注杜詩》及引上古有兄弟事，以「又」字起首，復引此事：上《太平御覽》卷九百五十九引古有兄弟事後，有「一曰田眞兄弟」，則或周《傳》之中有此文也。今姑置此。）

《良吏傳》　梁鍾岏撰

《良吏傳》，梁鍾岏撰。鍾岏，字長丘，晉侍中雅七世孫，父蹈，齊中軍參軍。與弟嶸、嶼皆少好學，有思理。位建康令，卒於官。著《良吏傳》十卷。

是書，《隋書·經籍志》、兩《唐志》並著錄十卷，《宋史·藝文志》已不見著錄，然《職官分紀》多有徵引，或作《良史傳》，或作《賢吏傳》，皆此書。則南宋之時或尚見存也。章宗源《隋經籍志考證》據《御覽》錄八人。今人陳光文《〈良吏傳〉輯考——以敦煌遺書與傳世類書爲中心》一文據諸書徵引並敦煌遺書輯錄 32 條，見《中國典籍與文化》2014 年第 3 期。其中未有趙喜、陳登、高玩、顏雍四人，而多王望、巴祗、梁習、喬玄、江革、邵瞻、徐璆七人，其七人皆據《職官分紀》錄之，然《職官分紀》所錄，多有不出書名者，其條目固有從上而省者，亦有別引一書者，不可遽定之。今並附於存疑中。陳氏據《職官分紀》所輯，似非《良吏傳》之文，若王望、巴祗、梁習、喬玄、江革、邵瞻六人，皆在羊祜條下，羊祜爲晉人，王望等皆東漢人，時間有悖，此其一證。又今以徵引人物又見《漢書》、《後漢書》者較之，文多大異；而王望事，今以《後漢書》較之，則文多相類，此其二證也。

召信臣

召信臣，字翁卿，前漢九江壽春人也。爲蜀郡太守，政甚清美，唯播仁恩。五稼豐泰，三苗熟成。蜀地歌謠號爲召父，言之仁愍猶若父也。（敦煌遺書 P.4022+P.3636。事又見《漢書·循吏列傳·召信臣傳》。）

趙廣漢

趙廣漢，（前缺）活，亦無重稅，家給人足，百姓富豪，看廣漢如父母。自漢初以來，治績難繼。公後坐事，囚於下吏。吏民守闕號訴數萬餘人，

咸言：「生無益於世，願代趙廣漢死，我等所蒙養育，切同父母。父母若死，我活何爲？」帝知忠臣，赦之不罪。（敦煌遺書 P.4022+P.3636。按：事又見《漢書・趙廣漢傳》，《漢書》云「竟作腰斬」，此云「赦之不罪」。又其前闕文蓋「字子都，前漢涿郡蠡吾人也」一類，「活」上或即廣漢治獄，察於秋毫，庶民多因此活者。）

董宣

董宣，字少平，後漢陳留人也。爲北海太守，時有公孫丹造宅，卜人言：「宅成出喪。」丹遂掠煞行人，曳尸於舍，望以壓之。宣知，即收丹宗族三十餘人，悉皆煞之。青州奏宣多煞無罪，徵詣廷尉，備出行刑。詔還宥之。（敦煌遺書 P.5544。事又見《漢書・酷吏列傳・董宣傳》。）

寇恂

寇恂，字子翼，後漢上谷昌平人也。爲穎川太守，穭豆自生，公私得濟。後遷汝南太守，但是盜賊皆來投降，門不夜閉。帝欲拜恂別任，百姓遮道請留，上乃許之。（敦煌遺書 P.4022+P.3636。事又見《漢書・寇恂傳》。）

侯霸

侯霸，字君房，後漢河南密人也。爲臨淮太守，甚能安慰眾庶，百姓愛樂，歌謠滿街。光武皇帝徵還，百姓數千人詣闕，陳霸是人中傑，蒼生所依，乞留一年，上許之。後詔回，拜爲尚書令。（敦煌遺書 P.4022+P.3636。事又見《後漢書・侯霸傳》。）

趙喜

趙喜遷平原相，青州大蝗，齊平原界侵境一尺皆死。（《職官分紀》卷三十二。按：原誤作《良史傳》。事又見《後漢書・趙憙傳》。）

鄭純

鄭純，字長伯，廣漢人也。爲永昌太守，清廉獨絕，及卒，列畫東觀。（《太平御覽》卷七百五十。事又見《華陽國志》卷十中。）

宋均

宋均遷東海相，及徵還，東海思之，作歌頌，詣闕請留者數千人。（《職官分紀》卷三十二。事又見《後漢書・宋均傳》。）

鄭弘

鄭弘，字巨君，山陰人也。初爲騶令，後遷臨淮太守。夏霜秋蝗，隔畔免災；化治獸禽，鳩巢入室；順孫孝子，尙守墳陵；衢路遺金，行人不取。若逢凶旱，祈請即垂，白鹿挾轅，隨公行坐。（敦煌遺書 P.4022＋P.3636。事又見《東觀漢記》卷十八、《後漢書・鄭弘傳》注引謝承《後漢書》。）

秦彭

秦彭，字伯平，扶風茂陵人也。爲山陽太守，郡初赤旱，民活無一。後乃彭至郡經營，皆得存立。後遂遷潁川太守，天垂甘露，地出嘉禾，麒麟入遊，鳳凰來戲。（敦煌遺書 P.4022＋P.3636。事又見《後漢書・秦彭傳》、《東觀漢記》卷十八。）

桓虞

桓虞，字仲春，馮翊萬年人也。爲南陽郡守，下車聞葉縣雍昱及新野令不遵法度，選督郵不能正，乃署趙勤爲督郵。到葉，昱即解印綬；入新野，新野令聞昱已去，遣吏奉記陳罪，亦即棄官。虞乃歎曰：「善吏如良鷹，下韝即中。」擢爲功曹，委以郡事。（《太平御覽》卷二百六十四。事又見《東觀漢記》卷十八。）

張綱

張綱，字文紀，後漢時人。爲廣陵太守。時草賊張嬰等數萬人而煞郡守，寇害徐揚，積十餘年。張綱時爲御史，清直不怕豪族，朝廷重臣皆欲害綱。既聞張嬰賊起，衆奏於帝，舉綱爲廣陵太守，因欲令賊煞之。綱乃不讓，辭帝單馬赴任。綱即示以禍福之源，賊皆稱萬歲，開門迎綱入治。綱亦一一安存，各賜第宅，猶如父子。廣陵清泰，帝甚嘉之，賜金百斤。後以綱功蓋宇宙，帝欲用綱爲相。賊張嬰等五百人上書乞留，乃卒於郡。嬰等如喪考妣，悉著孝服隨喪，兼令五百人負土築陵。（敦煌遺書 P.4022＋P.3636。事又見《後漢書・張綱傳》、《三國志・蜀書・張翼傳》注引《續漢書》。）

王堂

王堂，字敬伯，廣漢郪人也。爲汝南太守，屬城多闇弱，堂簡選四部督郵，奏免四十餘人。以陳蕃爲功曹，應嗣爲主簿，教曰：「簡覈衆職，委功曹拾遺補闕，仰恃明俊，古人有言：『勞於求賢，逸於得士。』太守不敢妄有符教。」（《太平御覽》卷二百六十二。事又見《後漢書・王堂傳》。）

朱穆

朱穆，字公叔。爲冀州太守，民有宦者三人爲中常侍，並來謁穆。穆疾之，辭不想見，冀部令長聞穆渡河，解綬去者四十餘人。及到，奏刻諸郡，其藥死者不少。有宦者趙忠喪父歸葬，僭爲璠璵玉匣，穆遂剖棺練尸，收其家屬。帝聞大怒，徵詣廷尉。有太學生等數千人詣闕上書，論穆清整。帝覽其奏，遂赦之。（敦煌遺書 P.5544。事又見《漢書·朱穆傳》。）

司馬儁

司馬儁〔一〕，字元異。〔二〕補洛陽令，豪右挫氣，京都號曰「臥虎」〔三〕。（《太平御覽》卷二百六十八。又見《職官分紀》卷四十二、《事文類聚》外集卷十四、《事類備要》後集卷七十九、《翰苑新書》前集卷五十八。）

〔校記〕
〔一〕儁，《職官分紀》、《事文類聚》、《事類備要》、《翰苑新書》作「雋」。
〔二〕此句，《職官分紀》、《事文類聚》、《事類備要》、《翰苑新書》無。
〔三〕都，《職官分紀》、《事文類聚》、《事類備要》、《翰苑新書》作「師」。

沈豐

沈豐，字聖通，後漢吳興人也。爲零陵太守，罪不歷獄，一斷於口。芝草頻生，甘露數降，有兩黃龍出現湘水，觀者塡噎，咸稱聖君。前政所致，轉爲西平相，蒙賜黃金百溢。（敦煌遺書 P.4022+P.3636。事又見《東觀漢記》卷二十一、《白氏六帖》卷二十一引「沈豐爲范陵守，有二黃龍望府中」，未云出處，姚輯謝承《後漢書》有之。又《東觀漢記》云字聖達，沈約《宋書·自序》作「酆，字聖通」。）

袁彭

袁彭，字伯楚。爲南陽太守，政以清潔，糲食縕袍，不改其操。（《太平御覽》卷六百九十三。事又見《後漢書·袁安傳》。）

姚英

姚英，字仲偉，後漢蒲坂人也。爲鞏令，播德垂仁，息除繁役，養老愍孤，家有貯積。後英姊終，去官。百姓號泣，卸脫輪轂，英亦不住。吏民五千人悲戀，姚英來訴太守刺史趙謨，具申百姓之意。奏上，天子有詔，徵姚英卻令復任。（敦煌遺書 P.4022+P.3636。）

譚儒

譚儒，字叔林，廣漢雒縣人也。爲東郡太守，身踐田陌，恤慰耆老，恩洽吏民，化及禽獸。鵲巢於聽上，雉兔產於牀下。有恩報德，皆不受之。節儉固窮，周而復始。（敦煌遺書 P.4022＋P.3636。按：譚儒未聞，《藝文類聚》卷九十二引謝承《後漢書》云：「廣漢儒叔林爲東郡太守，鳥巢於廳事屋梁，兔產於牀下。」《太平御覽》卷九百二十、《事類賦》卷二十三引亦作「儒叔林」，或當據此以正之。）

苗薦

後漢苗薦爲淮南太守，家生牛犢，棄之而去。（敦煌遺書 S.2053V。）

爰珍

伯仁，姓爰名珍〔一〕，字伯仁，陳留小黃人也。爲六長令〔二〕，民多爲種田爭水，伯仁至任，親自執鍬於田畔均水。晝則理人，夜則讀書。教人文字，使人知有禮樂化之，令會恩義。虎豹鷹鸇，皆不入境。後轉受臨湘太守，百姓攀轅者數千餘人。去後百姓思慕，爲歌曰：「袁公之顧，鷹揚虎去。家有田莊，袁公殖沃。我有子弟，袁公教誨。」（敦煌遺書 P.4022＋P.3636。事又見《職官分紀》卷四十二引謝承《後漢書》、《太平御覽》卷四百六十五引《陳留耆舊傳》。）

〔校記〕

〔一〕此作「爰」，下文又作「袁」，《御覽》引《陳留耆舊傳》作「袁」，《職官分紀》引謝承《後漢書》作「袁」，「袁」、「爰」形音俱近，未詳孰是。然此處當統一。

〔二〕「長」字當有誤，《御覽》引《陳留耆舊傳》無，《職官分紀》引謝承《後漢書》作「合」，六即六安，「長」、「合」或並爲「安」之誤。

李長

孟元，姓李名長，字孟元，蜀地江源人也。爲盧氏令，務行德化，蝗蟲不入孟元之境。天下牛馬疫，獨元界內悉無。〔一〕鄰州聞之，百姓皆將畜產，來投孟元之所，皆亦不死。後遷慎陽相。（敦煌遺書 P.4022＋P.3636。按：《華陽國志》卷十上有李幾，字孟元，亦江源人，未知乃一人否？）

〔校記〕

〔一〕此處「元」上當有「孟」字。

倉慈

倉慈，字孝仁，淮南人也。爲敦煌太守，先時彊族欺奪諸胡，爲慈到郡，處平割中，無有阿黨。胡女嫁漢，漢女嫁胡，兩家爲親，更不相奪。去除煩役，

但勸廣辟田疇。遠方異產，悉入敦煌。鄰國蕃戎，不相征伐。慈染疾薨於龍沙，胡漢悲悼，如喪考妣，皆以刀劃面。千人負土，築墳於此。家家燒瓦爲廟，仍素眞形，以爲神主。（敦煌遺書 P.4022+P.3636。事又見《三國志·魏書·倉慈傳》。）

顏裴

顏裴，字子林。爲京兆尹，徙平康太守，吏民號泣遮道，步步稽留，日行數十里。及卒，立碑作頌焉。（《職官分紀》卷三十八。）

陳登

陳登，字元龍，廣漢人也。爲東陽長，視民如子。（《太平御覽》卷二百六十八。）

高玩

高玩，字伯珍，蜀郡人也。除曲陽令，乃徵還，送者不使出界，布被縕裘，猶去時之服，朝野歸其清。（《太平御覽》卷二百六十八。）

顏雍

顏雍爲曲阿、上虞令，皆有重名。孫權爲會稽太守，屯吳不之郡，以雍爲丞。行郡事，每斷獄，和顏色，常云：「豈爲私耶？」（《職官分紀》卷四十一。）

羊祜

羊祜，字叔子。爲荊州刺史，恩惠均給，人不疲勞。及祜卒於洛陽，信日中至荊州，荊州市方大合，聞祜薨，即罷市，舉市肆皆號咷，處處傳泣數千里。（《職官分紀》卷四十。事又見《晉書·羊祜傳》、《襄陽耆舊傳》、《晉諸公贊》等。）

羊祜，字叔子，晉時太山平陽人也。爲荊州刺史，養人豐利，防捍寇賊，恩澤均洽，人不疲勞，吳人襁負至者數萬餘家。後以壽終於洛陽，人傳消息，數日到荊州，州市大合。眾聞祜薨，一時罷市，號哭徹天。荊南數百里中，哭聲不絕。初，祜在荊州，日常愛登峴山。百姓乃爲祜置廟立碑，在於山頂。後百姓行過之者，無不悲感。杜預在荊州，聞之不絕墮淚。至今江漢之人猶呼戶爲門，改戶曹爲辭曹，以避羊祜之諱。（敦煌遺書 P.4022+P.3636。按：此自文中「初」以上，即上條之繁文。文略不同，因分而錄之。）

吳隱之

吳隱之，字處默，鄄城人也。轉廣州刺史，返舟之日，唯身而已。宅有

茅茨六間，坐無完席，以蓬爲屏風。（《太平御覽》卷七百〇九。事又見《晉書·吳隱之傳》。）

姚英

姚英遷宛澤令，以姊疾去官，百姓號泣，解脫車輪，英還不停。（《職官分紀》卷四十九。原云出《賢吏傳》。）

存疑

王望

王望，字慈卿。爲青州刺史，歲飢，俾有草食五百餘人，因以便宜出布粟給廩，與作衣。事訖，乃上表天子，以不先表聞，百官皆云犯專命之誅。鍾離意獨曰：「昔華元子反楚宋之時，不稟君命，擅平二國，春秋之義，以爲美論。今望懷義忘罪，當仁不讓，若繩之以法，忽其本情，將乖聖朝愛人之旨。」帝嘉之，乃賞望。（《職官分紀》卷四十。）

江革

江革，字季思，遷梁州刺史。撫養邊戍，好施惠愛，市無二價。（《職官分紀》卷四十。）

邵瞻

邵瞻，字思遠。遷益州刺史，百姓攀車號惜。（《職官分紀》卷四十。）

巴祇

巴祇遷揚州刺史，在官舍不迎，妻子未嘗食魚肉。（《職官分紀》卷四十。）

梁習

梁習，字子虞。遷并州刺史，召其豪右，邊境咸安，兼貢達明士，咸顯於世。武帝善之。文帝即位，以習有譽并土，重授并州爲天下最。（《職官分紀》卷四十。）

喬玄

喬玄，字公祖。徙梁州刺史，歲飢，玄開倉以給之。主者以舊典宜先表聞，玄曰：「若待奏報，民且死矣。」開廩訖，乃上聞。天子嘉之。（《職官分紀》卷四十。）

徐璆

　　徐璆，字孟本。遷東海相，遭漢末大亂，猶崎嶇還都，上二郡印綬。司徒趙溫曰：「君遭難猶存此也。」璆曰：「昔蘇武困，且不隱七尺之節，況方寸之內，其可忘乎！」（《職官分紀》卷三十二。）

《孝德傳》　梁蕭繹撰

　　《孝德傳》，梁蕭繹撰。梁元帝蕭繹，字世誠，小字七符，武帝第七子。天監七年八月丁巳生，初封湘東郡王，後任侍中，丹陽尹。普通七年，出爲景州刺史。天正元年，擊敗侯景，稱帝江陵。承聖三年，宇文泰遣于謹、宇文護攻陷江陵，蕭繹被俘，旋被害。著述甚豐，有《孝德傳》、《忠臣傳》、《注漢書》、《周易講疏》等。《南史》、《梁書》並有傳。

　　《金樓子‧著書》篇云：「《孝德傳》，三秩三十卷。」《梁書本紀》云：「著《孝德傳》、《忠臣傳》各三十卷。」《隋書‧經籍志》、兩《唐志》並云三十卷。此書疑與《忠臣傳》作於一時，皆其爲湘東王時所作。《宋史‧藝文志》不見著錄，《職官分紀》尚徵引兩條，題「梁湘東王繹《孝德傳》」，《職官分紀》，南宋孫逢吉撰，則是書南宋之時尚見存，或亡於宋元之交也。嚴可均《全梁文‧元帝》輯錄一條序文，兩則贊文。王仁俊《玉函山房輯佚書續編》僅輯序文一則。章宗源《隋經籍志考證》序、二贊之外，又有《御覽》、《廣記》所載三人物，是爲最善。

　　又是書原云三十卷，則卷帙浩繁，《金樓子‧著書》篇注云：「金樓合眾家《孝子傳》成此。」是是書取劉向、蕭廣濟、師覺授等諸人之書爲之，故卷數雖廣，後人徵引不多也。又據「皇王」、「天性」諸字，此書故非僅迻錄諸家《孝子傳》原文，乃分門部類，重新編排，總序之外，各篇皆附有贊語。今觀兩贊，皆四十字，或諸篇贊語字數相同。又《忠臣傳》各篇序、贊並有之，此或亦如此。若皇王者，言天子之孝也；據其中「重瞳表德，參漏通神。皇矣高祖，連鑣舜禹」四句，是書當原收錄舜、禹、漢高祖（？）事跡。若天性者，言生而純孝者也。

序

夫天經地義，聖人不加。原始要終，莫踰孝道。能使甘泉自涌，鄰火不焚，地出黃金，天降神女，感通之至，良有可稱。（《藝文類聚》卷二十四。又見《金樓子‧著書》。）

皇王篇贊

天子之孝，曰聖與仁。重瞳表德，參漏通神。皇矣高祖，連鑣舜禹。天經地義，重規沓矩。道踰七十，聲超三五。（《藝文類聚》卷二十四。）

天性篇贊

生之育之，長之畜之。顧我復我，答施何時。欲報之德，不可方思。涓塵之孝，河海之慈。廢書歎息，泣下漣洏。（《藝文類聚》卷二十四。又見《初學記》卷十七、《困學紀聞》卷二十。）

張楷

張楷，字公超，河南人也。至孝自然，喪親哀毀。每讀詩，見素冠、棘人，未嘗不掩泗焉。（《太平御覽》卷六百一十六。按：此單云出《孝德傳》，今姑錄之。）

繆斐

繆斐，字文雅，東海蘭陵人。世亂，將家避地海濱，不以遯世為悶，不以窮居為傷，浣衣濯冠，以俟絕氣。（《太平御覽》卷五百一十。）

陳群

陳紀，父寔。紀子群，魏使持節給事中。文帝曰：「卿何如祖父？」群曰：「臣父有言則治，臣有言而不治。」（《職官分紀》卷六。）

劉虬

劉虬為當陽令，蒞任明察，人不能欺。（《職官分紀》卷四十二。）

陽雍

魏陽雍，河南洛陽人。兄弟六人，以傭賣為業。公少修孝敬，達於遐邇。父母歿，葬禮畢，長慕追思，不勝心目，乃賣田宅，北徙絕水漿處，大道峻坂下為居，晨夜輦水，將給行旅，兼補履屬，不受其直，如是累年不懈。天

神化爲書生，問曰：「何故不種菜以給？」答曰：「無種。」乃與之數升。公大喜，種之，其本化爲白璧，餘爲錢。書生復曰：「何不求婦？」答曰：「年老無肯者。」書生曰：「求名家女，必得之。」有徐氏，右北平著姓，女有名行，多求不許，乃試求之。徐氏笑之，以爲狂僻，然聞其好善，戲答媒曰：「得白璧一雙，錢百萬者與婚。」公即具送，徐氏大愕，遂以妻之。生十男，皆令德俊異，位至卿相。今右北平諸陽，其後也。（《太平廣記》卷二百九十二。按：此單云出《孝德傳》，今姑錄之。）

《忠臣傳》　梁蕭繹撰

　　《忠臣傳》，梁蕭繹撰。蕭繹事跡見上《孝德傳》。《藝文類聚》卷二十有王筠《答湘東王示忠臣傳牋》，則是書之撰，當在蕭繹爲湘東王時。《太平廣記》卷二百引《北夢瑣言》曰：「昔梁元帝爲湘東王時，好學著書，常記錄忠臣、義士及文章之美者。筆有三品，或以金銀雕飾，或用斑竹爲管。忠孝全者，用金管書之；德行清粹者，用銀筆書之；文章贍麗者，以斑竹書之，故湘東之譽，振於江表。」亦即此事也。

　　《金樓子·著書》篇云：「《忠臣傳》，三秩三十卷。」《梁書本紀》云：「著《孝德傳》、《忠臣傳》各三十卷。」《隋書·經籍志》、《舊唐書·經籍志》並云三十卷。《新唐書·藝文志》不見著錄，宋朝書引此者，僅見《文房四譜》引一條，然事已見《初學記》，則是書或亡於五代時也。嚴可均《全梁文·梁元帝》、王仁俊《玉函山房輯佚書續編》僅錄序、贊，章宗源《隋藝文志考證》所錄，與今輯同。按：今之所存人物，僅《初學記》卷二十一載劉弘一人。然《金樓子·著書》篇載梁元帝《上忠臣表》有「三能十亂」之句（又見《藝文類聚》卷二十），三能者，禹、契、益也；十亂者，文母、周公、太公、召公、畢公、榮公、太顛、宏夭、散宜生、南宮括也；則此數人者，或亦在其書中。

序

　　夫天地之大德曰生，聖人之寶曰位，因生所以盡孝，因位所以立忠。事君事父，資敬之禮寧異；爲臣爲子，率由之道斯一。忠爲令德，竊所景

行〔一〕，且孝子、烈女、逸民，咸有別傳，至於忠臣，曾無述製。〔二〕今將發篋陳書，備加討論。（《金樓子·著書》。又見《藝文類聚》卷二十、《初學記》卷十七。）

〔校記〕

〔一〕竊，《初學記》作「實」。按：此作「竊」字爲上。「竊」或書作「𥨫」（見《齊李清爲李希宗造像記》），若左「忄」闕，則易誤爲「實」。

〔二〕以上四句，《初學記》無。

諫諍篇序

富貴寵榮，人所不能忘也。刑戮流放，人所不能甘也。而士有冒雷霆、犯顏色，吐一言終知自投鼎鑊、取離刀鋸而曾不避者，其故何也？蓋傷茫茫禹跡，毀於一朝；赫赫宗周，滅成禾黍。何者？百世之後，王化漸頹，欽若之信既盡，解網之仁已泯，徒以繼體所及，守器攸歸，出則清警傳路，處則憑玉負扆。事無暫舛，意有必從，所謂生於深宮之中，長於婦人之手，未嘗知憂，未嘗知懼，況惑褒人之巧笑，迷陽阿之妙舞，重之以刲剄，用之以逋逃，亦有傾天滅地、汙宮潴社之罪，拔本塞源、裂冠毀冕之釁。於是策名委質、守死不二之臣，以剛腸疾惡之心，確乎貞一之性，不忍見霜露、麋鹿栖於宮寢，麥穗、黍離被於宗廟，故瀝血抽誠，披胸見款，赴焦爛於危年，甘滅亡於昔日。冀桐宮有反道之明，望夷無不言之恨，而九重懸遠，百雉嚴絕，丹心莫亮，白刃先指，見之者掩目，聞之者傷心。然後鳴條有不收之魂，商郊致白旄之戮。（《金樓子·著書》。）

諫諍篇贊

子政鏗鏗，誠存社稷。朱雲折檻，遂其婞直。（《藝文類聚》卷二十。又見《初學記》卷十七。按：《藝文類聚》原作「陳爭篇」，《初學記》作「諫爭篇」，「陳」即「諫」之形訛，「爭」、「諍」通。）

死節篇序

自非識君臣之大體，鑒生死之宏分，何以能滅七尺之軀，殉一顧之感。然平路康衢，從容之道進；危塗險徑，忠貞之節興。登平路者易爲功，涉險塗者難爲力。從容之用，世不乏人；忠貞之概，時難屢有。（《金樓子·著書》。又見《藝文類聚》卷二十。）

記託篇贊

太眞英挺，投袂勤王。伯猷蹈節，身殞名揚。嶷嶷景倩，主亡與亡。嗟乎尙矣，惟國之良〔一〕。（《藝文類聚》卷二十。又見《初學記》卷十七。按：《初學記》作《受託篇》。）

〔校記〕

〔一〕良，《初學記》作「貞」。按：「王」、「揚」、「亡」、「良」並陽部字，作「貞」者，形訛也。

執法篇贊

設官分職，咸曰師師。彼其之子，邦之直司。豺狼當路，安問狐狸。昏明有世，直道無時。（《藝文類聚》卷二十。）

劉弘

劉弘〔一〕，沛國人也〔二〕。弘寓居洛陽〔三〕，與晉武帝同年〔四〕，少同硯書〔五〕。（《初學記》卷二十一。又見《文房四譜》卷三。）

〔校記〕

〔一〕弘，《文房四譜》作「宏」。按：此避弘曆諱改。

〔二〕也，《文房四譜》無。

〔三〕此句，《文房四譜》作「常寄居洛陽」。

〔四〕年，《文房四譜》無。

〔五〕少，《文房四譜》無。

《丹陽尹傳》　　梁蕭繹撰

《丹陽尹傳》，梁蕭繹撰。蕭繹事跡見上《孝德傳》。《梁書·元帝紀》：「初爲寧遠將軍、會稽太守，入爲侍中、宣威將軍、丹陽尹。」是書當其爲丹陽尹時所撰也。今僅存序文。觀文中「以入安石之門，思勤王之政。坐眞長之室，想清談之風」一句，似有謝安、王導事也。《元帝紀》又云蕭繹著《丹陽尹傳》十卷，《隋書·經籍志》、兩《唐志》同。宋代書目未有著錄，其《記纂淵海》、《職官分紀》雖有徵引，然皆見《金樓子》，疑其亡於唐宋之交也。

序

　　《傳》曰：「大夫受郡。」《漢書》曰：「尹者正也〔一〕。」及其用人，實難授受。〔二〕廣漢和顏接下，子高自輔經術，孫寶行嚴霜之誅，袁安留多日之愛。〔三〕自二京版蕩，五馬南渡，固乃上燭天文，下應地理。爾其地勢，可得而言。東以赤山爲城、皋〔四〕，南以長淮爲伊、洛，北以鍾山爲卓阜〔五〕，西以大江爲黃河。既變淮海爲神州，亦即丹陽爲京尹。〔六〕雖得仁之盛〔七〕，頗愧前賢；而眄遇之深，多用宰輔。皇上受圖負辰，寶曆惟新。制禮以告成功，作樂以彰治定。豈直四三皇，六五帝，孕夏陶周而已哉，若夫位以德敘，德以位成，每念忝莅京河，茲焉四載。以入安石之門，思勤王之政。坐眞長之室，想清談之風，求癥餘晨，頗多夏景。今綴採英賢，爲《丹陽尹傳》。（《藝文類聚》五十。又見《金樓子·著書》、《記纂淵海》卷三十三、《職官分紀》卷三十八。）

　　〔校記〕

〔一〕《記纂淵海》自此句引起。

〔二〕以上兩句，《記纂淵海》無。

〔三〕《記纂淵海》引至此止。

〔四〕城，《金樓子》作「成」。

〔五〕卓，《金樓子》作「華」。

〔六〕《職官分紀》引至此止。

〔七〕仁，《金樓子》作「人」。

《懷舊志》　　梁蕭繹撰

　　《懷舊志》，梁蕭繹撰。蕭繹事跡見上《孝德傳》。《元帝紀》云蕭繹著《孝德傳》十卷，《隋書·經籍志》、兩《唐志》同。宋代書目未有著錄，疑其亡於唐宋之交也。

　　是書疑蕭繹爲丹陽尹時所撰也，其序云：「蔭眞長之弱柳，觀茂弘之舞鶴。」此敘其所處環境，眞長爲劉惔，曾任丹陽尹；茂弘爲王導，曾任丹陽太守。又《顏氏家訓·文章》云：「王籍《若耶溪》詩云：『蟬噪林逾靜，鳥鳴山更幽。』江南以爲文外斷絕，物無異議。簡文吟詠，不能忘之。孝元諷詠，以爲不可復得至。《懷舊志》載於籍傳。」若耶溪在山陰，山陰屬會稽郡。《元帝紀》：「初爲寧遠將軍、會稽太守，入爲侍中、宣威將軍、丹陽尹。」蓋其既爲丹陽尹，乃憶向之所處，乃爲是書也。今之遺文見睹者，

惟《金樓子》所載其序也。又據上，則載有王籍事。《顏氏家訓・文章》篇
又云：「吾兄弟始在草上，並未得編次，便遭火蕩盡，竟不傳於世。銜酷茹
恨，徹於心髓。操行見於《梁史・文士傳》及孝元《懷舊志》。」則又有顏
之推二兄顏之儀、顏之善事。又《周書・顏之儀傳》云梁元帝爲湘東王，
引顏之儀父協爲府記室參軍，「協不得已，乃應命。梁元帝後著《懷舊志》
及詩，並稱贊其美之。」則又有顏協事。又《顏之儀傳》載梁元帝手敕贊
儀語：「枚乘二葉，俱得遊梁。應貞兩世，並稱文學。我求才子，鯁慰良深。」
合上王籍事觀之，其書所擇人物似重於文章才學也。又《史通・雜述》篇
云：「若戴逵《竹林名士》、王粲《漢末英雄》、蕭世誠《懷舊志》、盧子行
《知己傳》，此之謂小錄者也。」言「小錄」，似言記載簡略也。原文僅一卷，
亦足證之。今僅錄其事，若王籍諸人，雖知廁於書中，然原文難詳，故俱不
錄。

序

　　吾自北守琅臺，東探禹穴。觀濤廣陵，面金湯之設險；方舟宛委，眺玉
笥之干霄。臨水登山，命儔嘯侶；中年承乏，攝牧神州。戚里英賢，尚冠髦
俊〔一〕。蔭眞長之弱柳，觀茂弘之舞鶴。清酒繼進，甘果徐行。長安郡公，爲
其延譽；扶風長者，刷其羽毛。於是駐伏熊，廻結駟〔二〕，命鄒湛，召王祥。
余顧而言曰：「斯樂難常。」誠有之矣。日月不居，零露相半；素車白馬，往
矣不追。春華秋實，懷哉何已。獨軫魂交，情深宿草。故備書爵里，陳懷舊
焉。（《藝文類聚》三十四。又見《金樓子・著書》。）

　　〔校記〕
　　〔一〕尙，《金樓子》作「南」。
　　〔二〕結，《金樓子》無。

《全德志》　　梁蕭繹撰

　　《全德志》，梁蕭繹撰。蕭繹事跡見上《孝德傳》。《元帝紀》云蕭繹著
《全德志》十卷，《隋書・經籍志》、兩《唐志》同。宋代書目未有著錄，
疑其亡於唐宋之交也。

　　據其文章，似何宗、何宗事見《三國志・蜀書・先主傳》、《鄧張宗楊傳》附《何宗傳》。又《華陽國志》卷一○上載「知劉備應漢九世之運」，此言「事等神鉤」，或即以讖緯書解劉備應漢祚事。**陽公**、《搜神記》卷十一：「後漢楊公字伯雍，雒陽縣人。……作義漿於阪頭，以給行路，行者飲皆之。居三年，有一人就飲之，飲迄，懷中出石子一升與公，使至高平好地有石處種之，謂曰：『種此可生好玉。』公未娶，又語云：『汝後得好婦。』言畢不見。公乃種其石，數歲，時時往視，見玉子生石，人莫知。有徐氏者大富，爲右北平著姓，有好女，甚有名行，時人多求之，不許；公有佚氣，乃試求焉。徐氏笑之，以爲狂，然聞其好善，乃戲媒人曰：『雍伯能得白璧一雙來，當聽爲婚。』媒者致命。公至所種石中，索得五雙白璧，以贊徐氏。徐氏大驚，遂以女妻公。」**樊重**、《東觀漢記》卷十一：「樊重，字君雲，南陽人。世善農稼，好貨殖，治家產業，起廬舍，高樓連閣，陂池灌注，竹木成林，閉門成市。」**公沙穆**、《後漢書・公沙穆傳》注引謝承《後漢書》：「穆嘗養豬，有病，使人賣之於市。」**八龍**、《史通・採撰》引《荀氏家傳》：「潁川八龍。」又《太平寰宇記》卷七引《荀氏家傳》：「荀淑有子八人皆賢，其地舊稱西豪里，潁陰令范康曰：『昔高陽氏有才子八人，荀公亦有才子八人。』」**兩杜**、《漢書・杜周傳》：「周爲廷吏……兩子夾河爲郡守，家貲累巨萬矣。」**蔣詡**、《文選・謝靈運〈田南樹園激流植援〉》注引《三輔決錄》：「蔣詡，字元卿，隱於杜陵。舍中三逕，惟羊仲、求仲從之遊。二仲皆挫廉逃名。」**陶淵明**《晉書・陶潛傳》：「陶潛，字元亮，……少懷高尚，博學善屬文，穎脫不羈，任眞自得，爲鄉鄰之所貴，嘗著《五柳先生傳》以自況。」**皆在文中，然既無明證，皆不錄焉。又觀數人之行，則蕭氏所謂「全德」，內容駁雜，若高才、守信，隱逸、貨殖，並在其中。而杜周刻削，其二子取民膏脂，雖能致財，其行無取；陽公事涉詭怪，與德無信，而蕭氏不事甄別，雜蕪聚集，蓋其失也。**

序

　　老子言全德歸厚，莊周云全德不刑，《呂覽》稱全德之人，故以「全德」創其名也。此志隆大夫爲首，伊人有學有辯，不夭不貧，寶劍在前，鼓瑟從後。連環炙輠，雍容卒歲；駟馬高車，優遊宴喜。既令公侯踞掌，復使要荒蹶角。入室生光，豈非盛矣！若乃河宗九策，事等神鉤；陽雍雙璧，理歸玄感。南陽樊重，高閣連雲；北海公沙，門人成市。咨此八龍，各傳一藝；夾河兩郡，家有萬石。人生行樂，止足爲先。但使樽酒不空，坐客恒滿。寧與

孟嘗聞琴，承睫淚下；中山聽息，悲不自禁，同年而語也。（《藝文類聚》二十一。又見《金樓子・著書》。）

論

　　物我俱忘，無貶廊廟之器；動寂同遭，何累經綸之才。雖坐三槐，不妨家有三徑；接五侯，不妨門垂五柳。但使良園廣宅，面水帶山，饒甘果而足花卉，葆筠篁而玩魚鳥。九月肅霜，時饗田畯；三春捧繭，午酬蠶妾。酌升酒而歌南山，烹羔豚而擊西缶。或出或處，並以全身爲貴；優之游之，咸以忘懷自逸。若此眾君子，可謂得之矣。（《藝文類聚》二十一。又見《金樓子・著書》。）

《漢表傳》（漢末傳）　　袁希之撰

　　《漢表傳》，《隋書・經籍志》未著錄，兩《唐志》作《漢表》，十卷，袁希之撰，「表」下當脫「傳」字也。袁希之其人，書籍不見載錄，東晉有袁悅之，又有袁雙之、袁愛之，俱見《晉書》。疑袁松之亦同時之人。《書鈔》卷一百二十八引劉備賜臣事，稱劉備爲「先主」，亦證是書爲魏以後撰。《北堂書鈔》卷一百一十六引《漢末傳》，《太平御覽》云出《漢表傳》，未知其爲《漢表傳》之別名抑或《漢表傳》之誤也。章宗源疑二書爲一書，見《隋經籍志考證》卷三。今審其文，郭典攻黃巾賊在光和四年（184），費禕之卒在延熙十六年（253），蓋所記內容，在曹丕代漢前後三十年間也。其所徵引，多見虞溥《江表傳》，當即多有參考。是書，《太平御覽》尚有新條目出，《經史圖書綱目》亦錄之，則北宋之時尚見存；其後書目未見著錄者，亦未見徵引新條目者，或亡在宋元時也。

郭典

　　郭典，字君業，爲鉅鹿太守，與中郎將董卓攻黃巾賊張寶於下曲陽，典作圍塹，而卓不肯。典曰：「受詔攻賊，有死而已。」使諸將引兵屯東，典獨於西當賊之衝，晝夜進攻，寶由是城守不敢出。時爲之語曰：「郭君圍塹，董將不許。幾令狐狸，化爲豺虎。賴我郭君，不畏強禦。轉機之間，敵爲窮虜。猗猗惠君，實邀壇土。」（《太平御覽》卷三百一十七。事又見《太平御覽》卷四百九十六引《江表傳》。）

典韋

典韋性忠謹，立侍終日，希還私室。每戰先登，名冠三軍。其手戟長幾一尋，軍中爲之語曰：「帳下壯士典韋君，手提雙戟八十斤。」（《北堂書鈔》卷四一百一十八。事又見《太平御覽》卷四百九十六引《江表傳》。）

劉備

先主圖成都，劉璋垂出濟，先主大會作樂，乃取金寶、玉玦以賜功臣。（《北堂書鈔》卷一百二十八。原云出袁希之《漢表傳》。陳、俞本《書鈔》云出《漢末傳》。）

曹丕

魏文帝欲伐吳，望大江歎曰：「吳據江流，且多糧穀，雖武騎千隊，無所用也。」（《北堂書鈔》卷一百一十七。事又見《藝文類聚》卷十三、《初學記》卷十六引《江表傳》。）

諸葛亮

蜀丞相亮出軍圍祁山〔一〕，始以木牛運糧〔二〕。魏將司馬宣王命張郃救祁山〔三〕。夏六月〔四〕，亮糧盡，軍還，至於青封木門〔五〕。郃追之，亮駐軍削大樹皮〔六〕，題曰：「張郃死此樹下。」郃軍士到〔七〕，亮預合伏兵夾道〔八〕，以數千弩伺郃〔九〕。果見，則弓弩俱發，〔一〇〕射郃而死。（《北堂書鈔》卷一百一十六。又見《太平御覽》卷二百九十一、《緯略》卷一。《書鈔》云出《漢末傳》，《御覽》云出袁希之《漢表傳》，《緯略》云出袁希之《列傳》，當即一書。）

〔校記〕

〔一〕「丞相」前，《太平御覽》有「蜀」字，《緯略》有「漢」字。「山」上，《太平御覽》衍「連」字。

〔二〕此句，《緯略》無。

〔三〕命，《太平御覽》脫，《緯略》作「使」。救，《緯略》作「拒於」。「山」上，《太平御覽》衍「連」字。

〔四〕此句，《緯略》無。

〔五〕於，《緯略》無。封，《緯略》作「風」，音訛也。

〔六〕削大樹皮，《緯略》作「大削樹皮」。

〔七〕此句，《太平御覽》、《緯略》無。

〔八〕此句，《太平御覽》作「豫令兵夾道」，《緯略》作「預令兵夾道」，「豫」、「預」通。

〔九〕「弩」上，《太平御覽》有「強」字。伺郃，《太平御覽》、《緯略》作「備之」。

〔一〇〕以上兩句，《太平御覽》作「郃果自見，千弩俱發」，《緯略》作「郃果至，千弩俱發」，疑三書所引，俱有脫誤，或本作「郃果至，見則千弩俱發」。

費禕

　　費禕領漢節，誘納降附。越嶲太守張嶷牋誡禕曰：「昔岑彭率師，來歙杖
節，咸皆見害，刺客不鎮重也。今明公位尊權重，宜覽前事。」後歲首，禕
持節行酒，郭循以馬鞭中小刀刺禕，禕數日薨。（《太平御覽》卷三百五十九。原
云出袁希之《漢表傳》。事又見《北堂書鈔》卷一百二十六引《江表傳》。）

《漢末名士錄》

　　《漢末名士錄》，諸家書目未見著錄。今見《三國志》注徵引三條。又
《元和姓纂》卷八有「《名士錄》有高唐用」七字，《名賢氏族言行類稿》
卷四十二、《通志·氏族略》並作「《名士錄》有高士用羽」，《路史·國名
紀六》作「《名士錄》有用羽之」，此《名士錄》當即《漢末名士錄》也，
以《名士錄》名者，唐有黃璞《閩中名士錄》，然其書晚於《元和姓纂》。則其書唐
時或尚存。

胡母班

　　班〔一〕，字季皮〔二〕，太山人。少與山陽度尚、東平張邈等八人並輕財赴
義，振濟人士，世謂之八廚。〔三〕（《三國志·魏書·袁紹傳》注。又見《後漢書·
袁紹傳》注。按：《聖賢群輔錄》上載八廚：「少府東萊曲城王商，字伯義；郎中魯國
蕃嚮，字嘉景；北海相陳留已吾秦周，字平王；侍御史太山奉高胡母班，字季皮；太
尉掾穎川陰劉翊，字子相；冀州刺史東平壽張王辭，字文祖；陳留相東平壽張張邈，
字孟卓；荊州刺史山陽湖陸度尚，字博平。」此八廚似俱當在《漢末名士錄》中。）

　　〔校記〕
　　〔一〕「班」上，《後漢書》注有「胡母」二字。
　　〔二〕皮，《後漢書》注作「友」。
　　〔三〕「少與」以下，《後漢書》注節作「名在八廚」。

八友

　　表與汝南陳翔字仲麟、范滂字孟博、魯國孔昱字世元、勃海苑康字仲眞、
山陽檀敷字文友、張儉字元節、南陽岑晊字公孝爲八友。〔一〕（《三國志·魏書·
劉表傳》注。事又見《聖賢群輔錄》上。）

〔校記〕
〔一〕仲，《聖賢群輔錄》作「子」，《後漢書・黨錮列傳》、《北堂書鈔》卷六十一、《初學記》卷十二引《續漢書》並作「子」，似是。

何顒

術常於眾坐數顒三罪曰：「王德彌先覺雋老，名德高亮，而伯求疏之，是一罪也。許子遠凶淫之人，性行不純，而伯求親之，是二罪也。郭、賈寒竄，無他資業，而伯求肥馬輕裘，光耀道路，是三罪也。」陶丘洪曰：「王德彌大賢而短於濟時，許子遠雖不純而赴難不憚濡足，伯求舉善則以德彌爲首，濟難則以子遠爲宗。且伯求嘗爲虞偉高手刃復仇，義名書發。其怨家積財巨萬，文馬百駟，而欲使伯求羸牛疲馬，頓伏道路，此爲披其胸而假仇敵之刃也。」術意猶不平。後與南陽宗承會於闕下，術發怒曰：「何伯求，凶德也，吾當殺之。」承曰：「何生英俊之士，足下善遇之，使延令名於天下。」術乃止。後黨禁除解，辟司空府。每三府掾屬會議，顒策謀有餘，議者皆自以爲不及。遷北軍中候，董卓以爲長史。後荀彧爲尚書令，遣人迎叔父司空爽喪，使并置顒尸，而葬之於爽冢傍。（《三國志・魏書・荀攸傳》注。）

《魏末傳》

《魏末傳》，《隋書・經籍志》云：「《魏末傳》二卷。梁又有《魏末傳》並《魏氏大事》六卷，亡。」姚振宗云：「諸書所引又有《漢末傳》，亦無撰人，疑與此同出一家。梁又有《魏末傳》並《魏氏大事》六卷，亡。一本作三卷。《漢表傳》，按此蓋梁代所有與《魏大事》並合爲帙者。」《隋書經籍志考證》卷十三。按：下考《漢末傳》，與《漢表傳》當爲一書，其撰者袁松之或爲東晉時人。今審《魏末傳》之文，稱明帝之不忍，憐幼帝之孤弱，揚宣王之狡詐，頌魏貶晉，頗不似晉人之筆；且語多虛妄不可信，裴松之《曹爽傳》注云：「《魏末傳》云何晏取其同母妹爲妻，此縉紳所不忍言，雖楚王之妻嫂，不是甚也已。設令此言出於舊史，猶將莫之或信，況底下之書乎？」又於《諸葛誕傳》注云：「《魏末傳》所言，率皆鄙陋，疑誕表言曲不至於此也。」又何晏有子事，何焯《義門讀書記》卷一云：「據此則平叔蓋尚有後，但亦出《魏末傳》，恐虛妄

耳。」王凌射雀，何晏落筆，欽子食肝，皆似小說家言。**疑是晉後淺人所作。是書，《太平御覽》尚見徵引新條目，疑北宋時尚存也。**

不射鹿子

初〔一〕，明帝爲平原王〔二〕，王母甄后妒〔三〕，文帝殺之，故不立爲太子〔四〕。常從帝獵〔五〕，見鹿子母〔六〕。帝射殺鹿母〔七〕，語明帝射其子〔八〕。對曰〔九〕：「陛下既已殺其母〔一〇〕，臣不忍復殺其子〔一一〕。」因涕泣〔一二〕。帝放弓矢歎曰：「此語一何痛哉！」〔一三〕由是帝立太子意定矣〔一四〕。（《藝文類聚》卷九十五。又見《三國志・魏書・明帝紀》注、《世說新語・言語》注、《太平御覽》卷九十四、卷一百四十八、卷八百三十一、卷九百〇六。）

〔校記〕

〔一〕初，《太平御覽》卷九百〇六無。

〔二〕明，《太平御覽》卷九十四無。

〔三〕王，《太平御覽》卷九十四、卷九百〇六無。

〔四〕自篇首至此，《世說新語》注作「帝諱叡，字元仲，文帝太子，以其母廢，未立爲嗣」，《太平御覽》卷八百三十一作「初，帝以母廢，未立爲嗣」，《三國志》注、《太平御覽》卷一百四十八未引。

〔五〕此句，《三國志》注作「帝常從文帝獵」，《世說新語》注、《太平御覽》卷八百三十一作「文帝與俱獵」，《太平御覽》卷一百四十八作「明帝嘗從文帝獵」。

〔六〕此句，《三國志》注、《世說新語》注、《太平御覽》卷一百四十八、卷八百三十一作「見子母鹿」。

〔七〕此句，《三國志》注、《太平御覽》卷一百四十八作「文帝射殺鹿母」，《世說新語》注作「文帝射其母」，其下有「應弦而倒」四字；《太平御覽》卷八百三十一作「文帝彎弓射其母」，卷九百〇六作「帝射鹿母」。

〔八〕此句，《三國志》注、《太平御覽》卷一百四十八作「使帝射鹿子」，《世說新語》注作「復令帝射其子」，《太平御覽》卷九十四作「詔明帝射鹿子」，卷八百三十一作「令帝復射其子」，卷九百〇六作「語明帝射鹿子」。

〔九〕此句，《三國志》注、《太平御覽》卷一百四十八作「帝不從，曰」，《世說新語》注、《太平御覽》卷八百三十一作「帝置弓泣曰」，《太平御覽》卷九十四、卷九百〇六作「明帝曰」。

〔一〇〕既，《三國志》注、《世說新語》注、《太平御覽》卷九十四、卷一百四十八無。已，《太平御覽》卷一百四十八無。

〔一一〕復，《太平御覽》卷九十四、卷八百三十一無。殺，《太平御覽》卷一百四十八作「射」。

〔一二〕「因」下，《太平御覽》卷九百○六有「大」字。此三字，《世說新語》注、《太平御覽》卷八百三十一無。

〔一三〕以上兩句，《三國志》注、《太平御覽》卷九十四、卷一百四十八作「文帝即放弓箭。以此深奇之」，《世說新語》注作「文帝曰：好語動人心」，《太平御覽》卷八百三十一作「帝曰：汝語動人心」，卷九百○六僅有「帝放弓矢」四字。

〔一四〕此句，《三國志》注作「而樹立之意定」，《世說新語》注作「遂定爲嗣」，下又有「是爲明帝」四字；《太平御覽》卷九十四作「而建樹之意定矣」，卷一百四十八作「而建樹之意定也」，卷八百三十一作「遂定爲嗣也」，卷九百○六作「由是立太子意定」。

帝不敢發

優人欲使幼帝取大將軍昭昌熨斗柄，帝不敢發。（《太平御覽》卷七百一十二。）

兄弟刺帝

賈充呼帳下督成濟謂曰：「司馬家事若敗，汝等豈復有種乎？何不出擊。」倅兄弟二人乃帥帳下人出，顧曰：「當殺邪？執邪？」充曰：「殺之。」兵交，帝曰：「放仗。」大將軍士皆放仗。濟兄弟因前刺帝，帝倒車下。（《三國志·魏書·三少帝紀》注。）

飲粥沾胸

爽等令勝辭宣王〔一〕，并伺察焉。宣王見勝，勝自陳無他功勞〔二〕，橫蒙特恩，當爲本州，詣閣拜辭，不悟加恩，得蒙引見。宣王令兩婢侍邊〔三〕，持衣〔四〕，衣落；復上指口，言渴求飲〔五〕。婢進粥，〔六〕宣王持盃飲粥〔七〕，粥皆流出沾胸〔八〕。勝愍然〔九〕，爲之涕泣，謂宣王曰：「今主上尚幼，天下恃賴明公。然衆情謂明公方舊風疾發，何意尊體乃爾！」宣王徐更寬言，才令氣息相屬，說：「年老沈疾，死在旦夕，君當屈并州，并州近胡，好善爲之。恐不復相見，如何！」勝曰：「當還忝本州，非并州也。」宣王乃復陽爲昏謬曰：「君方到并州，努力自愛！」錯亂其辭，狀如荒語。勝復曰：「當忝荊州，非并州也。」宣王乃若微悟者，謂勝曰：「懿年老意荒忽，不解君言。今還爲本州刺史，盛德壯烈，好建功勳。今當與君別，自顧氣力轉微，後必不更會，因欲自力，設薄主人，生死共別。令師、昭兄弟結君爲友，不可相捨去，副懿區區之心。」因流涕哽咽。勝亦長歎，答曰：「輒當承教，須待敕命。」勝辭出，與爽等相見，說：「太傅語言錯誤，口不攝杯，指南爲北。又云吾當作

并州，吾答言當還爲荆州，非并州也。徐徐與語，有識人時，乃知當還爲荆州耳。又欲設主人祖送，不可捨去。宜須待之。」〔一〇〕更向爽等垂淚云〔一一〕：「太傅患不可復濟〔一二〕，令人愴然。」〔一三〕（《三國志・魏書・曹爽傳》注。又見《北堂書鈔》卷一百四十四、《太平御覽》卷七百四十三、卷八百五十九。事又見《晉書・宣帝紀》。）

〔校記〕

〔一〕此句，《太平御覽》卷八百五十九作「曹爽等令李勝辭司馬宣王」。

〔二〕勝，《太平御覽》卷八百五十九無。按：此當有，若無，其下則爲司馬懿語也。

〔三〕侍邊，《太平御覽》卷八百五十九無。

〔四〕持，《太平御覽》卷八百五十九無，「衣」字屬上讀。

〔五〕求，《太平御覽》卷八百五十九作「主」，「主飲」屬下讀。《北堂書鈔》自此句引起，作「司馬宣王言渴，主飲」。

〔六〕自篇首至此，《太平御覽》卷七百四十三節作「李滕爲荆州刺史，曹爽令別司馬懿。懿使婢進粥」，「滕」爲「勝」之形訛。

〔七〕宣王，《太平御覽》卷七百四十三作無。盃，《北堂書鈔》作「桮」，《太平御覽》卷七百四十三、卷八百五十九作「杯」，「盃」、「桮」皆「杯」之異體字。飲粥，《太平御覽》卷七百四十三作「而飲」。

〔八〕沾胸，《太平御覽》卷七百四十三無。

〔九〕此句，《北堂書鈔》作「李勝愍之」，《太平御覽》卷八百五十九作「勝愍然者久之」，兩處並引至此止。

〔一〇〕自「勝愍然」以下至此，《太平御覽》卷七百四十三無。

〔一一〕此句，《太平御覽》卷七百四十三作「謂爽曰」。

〔一二〕此句，《太平御覽》卷七百四十三作「太傅非復可濟」。

〔一三〕此句下，《太平御覽》卷七百四十三有「故爽不復設備」六字。

為帝送具

宣王語弟孚：「陛下在外不可露宿，促送帳幔、太官餐具詣行在所。」（《三國志・魏書・曹爽傳》注。）

圍爽送糧

爽兄弟歸家〔一〕。敕洛陽縣發民八百人，使尉部圍爽第四角，角作高樓，〔二〕令人在上望視爽兄弟舉動〔三〕。爽計窮愁悶，持彈到後園中，樓上人便唱言〔四〕：「故大將軍東南行〔五〕！」爽還廳事上〔六〕，與兄弟共議，未知宣王意深淺，作書與宣王曰：「賤子爽哀惶恐怖，無狀招禍，分受屠滅。前遣家人迎糧，於今未反，數日乏匱，當煩見餉，以繼旦夕。」宣王得書大驚，即

答書曰：「初不知乏糧，甚懷踧踖，令致米一百斛，并肉脯、鹽豉、大豆。」尋送。爽兄弟不達變數，即便喜歡，自謂不死。（《三國志·魏書·曹爽傳》注。又見《太平御覽》卷四百八十六。又《太平御覽》卷三百五十有《魏書傳》亦徵引此事，當即《魏末傳》，涉上條《魏書》而訛，因取以參校。）

〔校記〕

〔一〕「爽」上，《太平御覽》卷三百五十、卷四百八十六有「曹」字。

〔二〕以上兩句，《太平御覽》卷三百五十、卷四百八十六闕一「角」字，讀作「使尉部圍爽第，四角作高樓」。

〔三〕「爽兄弟舉動」五字，《太平御覽》卷三百五十無。

〔四〕言，《太平御覽》卷四百八十六無。

〔五〕南，《太平御覽》卷四百八十六無。「南」上，《太平御覽》卷三百五十有「行」字。

〔六〕「上」下，《太平御覽》卷三百五十有「矣」字。又《太平御覽》卷三百五十、卷四百八十六引至此止。

何晏失筆

司馬宣王欲誅曹爽，而呼何晏作奏〔一〕，曰：「宜上君名。」晏忽失筆於地〔二〕。（《北堂書鈔》卷一百〇四。又見《太平御覽》卷六百〇五、《事類賦》卷十五。）

〔校記〕

〔一〕而，《太平御覽》、《事類賦》無。

〔二〕忽，《太平御覽》、《事類賦》無。

不殺宴子

晏婦金鄉公主〔一〕，即晏同母妹。公主賢〔二〕，謂其母沛王太妃曰：「晏為惡日甚，將何保身〔三〕？」母笑曰：「汝得無妒晏邪〔四〕！」俄而晏死。有一男，年五六歲，宣王遣人錄之。晏母歸藏其子王宮中〔五〕，向使者搏頰，乞白活之〔六〕。使者具以白宣王。宣王亦聞晏婦有先見之言，心常嘉之；且為沛王故，特原不殺。（《三國志·魏書·諸葛侯曹傳》注。又見《藝文類聚》卷十六、《初學記》卷十、《太平御覽》卷一百五十二。）

〔校記〕

〔一〕「宴」上，《藝文類聚》、《初學記》、《太平御覽》有「何」字。

〔二〕「賢」下，《藝文類聚》、《初學記》、《太平御覽》有「明」字。

〔三〕何，《藝文類聚》、《初學記》、《太平御覽》作「不」。

〔四〕邪，《藝文類聚》、《初學記》、《太平御覽》作「耶」，「邪」、「耶」通。又《初學記》引至此止。

〔五〕歸，《藝文類聚》、《太平御覽》無。

〔六〕白活，《太平御覽》無。

射鳥止兵

凌少子字明山，最知名，善書，多技藝，人得其書，皆以爲法。走向太原，追軍及之，時有飛鳥集桑樹，隨枝低印，舉弓射之即倒，追人乃止，不復進。明山投親家食，親家告吏，乃就執之。（《三國志·魏書·王凌傳》注。）

欽不解旨

殿中人姓尹，字大目，小爲曹氏家奴，常侍在帝側，大將軍將俱行。大目知大將軍一目已突出，啓云：「文欽本是明公腹心，但爲人所誤耳，又天子鄉里。大目昔爲文欽所信，乞得追解語之，令還與公復好。」大將軍聽遣大目單身往，乘大馬，被鎧甲，追文欽，遙相與語。大目心實欲曹氏安，謬言：「君侯何苦若不可復忍數日中也！」欲使欽解其旨。欽殊不悟，乃更厲聲罵大目：「汝先帝家人，不念報恩，而反與司馬師作逆；不顧上天，天不祐汝！」乃張弓傅矢，欲射大目。大目涕泣曰：「世事敗矣！善自努力也。」（《三國志·魏書·毌丘儉傳》注。）

誕殺樂綝

賈充與誕相見，談說時事，因謂誕曰：「洛中諸賢，皆願禪代，君所知也。君以爲云何？」誕厲色曰：「卿非賈豫州子？世受魏恩，如何負國，欲以魏室輸人乎？非吾所忍聞。若洛中有難，吾當死之。」充默然。〔一〕誕既被徵〔二〕，請諸牙門置酒飲宴〔三〕，呼牙門從兵，皆賜酒令醉，〔四〕謂眾人曰：「前作千人鎧仗始成，欲以擊賊，今當還洛，不復得用，欲暫出，將見人遊戲，須臾還耳；諸君且止。」乃嚴鼓將士七百人出〔五〕。樂綝聞之，閉州門。誕歷南門，宣言曰：「當還洛邑，暫出遊戲，揚州何爲閉門見備？」前至東門，東門復閉，乃使兵緣城攻門，州人悉走，因風放火，焚其府庫，遂殺綝。〔六〕誕表曰：「臣受國重任，統兵在東。揚州刺史樂綝專詐，說臣與吳交通，又言被詔當代臣位，無狀日久。臣奉國命，以死自立，終無異端。忿綝不忠，輒將步騎七百人，以今月六日討綝，即日斬首，函頭驛馬傳送。若聖朝明臣，臣即魏臣；不明臣，臣即吳臣。不勝發憤有日，謹拜表陳愚，悲感泣血，哽咽斷絕，不知所如，乞朝廷察臣至誠。」（《三國志·魏書·諸葛誕傳》注。又見《太平御覽》卷三百五十五。）

〔校記〕

〔一〕自篇首至此,《太平御覽》作「司馬文王秉政,徵諸葛誕」。

〔二〕誕,《太平御覽》無。

〔三〕請,《太平御覽》作「詣」。

〔四〕以上兩句,《太平御覽》無。

〔五〕士,《太平御覽》無。

〔六〕自「樂綝聞之」至此,《太平御覽》節作「遂殺樂綝」。

諸葛誕殺樂綝,有典農都尉數讒誕,於是收而斬之,罵曰:「卿坐舌!」先使人以竹攙其舌,然後殺之。(《太平御覽》卷三百六十七。)

殺誕啗肝

諸葛誕殺文欽。及城陷,欽子鴦、虎先入,殺誕,噉其肝。(《太平御覽》卷三百七十六。)

不畜筆硯

夏侯太初見召〔一〕,還洛陽〔二〕,絕人道〔三〕,不畜筆硯〔四〕。(《藝文類聚》卷五十八。又見《北堂書鈔》卷一百〇四、《事類賦》卷十五。)

〔校記〕

〔一〕太初,《北堂書鈔》作「玄」。

〔二〕此句,《事類賦》作「還路」,「路」爲「洛」之形訛。

〔三〕道,《事類賦》作「事」。

〔四〕「不」下,《北堂書鈔》有「復」字。硯,《事類賦》無。又此句下,《事類賦》有「其謹慎如此」五字。

《逸民傳》　　張顯撰

《逸民傳》,張顯撰。張顯其人未詳,《晉書・涼武昭王列傳》有從事中郎張顯,《李特記》有牙門張顯,《慕容熙傳》有司隸校尉張顯,《北齊書・文宣皇帝紀》有洪州刺史張顯,等等,然皆未著,難明孰是。是書,《隋書・經籍志》云七卷,兩《唐志》作《逸人傳》七卷,避唐太宗諱而改也。兩宋書目未見著錄,然《太平御覽》尚有徵引,則北宋之時似尚存。《宋史・藝文志》已不見著錄,則或亡於宋元也。

卞隨

卞隨恥受湯讓，自投洞水而死。(《水經注・潁水注》。按：《水經注》原文作：「《呂氏春秋》曰：『卞隨恥受湯讓，自投此水而死。』張顯《逸民傳》、嵇叔夜《高士傳》並言投洞水而死，未知其孰是也。」今依此說，改「此」爲「洞」，原文未必如是也。)

曹子臧

曹子臧者，曹宣公之子也。宣公卒，負芻殺太子留而自立，是爲曹成公。其後晉執成公，將見子臧於周而立之。子臧辭曰：「前志有之，聖達節，次守節，下失節。爲君，非吾節也。」遂亡命奔宋。晉侯請子臧反國而歸成公，子臧以國致成公爲君。(《太平御覽》卷五百一十。事又見《左傳・成公十五年》。)

周黨

周黨，字伯況，整身清約，非法不行。建武中，徵爲義郎，以病去。詔曰：「昔夷齊不食周粟，太原周黨不食朕祿。」後終隱居娛志，不營於世。(《太平御覽》卷五百一十。)